和我们应该具有的状态相比，
现在，我们都处于半睡半醒之间。

唤醒
半睡的自己

——父母自我成长心灵使用手册

吴文君 著

电子工业出版社
Publishing House of Electronics Industry
北京·BEIJING

图书在版编目（CIP）数据

唤醒半睡的自己：父母自我成长心灵使用手册/吴文君著. —北京：电子工业出版社，2014.8

ISBN 978-7-121-23484-2

Ⅰ.①唤…　Ⅱ.①吴…　Ⅲ.①自我完善化—通俗读物　Ⅳ.①C912.1-49

中国版本图书馆CIP数据核字（2014）第124483号

出版统筹：李朝晖　　版权联络：孙利冰
责任编辑：潘　炜　　文字编辑：任婷婷
责任校对：杜　皎　　　　　　　胡丁玲
营销编辑：王　丹　　美术编辑：杨　楠
印　　刷：北京捷迅佳彩印刷有限公司
装　　订：北京捷迅佳彩印刷有限公司
出版发行：电子工业出版社
　　　　　北京市海淀区万寿路173信箱　邮编：100036
开　　本：720×1000　1/16　印张：21.25　字数：230千字
版　　次：2014年8月第1版
印　　次：2025年6月第17次印刷
定　　价：39.80元

凡所购买电子工业出版社图书有缺损问题，请向购买书店调换。若书店售缺，请与本社发行部联系，联系及邮购电话：（010）88254888。

质量投诉请发邮件至zlts@phei.com.cn，盗版侵权举报请发邮件至dbqq@phei.com.cn。

服务热线：（010）88258888。

目 录
Contents

你与我平起平坐，我向你学习

你比我小，我帮助你成长

我心中内在的小孩，我接纳你

爱的修炼术（四）

精彩案例分享会（四）

附录　生活中的自我成长修行术 / 288

后记 / 316

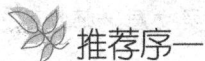

身体和心灵，永远成长在路上

华人世界国际 NLP 大师　李中莹

这是一本"使用手册"，不是关于身体的，也不是关于心理的，而是关于心灵的。

"身心灵"一词指的是意识（理性）、潜意识（感性）及近年才被关注的第三层——系统。在"系统"这一层，我们与所有其他人、事、物连接着，这种连接在我们的生活中称为"关系"。最紧密的连接是生命传承的家庭，然后按各人的不同情况，可分为家族、同事、朋友……除此之外还有与事物的连接。

我们的存在，其实是凭借这些数不清的、容易被忽略的关系所证明的。而这些关系处理得如何，决定了我们的人生质量。因为它们操控着我们深层的心理活动，所以也就操控了我们的思想、情绪、行为。

从关注个人的生理和心理状态转为关注调整一个人与其他人、事、物的连接，是非常新的题目，而且非常有意义，足以独立成为一门学问。自从我把海灵格家庭系统排列介绍到国内，这个题目开始被国人关注。

吴文君老师从那时起便不断学习和研究这方面的知识。她每天的工作（辅导学生、家长、教师，讲授亲子关系、心理辅导、婚姻关系、家庭关系等课程）给予她大量的第一手案例，支持她完成了这本具有深远意义的书。

我相信这是国内第一本讲述关系与连接方面的书。不管你想用这本书完成内心的连接需求，还是去了解这个新而重要的题目，你都会有所收获。

感谢吴文君老师给我写序的荣幸，这本书真的很重要。

活着，就是为了学习爱的功课

NLP 培训导师　戴志强

哲学界有三个至今没有答案的问题：人从哪里来？人为什么活着？人死后往哪里去？这些也一直是愿意思考的人热衷探索的谜题。第一和第三个问题，我们都没有资格去探索，更谈不上研究，只能纯然地相信，相信自己所相信的，仅此而已。

人为什么活着，可能不是那么容易就能说得清楚，道得明白，大家可能各有见解。已经步入知天命年龄的我更愿意相信：人活着是为了学习爱的功课！

我和文君只在十年前的课程中有过一两次短暂的谋面，谈不上熟悉，但彼此闻名已久，也曾在微博上互动。这次文君邀请我为她的书写序，我有点惊讶，但心里是一千个愿意的。因为我坚信我们是同道中人。我们共同的朋友都是值得信赖的朋友，都是志同道合的"路上人"。我相信文君也是。为她的书写序，我觉得是很有力的支持。

收到书稿，我本着"负责任"的态度，觉得务必要好好阅读。读了几页以后，我被书中的故事、说故事的人的中正与关爱感动了。我更在许多个案中发现了很多自己灵魂深处的影子，感受到文君处理个案的智慧语言也在走向我的灵魂。

我们从出生起就"自动"有了很多身份：父母的孩子，爷爷奶奶和外公外婆的孙子（女）或外孙（女），叔叔阿姨的侄子（女）或外甥（女），某国的国民，某家族、民族的一分子……这个长长的清单，打从我们出生就有了。出生以后，我们开始学习处理种种关系。处理得和谐，成长过程中就会充满安全感，充满自信，内心健康而有力量。反之，成长过程中如果出现许多创伤，心灵也会带着许多"印记"，并且投射到未来的关系中，如夫妻、股东、上司、同事、朋友等。而情绪上则表现为恐惧、愤怒、委屈、无奈、无力感、悲伤、沮丧等。

这是每一个人都要经历的过程。但是，环顾 21 世纪的学术界、教育界，教导我们如何处理父母关系、夫妻关系、亲子关系、伴侣父母的关系以及和自己关系的学问却少得可怜。这些学问如此重要，人人都需要，却是如此匮乏，如此不被重视！

今天的中国，许多心理学研究者和工作者，仍然以一百年前的研究（弗洛伊德、荣格等）为绝对权威而罔顾今天临床的实效性，这是非常令人痛心的。我对前辈们的研究充满感恩。没有他们当年的努力，就不会有今天心理学和心理治疗的发展。同时，我衷心地希望学术界的研究者、心理治疗工作者能够看到今天脑神经学日新月异的发展，看到许多理论的临床实效性，看到普罗大众的需要，并致力于这些学问的发展，将这些学问普及于教育界甚至社会各个层面，进而"形成"一个健康和谐的社会、健康和谐的国家。

　　普及有用的学问，其中一个渠道就是写书、出版书。文君做了，而且做得很有分量。此书没有高高在上、藐视众生的伟大理论，有的只是一位老师娓娓道来的对生命的感悟和分享。此书如同夏日炎炎中的清风，令人对生命充满期盼，期盼入夜之前的晚霞满天，期盼家人共进晚餐的团聚，期盼一整夜的清甜好梦，期盼充满希望的明天……

先要唤醒自己，才能自由成长

NLP 培训导师　徐志良

　　自 2007 年与文君老师认识，到后来一起做课程，我一直都非常欣赏她的灵气。在心理治疗和亲子关系上，她都有很高的造诣。我很高兴收到写序的邀请。这篇序言是我看完整本书后，在赞叹中提笔一气呵成的。

　　每本书肩负的使命都不同，正如每个人在此生肩负的使命都不同一样。这本书的使命就是引导人们去唤醒自己。作为小的个体，个人置身大系统中时，难免会和大系统有冲突，这种冲突也是苦恼与不幸的根源。面对种种复杂的关系，我们常常用盲目的方式来表达我们深层的忠诚与爱。一个人要让自己自由，首先要懂得以智慧的方式来表达爱。其实无论我与世界的关系、我与配偶的关系，还是我与孩子的关系的处理，事实上都是我与自己关系的投射。也许不是每个人都愿意在这一世中去发现生命的本义，但无论如何我们都希望让自己内心多点平静，多点幸福快乐。

　　文君老师的这本书，以平易的文字，很好地把系统法则的运作展现给了更多的读者。对于发展人际关系、家庭关系、自我关系来说，这本书是很好的指导手册，其中的练习和案例都会让人实实在在地受益。

同时，文君老师对"道"极高的悟性让我深感欣慰。人生是一个创造的过程，我们所经历的人、事、物都给予我们学习的机会。所有事物的本质都是好的，如果没有发现它的好，通常是因为没有真正看到它的本质。这就好像我们身在梦中而不自知，才会在梦中出一身汗。一切的好，都来自对所有事物的感恩和爱。我们要懂得从复杂的关系纠缠中抽离出来，唤醒当下的自己，在当下的清醒中，不断发现美、创造美和享受美，就能让自己的心真正自由。

带着喜悦的心，我把这本书推荐给你。

序 言

　　人是活在各种关系中的，从小到大，亲子关系、同学关系、师生关系、婚姻关系、同事关系、朋友关系、上下级关系……一直围绕着我们，也构成了我们生命中丰富的角色和不同的生活层面。人们常常会苦恼和困惑：如此纷繁复杂的关系，到底要怎样经营和把握呢？

　　我发现，当一个人不自觉地卷进某种关系的冲突里时，常常会引起连锁反应：生活中诸多关系都像多米诺骨牌一样出现连锁的困扰和矛盾，自己则被弄得疲惫不堪、无可奈何。

　　生活的幸福指数，很大程度上取决于每个人关系的质量。一个人如果拥有亲密的亲子关系、友好的朋友关系、幸福甜蜜的婚姻关系、融洽和谐的同事关系，他会更容易感受到生活的幸福与喜悦。这通常也预示着他在各个方面都处理得很好，能够拥有成功快乐、轻松满足的生活状态。

　　随着人们的成长，理顺生命中各种不同的关系，成为一个人必须具备和提升的能力。关系的奥妙到底在哪里？看似复杂的关系，是否有简单的法则和规律可循？很多人在探讨和寻求这其中的奥妙。不同学问的不同流派，也用不同的语言和标签来命名这些法则和规律。

有人在道中寻找启发，有人在佛教中寻找启示，还有人通过心理咨询、心灵成长的某些课程和书籍寻找突破，意在找到解密生命关系更简单的规则。大道至简，我们往往会在复杂现象的背后，寻找到最简单、最基础的法则和规律。

我在接触家庭系统排列之后，慢慢感受和体悟到其中的奥妙。感谢这门学问，让我这个从小接受唯物主义教育，将一切没有看到、没有听到的东西视为迷信和封建的教育工作者，慢慢地寻到了在这世界上生活，面对各种不同系统、不同关系所要遵循的法则。这个学习和发现的过程，打破了我以往许多看似"科学"的信念限制，同时帮我重建了"我可以更简单快乐生活"的新的信念系统。

每次运用这个法则和相关技术去做个案咨询，或者在课堂里分析和解剖各种关系的矛盾和纠缠，都让我更加明白、更能体验到系统法则的存在与奥妙。而这个过程也让我清晰地看到人可以如何智慧地生活，从而体验每个生命不同的价值。我好像找到了清晰的生活指南和武功秘籍。

不知不觉间，我开始学习用它理顺我生命中的所有关系：重建我和女儿的关系；重塑我与父母的关系；学习在婚姻中把握界限，相互给予；学习表达对兄弟姐妹的手足之情。同时，我也学习用它处理与同事、同学、朋友的关系，处理与上级组织、社会等更大系统的关系。这个规则就像一个指南针，不断地推动我觉察自己的状态，矫正自己的行为，感受遵守法则、恰当定位之后的轻松和快乐。不知不觉中，我得到了非常充分的成长，感受到了内在智慧的积淀和流动，让我的心灵世界更加充实。

现在，我活得越来越简单，越来越轻松。我带着这份觉察，进入或走出某一种关系，清晰地界定自己在不同关系中的位置，明确自己在不同关系中恰当的身份。带着这份轻松，我体会到觉悟的爱是如此的美妙与深沉。我学着从盲目的爱中挣脱出来，在觉悟的爱的引领下，全然地感受爱的真意和生命的智慧。这是一个非常独特并且富有趣味的探索和发现的过程，也是我慢慢确定自己生命中恰当定位的过程。我有太多体验、太多感悟、太多发现想跟更多朋友分享。

于是，在接触并运用它九年后的某一个晚上，我发现自己思如泉涌，无法安睡。一个想表达、记录和整理所思所感的冲动，让我夜半时分起床开灯，一发不可收地写下了这本书的提纲。我想要把九年来学习运用系统排列法则的感受，用书的方式总结和整理出来。

本书梳理了生命中的各种关系，分别从"比我高的""比我低的""与我平等的"三种层次和"我与自己的关系"的角度，解读家族系统、组织系统的基本法则：归属感、付出与收取的平衡、秩序。书中还设计了相应的练习，为读者自我成长和提升提供帮助。每部分还提供相应的心理咨询实际案例，帮助大家活用我所分享的关系法则。

感恩海灵格先生对系统法则和生命智慧如此简单的概括和描述，感恩李中莹老师带领我接触到这样一门好的学问，感恩近十年来陪伴我学习和成长的所有朋友和家人。同时，感恩所有来到我面前的求助者以及同我一起探索生命智慧的所有学员。因为你们，我才有机会进入一个又一个生命系统，丰富了对生命的体验；因为你们，我才看到系统法则有效运行之后，觉悟的爱跟随"道"的流动，创造了一个又一个令人惊奇与震撼的生命改变和系统奇迹。

因为有了你们，才有了我的成长；也因为你们，才有了这本书的整理和分享。愿这本书能够推动和影响更多有需要的朋友，找到生命角色恰当的定位，体会生命更多的智慧，感受成功快乐、轻松满足的人生！

引言一　无条件的爱，究竟长什么样

什么是爱？

　　每个来到世上的生命，都在学习和探索关于爱的话题。我们在学习感受爱、表达爱，也在学习了解爱、发展爱。爱是维系生命绵延不绝的内在桥梁和纽带，也是让我们感受生命喜悦和幸福的内在根源。所以，花时间解剖爱、体会爱，是本书很重要的基础。这本书所有的探索和研究都是试图从爱的角度，从生命与生命深入连接的角度展开和进行的。这是心灵层面的相互连接，是剔除了大脑理性思考之后，心与心的探讨。这是对生命真意的一种诠释、了解和发现。

　　所以，从这个意义上讲，本书不是在讲人与人的相处行为与技巧，而是在探讨生命存在、发展和延续的智慧；不是从"术"的层面探讨，而是从人性的根源角度进行分享和解剖，带着心分享所有的发现和思考。或许你可以放松下来，给自己一段安静的、用心感受的时间，来完成下面的阅读和探讨。心和心碰撞，才可以感受到生命的碰撞；心和心交流，才会有生命的交汇与迸发。请你跟我一样，打开心，走进爱。

爱，是宇宙包容万物、创造万物最核心的动力，也是人与人相互连接、相互吸引的内在纽带。所以，我们常常听到某人对某人说："我爱你。"说者言之凿凿，信誓旦旦，听者喜笑颜开，心花怒放。也会听到某人向某人求证："你爱我吗？"这其中有很多期待、很多渴望、很多恐惧和不确定性，似乎当人们说出爱的时候就已经表明了某种态度，表现了某种行为，也展现了某种前景。于是，人们把"爱"挂在嘴边，歌里唱着爱，嘴巴里说着爱，爱变得稀松平常。可是假如我们静下来，问自己的心"到底什么是爱"，你会给出怎样的答案？这个人人都会说、人人都渴望的字眼，是如此虚幻，如此不着边际。怎样做才是爱，你能回答吗？

有一段时间，我发现自己跟其他人不一样，不习惯说"爱"这个字眼。我会说"我喜欢你"，却不习惯说"我爱你"。我身边很多人，可以轻易地随口抛出"亲爱的"。不论是对朋友、对家人或是刚刚认识的陌生人，他们简单而自在地用"爱"这个字眼，去跟其他人建立连接。我开始反思，为什么我不愿意说爱，为什么其他人这么容易表达爱。我开始去研究到底什么是爱。我拿这个话题去问很多很多人，他们被我问过，先是一愣，然后陷入沉思，最后才犹犹豫豫地说出一两个自己都不敢确定的答案。

带着好奇，我继续去了解，去感悟，去观察，人世间很多很多爱的表现形式，背后的本质是什么，深刻的内涵又是什么。

看到母亲以专注的眼神跟襁褓中的宝宝对视的时候，我感受到了"爱"；形状各异、品种万千的动植物自在地活在这个世界，让我感受到了宇宙和大自然的"爱"。这种爱是允许，是信任，是给予空间，是全然地关注，是让每个生命可以活下来，可以独特地表达自己。我在很有深意的人生哲学故事里读到了"爱"。

还有一则让人掉泪的故事让我感受到了爱：一个孩子杀了人，走投无路之下叩响了自己的家门。父亲从他脸上的血污和疲惫明白了什么。可是父亲什么也没问，只把他拉进家里，帮他放了热水，让他洗了热水澡，并拿出干净的衣服让他换上。然后爸爸帮他做了一顿丰盛的、他最喜欢的饭菜，陪他进入梦乡。第二天，父亲含泪告诉孩子："我知道你在外边做了坏事，可是，你仍然是我的儿子，所以我爱你。但你也是社会公民，社会有社会的法则，我们都得遵守。所以，我要带你去公安局自首。不管你将来怎么样，我都爱你。"

这则故事让我读懂更深沉、更有智慧的"爱"。我慢慢地明白，看似无形的虚幻的爱，实际包含很多种。如果整理一下，也许包括下面几个方面：

一、全然地接受和接纳

爱，意味着我全然地接受眼前的存在，接受它的优缺点，接受它的过去、现在和未来，接受它的独特和唯一，接受它本来的样子，接受我喜欢的部分和不喜欢的部分。

这份接受源自于它就是它自己，我接受它本来的样子。我允许对方存在，给对方空间。我接纳它的存在，从来不曾也不想改变它，让它成为另外的样子。我没有遗憾，没有愤怒，带着平静，看到它的存在，对自己说："是的，它就在那里，因为它就是它，所以我爱它。"

这份接受，就像大自然接受每一种植物在地球上的生存繁衍。不管它是名贵的楠木，还是不知名的灌木，不管它是高大的松树，还是柔弱无力的小草，大自然都给了它空间，允许它有一席之地，允许它存在，允许它用独特和唯一来表现自己。没有比较，没有区分，甚至没有标准，只是单纯的给予和允许。

这份接受，就像父母看待他们刚刚来到世界的孩子。他们会在孩子身上看到最美的生命魅力。他们认为孩子是最好的存在，会每天欣然地发现孩子细微的变化，全然专注于孩子的每个动作、每份笑容。这份接受是爱的第一个阶段。

二、信任和相信

信任和相信眼前这个存在，有自己的生命之火和存在价值。信任每一种存在都可以用自己的方式照顾好自己，都可以给这个世界正面的影响。这份信任和相信，是对存在的最大程度的允许和认可。

老子在《道德经》中说："天地不仁，以万物为刍狗。"大自然是没什么仁慈或严酷之分的，它没有偏向、喜好，对每一个存在的生物都有足够的信任，相信它们能够自己吸收阳光，获取养分，获取食物，自然、自在地活下来。

造物主以其巧夺天工的设计，让每一种生物都有自我繁衍、自我发展的能力，于是就有了"野火烧不尽，春风吹又生"，就有了"子子孙孙无穷尽焉"。大自然听凭每一种生物和存在照顾自己，平衡万物。这其中没有担忧，没有恐惧，甚至没有仁慈，只有允许，只有信任，这是一份平静的、坦然的、自在的信任和允许。于是，就有了四季的更迭，万物的发展、消亡，物种的诞生与进化。

在父母对待孩子的态度中，我们也会看到这份信任和相信：孩子牙牙学语、蹒跚学步时，父母用极大的耐心和热情，信任、鼓励孩子。当孩子发出第一个音、迈出第一步时，他们会给予热烈的掌声。哪怕孩子摔倒了、哭闹了，他们还是带着满脸笑容，等待着、鼓励着孩子。因为他们相信自己的孩子是可以说话的，是可以自己走路的。父母的爱，可以通过这份相信和信任传达给孩子。

于是就有了一个又一个学习天才，带着极大的好奇，激发出巨大的内在生命之火，从躺着到会翻身、会坐，会爬行、站立、走路，直到完全长成一个独立的人，去跑去跳，去发现，去创造自己的人生！

信任和相信，是对生命存在的允许和肯定，是对施爱者平静坦然力量的最好描述。信任和相信，像让爱人者和被爱者吃下一颗大大的定心丸，如如不动，在那里等待着、肯定着、欣赏着。于是，就有一个又一个灿烂而独特生命的成长与自我探索。

三、全身心地专注和陪伴

一个人爱不爱另外一个人，标准是什么？爱一个人，就意味着给这个人时间，在可以碰撞的空间里，给他全然的专注和陪伴。那其中包含凝视的双眼、倾听的耳朵、随时可以提供帮助的双手。更重要的是，爱他的那颗心在这段时间里是全然存在的。

卢梭曾说："教育孩子最重要的因素是浪费时间。"我想这个浪费是加了引号的，这是在提醒父母们，爱你的孩子就要给他全身心关注的时间。要让他在这个时段里感受到你全身心的陪伴，让被爱的人感受到你和他内在的连接，让相爱的双方感受到爱传达后的回流。那是一种温暖，一种和谐，一种我和你在一起的感动。

曾经有人对中国父母做过一项调查："每天全身心地关注和陪伴孩子的时间是多少？"调查结果让很多人大吃一惊。中国的父母最习惯关照孩子，可是做出评估后，我们看到了平均每天只有"6分钟"这样一个可怜的数字！父母每天忙着为家、为孩子所付出的那些，又是什么呢？父母每天围着孩子团团转，难道不是全身心地陪伴和关注吗？

很多父母说："我人是陪着，可是心早就不知道去了哪里。工作的事情，烦心的事情，接下来要做什么，过去那些让我懊悔的事要怎么办……所以我听不到孩子需要什么，看不到孩子在做什么，更多的是陪伴中的不耐烦，更多的是感觉到孩子成长带来的烦恼和无奈。"

孩子体验到了父母给予的爱吗？孩子不断地制造麻烦，把父母的心从外面拉回来；孩子不断重复某些令父母困扰的言行，吸引父母的注意。孩子们不断索取："请你告诉我，你爱我""请让我感受到你的心跟我在一起，我是被爱的"。虽然我们每天都在为孩子忙碌，可孩子仍然感觉缺乏爱，我们也没感觉到陪伴孩子的爱和幸福。

爱某个人或某样东西，我们会怎样做呢？我们也许会在心里想它，会把所爱的东西拿出来，端详它、把玩它。给我们所爱单独的时间，爱才可以流动起来，爱才成为爱！

四、愿意为对方付出，帮助对方提升

爱，意味着允许，意味着祝福，意味着允许对方用自己的方式成长、存在和发展；爱，意味着尊重，尊重他的生命形式，给他空间，让他表现自己，探索和发展。所以，带着这份允许和尊重，给予他所需要的帮助吧。

当一棵小树需要水时，给它足够而适量的水，它就可茁壮成长；一只小鸡有适宜的温度和鸡妈妈的陪伴，它就会用自己的力量在恰当的时候破壳；而一只蝴蝶在蜕变的过程中，只要给予它陪伴、信任、允许、尊重，就可以让它自己体验成长蜕变的所有痛苦与快乐，直到它可以破茧而出，独立生存。

允许和尊重代表着不控制、不代替、不妨碍，不以一己目的来要求对方遵照执行，或者改变对方设计的路径。所有的目的都在于祝福对方，让它在成为自己的路上走得更好。我们在提供帮助前，要多征询他需要什么，需要怎样的帮助。提供力所能及的帮助，是对他最大的尊重。我们不能因为自己的能力足够强，爱心足够多，又有足够的热情，就提供给对方不需要、没有准备要，或者超越他所需要的过度帮助；更不可以用强硬的态度、强迫的方式，以"我是为你好""我这样做是对的"的名义，要求对方接受或者服从。征得对方允许基础上的帮助，才是我们对他最大的爱。

爱是只要付出，不要回报。太阳每天普照万物，用它的方式给万物滋养与抚慰，不管万物有怎样的表现，它每天只按自己的规律起落，不在乎万物的表现和反应。它的付出到底有多伟大无法衡量，可它并不向任何一种存在索要回报，它只做自己可以做的事情。

不管我们是否注意到空气中养分的存在，我们24小时都在呼吸着空气，它没有向我们收取任何税费。它只是用自己的方式，为所有生物提供生存的条件。至于生物用怎样的方式呼吸，又活出怎样的成绩，并不影响它的存在。这是无条件的、不要回报的爱。就像家族系统的每一代都希望自己的后代生活得更好一样，他们不要回报，只盼着生命一代代绵延不绝，只盼着生命连续地流动。不管付出怎样的代价，不管目前状态如何，只要付出了，只要看到下一代更好了，他们就满足了。

有一个很多人都熟悉的故事。一位男士被他女友问："我和你妈同时掉到河里，你会先救谁？"这个问题曾经让男士们很纠结。假如我们拿这个问题去问男士们的母亲，会听到非常一致的声音："先救你老婆，不要管我。"即便父母对孩子非常严厉，他们苛刻的表达爱的方式背后也有一个声音："我希望你过得比我好，只要你可以照顾自己，可以对世界有所贡献，我就放心了。"

综观宇宙的爱、家族系统深层的爱，我们都看到了那份爱的无私、安宁、博大。这些爱不计代价，不求回报，只希望自己所爱活得好，用自己的方式生存生活。

爱的这些属性帮我们衡量自己是否会爱，并检测我们对孩子、对父母、对亲朋好友、对这世界万物的爱，是否是真正的爱。

我汗颜地发现，自己不会爱，不懂爱，不会付出真正的爱，却又无比贪婪地索取着爱。作为生命形态，我在成长过程中已经不知不觉忘记了自己的本性，忘记了自己与这世界的连接，忘记了自己与更大的一部分存在的连接。伤痕累累的物质的我，总是不自觉地感到内在的匮乏与贫瘠，总是伸出双手向外界不停去要，完全迷失在盲目的爱中，渴望外力的拯救。

这样的整理，让我大开眼界：更深刻、全然的爱，是这世界，是这宇宙，是这大自然对万物的爱。越来越多迷失了自我的现代人，早已不知爱为何物，只是用控制和贪婪去填补内在的恐惧和空虚，以有条件的爱去索要更多有条件的爱。这就像一个永远没长大的孩子，看不到这个世界本来的真相，不会感恩，只会索取。所有符合爱的特点和本质的爱，所有可以纠正我们的爱，所有从盲目走向觉悟的爱，都符合系统三大法则的运作。懂得这些，我们才会感受到真正的爱的存在。

什么是无条件的爱？

无条件的爱，相对应的是有条件的爱。有条件的爱指索要的、不足的、想要回报的爱。

就像种下一颗种子，每天给它浇水、施肥，我们想看到这颗种子发芽、开花、结果。假如它如我们所愿，我们就兴高采烈；假如它没有长成我们所期望的模样，或者根本就没长出来，我们就会沮丧、挫败。这是有条件的爱。

这正如给乞丐投去硬币时的情形。假如他拿了这些硬币，给自己买顿晚饭吃，如我们期望，我们会满足舒服。假如他跑去赌场，或者做了其他事，我们会因感觉受骗而愤怒，觉得他不值得可怜。有人甚至会把愤怒引向自己，把同情变成自责或失望。这是有条件的爱。

就如一个妈妈，每天照顾孩子吃喝，心里在想：将来老了，你也要对我这么好。再如一位老师，为学生补课的时候，心里总惦记着：考上大学要好好报答我。这样的爱都是有条件的爱。在给予爱的同时有所要求，有所期待，用爱的方式限制和控制对方，以爱的名义作为日后的报答交换，往往会让施爱者因失望而愤怒或挫败；让被爱者因被限制而窒息、不自在，最终恐惧逃离这样的爱。

无条件的爱，是指给予者付出爱时，是发自内在的渴望。当他给予对方愿意接受的爱时，会觉得开心。他只是站在其身后，带着祝福去目送，不在乎对方的回报。

有一个禅悟的故事：一个小和尚在菜地里撒了种子。风雨来了，种子被吹走了。师父说："由它去。"种子长出了嫩芽，被鸟吃掉，师父说："由它去。"师父为自己做了一件内心渴望已久的事而喜悦、安心、自得其乐。不管撒下去的种子，到底有几颗长出嫩芽，到底哪颗结出果子，他只问耕耘不问收获，他相信种子自然的生存力量。

有个妈妈带着孩子，在街上看到一个盲眼乞丐，摆着铜盆在乞讨。很多人恶作剧，故意拿一些东西碰向铜盆，引得盲人不断地鞠躬致谢。孩子感觉很难过，请求妈妈给他一些硬币。妈妈告诉孩子不要出声，她用一张纸巾包住硬币，毫无声息地放在铜盆里。孩子学着妈妈，也把手里的硬币放在铜盆里。盲人没有听到响声，没有给这母子俩鞠躬。妈妈拉着孩子快步离开，她只想教她的孩子按良心做事，不要做事之后的回报。

我们也看到社会上很多人做好事、做慈善隐去姓名，不因善款被挪用而愤怒，也不因此而拒绝下一次捐款。他们清楚地知道，付出爱是他们内在的渴望，得到爱的人如何表现、如何回报不是他们所能控制的。他们只做他们内心要做的事情。这是无条件的爱。

有人说，无条件的爱是一种境界。很多人都在以有条件的爱，换取自己所期望的更大的回报。假如满足了，就觉得幸福快乐；没满足就会失望、愤怒，拒绝再一次的付出。这是因为我们自己的内心太贫乏，不相信已经具备了充分的爱。所以，无条件的爱的前提，是每一个给予爱的人充分成长，充分满足自我。像无比辽阔的大海可以分出涓涓细流，滋润沙漠，滋养河流。它知道自己无比宽大，无比富足，无比丰盛。它知道只需要付出，只需要给予。至于河流流向哪里，滋润了哪一块稻田，无暇去在意。当我们感慨无条件的爱伟大和无私时，正应该反思和提醒自己的贫瘠，然后逐步成长，这正是走上心灵成长之路的开始。

怎样给予无条件的爱？

给予无条件的爱的前提是：让自己的爱成为无条件的爱，让自己的爱成为无限的、丰盛的、富足的爱，让自己感受和发现已经拥有的、正在拥有的、将要拥有的无限的、丰盛的爱。这是一个寻找的过程，也是一个长大的过程。这个过程让我们开始走出孩子的狭隘和不满足，以成人的身份，带着感恩，看到自己所拥有的已经足够的爱，不再向外索取。因为这个世界不再欠我们什么，我们已经拥有一切。

带着这双会发现的眼睛，我们看到太阳的无私、空气的无所不在；看到宇宙和大自然的神奇；看到自己已经在这一切存在中获取了每时每刻可以呼吸、可以存在的条件，我们只需尽情享用这无尽的资源。我们应当看到，父母已经把生命给了我们，给了我们活下来的所有资源和能力，给了我们他们最大的允许。

带着这份资源，这份绵延不断的生命之火，我们可以把它用好，去开发创造父母没有给予的。我们可以用父母给予的一切，去超越父母；我们可以发现能够创造的新资源。我们被允许来到这个世上，是一份无条件的大爱，还有什么比这礼物更加珍贵呢？

也许身为小孩子的我们，曾经嫌这礼物的包装纸不够精美，想把它连同包着的精美钻石一起扔掉。现在作为成人的我们知道那张包装纸尽管粗糙，不尽如人意，可其中包着的那颗钻石，已经经过允许，成为了财富和资源。今天我们应该考虑怎样运用它，怎样感受生命力的坚强和伟大，怎样展现生命的独特，去同宇宙更广泛的存在相连接，去感受我们原本是这宇宙浩渺存在的一部分。

我们只要做好自己，成为自己，去做这个世界巨大拼图的一部分就足够了，不需要成为整个宇宙，也不要去做其他的部分。只要看到自己的独特，让生命之火带动我们成为今天的自己、未来的自己，就足够了。所有的资源都有了，所有的爱都在生命之火里了。

我们要看到其他存在也跟我们是一体的，爱其他存在就像爱我们自己一样，给予它们爱就是帮助我们成为自己，不需要什么附加条件。当我们站在大海前，感受大海的辽阔和富足，从大海中舀一瓢水、一桶水，我们知道，不管把它们洒向哪里，滋润了什么，海都在那里。它知道总有一天它们会化成气、化成雨回到它的怀抱，它知道不管舀出多少瓢、多少桶，它还有源源不断的爱在那里。

曾经有一个气功治疗师朋友跟我分享，他每天要治疗几十个病人，有人好奇地问他："据说你跟病人身体接触时，手会接触到对方的病气，时间长了会伤害自己，你怎样保护自己呢？"

这位治疗师看着发问者，微微笑着，注视了他几秒钟，然后轻轻地说："当我的手放在他身上，为他做推拿治疗时，我心里有一个意念——我在治疗我自己。"

轻轻的一句话，包含了多少深刻含义？是的，当一个人觉得自己就是大海的时候，无论怎样给予别人，他都知道自己是丰富的。当一个人给予爱就像爱自己一样时，他就不会抱怨，不会恐惧失去。所以，给予无条件的爱，只有一个前提，那就是让自己成为无条件的爱，让自己成为爱的存在，爱的大海。

"问渠哪得清如许，为有源头活水来。"一个有资格给予别人无条件爱的人，一定是一个成熟的、健康的、充满爱的人；一个有资格无条件爱别人的人，一定是完全接纳和爱自己的人，也一定会感受到自己与更大的爱的融合。

所以，先让我们看到已经拥有的爱，学会感恩和接纳自己，学会欣赏和表达自己吧。如果我们已经是那百分之百中的一部分，我们就会成为源源不断的活水，源源不断地带来喜悦和幸福，去播撒我们的爱，无条件的爱。

无条件的爱的界限在哪儿？

给予别人无条件的爱，前提是要尊重对方的界限。只有在对方允许时，才可以付出我们的爱。

曾经有一个朋友说，他是一个爱心爆棚的人，总感觉内在有很多很多的爱，总想去帮助别人，给予别人。然而，当他充满热情地去做的时候，却常常发现好心办坏事，总遭到很多人拒绝和反对。他很苦恼，不知道自己做错了什么，不明白为何满腔的爱换来的总是伤害。他说自己真的不求回报，只是想帮助别人，想表达他的同情和爱。

他的问题在于不懂爱的界限。爱的界限是指施爱的人要考虑对方是否需要，然后再为对方提供他需要的爱。不能因为自己表达热情或者表达爱的需要，而要求对方无条件地配合和接受。施爱者不可以强迫别人接受。

某所学校一位很有爱心的老师，看到班中一个同学家境困难，很想为他做些事情。他于是在班级中动员全班同学伸出援助的手，有人捐款，有人捐物。可是当老师把这些东西交给这个同学时，他脸涨得通红，极为愤怒地对老师喊："我不需要这些，你们不要侮辱我！"

老师感觉很挫败，不能理解为什么这个孩子如此不近情理，并断言这个孩子心理扭曲。很多同学也跟老师一样，感觉自己的一片爱心受到了伤害，无法理解这个同学，开始用异样的眼光看他、评价他。

过了不久，这个孩子转学了，转到一个外地民工子弟学校读书，在那里他觉得更开心、更自在。虽然没有人帮他、救他，他却可以感受到自己的快乐。

无独有偶，一次电视综艺节目中，一个右手残疾的女孩，在台上表演钢琴曲《献给爱丽丝》。她说自己在两年的师范学习中练习了这首曲子。评委非常陶醉，有位评委带着同情问她："请告诉我，你是怎样遭遇不幸的？"那女孩淡淡地说："我没有觉得我不幸，我觉得上天对我非常厚爱，让我有如此敏锐的音乐耳朵，让我有这双独特的手。"女孩掷地有声的话语，让场内外所有人内心为之一颤——她的内心有着充足的爱。

我们以为表达对别人的同情和怜悯，是展现我们爱的一种姿态，却完全忽略了对方是否需要，以及对方内在的界限。不管我们是否承认，同情和怜悯示爱时，人们的内心有一份高高在上的"我比你强"的傲慢。这是不平等的，不是无条件的爱。

所以，不管无条件的爱是如何深厚、广大，在施与时，我们要学习征询对方的需求，我们要懂得克制自己爆棚的爱。或许我们可以先去问他：我想为你做些什么，你愿意吗？所有爱的表达，前提一定是三赢的（三赢指的是"我好、你好、世界好"）。表达无条件的爱，要在乎对方的需求，尊重对方的界限。

这样，无条件的爱才可以自由地表达和流动，才会给对方有效的帮助，才会让自己有付出之后的喜悦和幸福。无条件的爱意味着自己有足够充分的爱，同时又能尊重对方接受或者不接受的自由。当我们开始尊重对方的界限的时候，才是真正意义上对他最大的爱，最大的支持和陪伴。当我们开始懂得用尊重来表达爱的流动和给予的时候，才意味着我们的成熟和智慧。

花一点时间去让自己感受无条件的爱吧，花一点时间无条件爱自己吧，花一点时间为自己设立生命的界限、尊重自己生命的界限吧。让所有的学习先从帮助自己开始，我们就可以源源不断地感受到富足的爱。尊重自己生命的尊严，尊重其他生命，我们才会看到每个人内在源源不断的爱。

引言二　左手觉察内省，右手修炼成长

　　无论是否承认，我们都在不停寻找和探索：我是谁，为什么来到这里，我要去哪里，生命的意义是什么；我是否了解自己，接受自己，悦纳自己；我与这世界的关系如何；是否会爱，是否会给予无条件的爱。每个进化中的生命都渴望探索生命的状态，寻求生命的真相，渴望重整秩序，让爱流动，与道同行。

　　这份渴望可以通过深度的自我探索，通过对自己的觉察来实现。日常生活中的修行、反思与反馈就是觉察的途径。

请一边觉察，一边成长

　　我的生命状态如何？日常生活中最直观的信息，就是每个当下情绪状况的反馈和觉察。每个当下去感受以下内容：此时此刻我身体感觉如何？内在情绪感受如何？分别可以用怎样的情绪名词代表？又分别是怎样的程度？假如以一个 10 刻度的温度计衡量，10 代表这种情绪最高分，1 代表这种情绪最低分，我的情绪是几分？

我的身体感觉又是怎样呢？我们可以从头到脚尝试自我觉察。头皮是轻松的，还是沉重的？大脑是清醒的，还是混沌的？眼睛是湿润的，还是干涩的？面部是紧张的，还是放松的？脖颈是灵活的，还是紧张的？肩膀是紧绷的，还是轻松的？左边和右边相比，哪边更轻松或者更沉重？后背是舒服的，还是酸重的？前胸心跳感觉得到吗？呼吸顺畅吗？胃部舒服吗？小腹部是舒服的，还是紧张的？臀部是紧张的，还是放松的？双腿是绷紧的还是放松的？膝盖是轻松的，还是沉重的？脚踝是放松的，还是沉重的？每一根脚趾是轻松的，还是沉重的？程度上分别是几分呢？

再来扫描一次。身体哪一部分有疼痛、不适应的感觉？哪部分的能量有明显被卡住的感觉，是酸、麻、胀、痛，还是其他感觉，可以打几分？哪一部分最放松、最舒服，可以打几分？经过两三轮扫描，我们已经开始全然关注当下自己身体的感觉，同时感受到自己内心情绪的变化。内心情绪感受如何，可以打几分？是喜悦、平静、轻松，还是失望、悲伤、愤怒、委屈或者焦虑、烦躁？

当我们如此专注地觉察身体和情绪感受的时候，我们已经开始跟自己身体建立了最直接的连接。我们也要明白，不同的情绪感受有不同的意义，重要的不是驱走这些情绪感受，而是借此去提升觉察力和理解力，恰当运用或者摆脱这些情绪的状态。情绪的觉察力、理解力、运用

18

力和摆脱力就是人们一直渴望提升的情商能力。建立感受身体、情绪的觉察力，是提升和培养高情商的开始。情绪状态没有好坏对错之分，每种情绪状态都是一种能量，都是一种提醒，或增加力量，或指引我们摆脱的方向。

情绪不是与生俱来，更不是由外界的人、事、物引起的，它是我们内在信念受到外界刺激时产生的反应。情绪看似变幻莫测，但只要懂得和理解其包含的意义，就可以把握自己的信念状态，凭借其流向来管理自己。所有的管理都从清晰的觉察开始，清晰的觉察源于尽可能精确细微地与自己的身体建立联系，与自己的内心感受建立联系。

情绪的本质就是流动的能量，是动物和人维持生存时的能量反应。动物遇到威胁感到恐惧时的第一反应是攻击；攻击无效时，第二反应就是逃避；经历攻击和逃避之后的第三反应是麻木、假死，以逃过攻击。攻击结束，动物会自发进入第四个阶段，即抖动身体，完成刚刚经历的创伤释放，让能量复原。

人类往往因为对情绪的无知和逃避，不允许自己（或他人）经历复原和释放的第四个阶段，因此也常造成创伤在身体内的储留。未来的环境和情景中，相似的刺激会再　次激发这份遗留能量，带来新的困扰，即所谓的创伤影响。只要给予这些遗留能量足够的关注，允许它们释放并达到复原状态，就可以完成创伤的释放。

所谓的消极情绪或者负面情绪（愤怒、恐惧、悲伤、无奈、焦虑、紧张、烦躁、失望、心虚、嫉妒、惭愧、内疚、遗憾、委屈、讨厌、仇恨等等）是人们不愿意接受的，其在能量的表现上有不同的程度和层次：最表面的部分是恐惧、愤怒、麻木、恨，里层的是悲伤、痛苦、挫败感。在这一层面更核心的部分就是未曾满足的爱，即"我要被爱"；最核心的则是去爱其他人的需要，即"其实我也爱你"。

每一种情绪都是一种内在的生命能量。读懂它、允许它表达我们就可以体验到丰富多彩的生活。懂得每一种情绪所具备的意义和价值，我们会更加明白自己内心的渴望和需要，更好地管理自己。

愤怒：给我们力量，去改变不能接受的情况。

痛苦：指引我们去找寻解脱的方向。

焦虑和紧张：事情很重要，需要格外关注和照顾，已有的资料和能力不足，须培养新能力。

困难：以为需要付出的代价，比可以收取的回报大。

恐惧：不愿意付出以为需要付出的代价。

失望：分为对他人的失望和对自己的失望两种。对他人失望是因为自己无法控制他人而引起；对自己失望，是因为不接受自己，感觉自己不够好。

悲伤：更珍惜已经拥有的（包括记忆），希望可以更有效地运用。

惭愧、内疚和遗憾：以为已经完结的部分还未完结；该做的事情还没做。

无奈：已知已做的全不管用，需要寻找要做的方向。

委屈：把小孩子需要父母的情结投射在其他人身上，即"你没有给我你该给的"。

讨厌：我不想在这个地方、这件事上停留。

心虚：占了不该占的地方或位置。

烦躁：我不该在这里，可是不得不在这里，虽然有力量，但不知要去哪里。

愁：我不愿意在这里，可是不知道要到哪里去；缺乏力量。

嫉妒：是一个中转站，假如可以让自己提升，就转化为动力；假如不能让自己提升，又不接受对方，就转化为恨。

恨是唯一没有正面意义的情绪，它毁灭自我和他人，用恨做铁锚，钩住彼此，我们将无法开始新的生活。转化恨唯一的方法就是学会感恩。感恩是成人的标志，感恩的"恩"是"我没有资格得到而被给予了"。生命中最大的"恩"是父母给予的生命，其中所蕴含的爱和力量是我们最需要感恩的。

理解了所谓负面、消极情绪真正的意义和价值后，才更容易接受自己现在的状态，觉察并理解自己为何会有这样的情绪状态；觉察和寻找引发这种情绪的内在信念，思考如何改变，从这份情绪中解脱、获得力量或者改变行为方向。

这是自我管理非常重要的途径和方法，更是培养情商的简单秘诀。当明白情绪如此真实而准确地反应内在状态，能够精准地觉察内在的情绪状态时，自我成长就开始了：接受情绪，读懂情绪，用有效的方法复原和释放情绪。当曾经凝滞的情绪能量，被允许表达和释放，像河流一样来过又流走，内在多了一次疏通时，我们就会有更多的成长。这样不断地了解自己、接受自己、改变自己，才能有效地爱自己，随时随地做自己的情绪治疗师，做自己内在小孩的安抚者，让自己真正享受自由自在的生活！

你生命中的常用模式是哪种？

不同关系中的互动模式，是自我探索和觉察的另一重要线索。

比如，一群人在玩抢椅子游戏，假如你在其中，你会怎样参与？是寻找一切机会，特别渴望胜出；还是随大流，对结果毫不在意；或者只是被动地跟在别人后面，不情愿参加这个游戏？游戏结束后，你又会有怎样的感觉？觉得愤怒、不公平，还是自责、毫无感觉？通过这些互动模式中的表现，或许就可以看出你生命中的常见模式，是指责型、讨好型、超理智型还是打岔型。

指责型：抱怨、指责，都是别人不好，我是对的，你是错的，受害者心态。

讨好型：都是我不好，你是对的，我是错的，我委屈自己屈从于你，我是不重要的，你是最有价值的。

超理智型：我只用头脑评判应该如何、必须怎样，像一架机器，完全理性地只做是非对错评判，用逃离感觉来保护自己。

打岔型：逃避目前无力面对的状态，把注意力引到另外的方向和事件中，用看似轻松好玩的状态，逃离、转移对方和自己的注意力，以此解除尴尬。看似是拯救者，实际内含很多恐惧，害怕受害，无力面对真实情绪。

这些模式通常是小时候与父母互动中学到的生存模式，是一个无助婴孩为了维持生命存在，被动采取的生存模式。在面对冲突和危机的时候，我们通常会用其中一种或几种生存模式来保护自己的安全，为自己设置一个自我保护屏障。这种模式也许不知不觉中已经用了很多年，但随着时间流逝，我们可能已经有了很大的成长，生理上已经跨越了10年、20年、30年甚至更长的时间。

但与生理年龄的跨越不同的是，我们的内在心理可能仍然停留在孩童的生存模式里。这个模式可能已不适用于成长后的我们。它限制、束缚了长大之后的自己，我们要认清这一点，并放弃这种模式，要学习身心如一地表达和选择成熟的生命模式。这是每个人自己的责任，不可以假手于他人。我们不再是当年的婴孩，每个人都要为自己的生命成长负责，为自己的情绪、健康状态负责，为自己当下吸引了怎样的外界环境而负责。

只有真正为自己生命负责的时候，我们才真的开始长大成熟，不再是抱怨、受害的小孩子，不再是麻木的、逃避的人，也不再是毫无尊严地讨好别人的可怜虫。为自己的人生做主，我们应该时常问自己：此时此刻我是谁？我想得到什么？我要去哪里？我在做的和我想得到的是什么关系？我们要主动地觉察并摒弃无效的模式，寻找适合今天的新模式，让身、心、灵完全一致，活出与生理年龄相匹配的成人状态。

我们要学习身心如一的表达，学习面对冲突和危机。在面对之后放下受害者的生存模式，放下改变外界的企图和控制的欲望，感受自主的快乐。我知道我是这世界的中心，所有外在的一切都是被我吸引而

23

来。别人伤害或者轻视我，是因为我内在那个孩童有那份受害的"瘾"，在不断勾起外在环境，刺激它们继续喂养内在这个可怜的受伤的自己，这个不敢面对、不敢放下旧模式的"小我"。

今天的我已经成长，可以利用每一个引起情绪波动的瞬间，看到自己又掉进怎样的生存模式里，我会明白这个模式是被自己吸引来的，坚定地告诉自己我要为自己的生命负责！我会先去关注内在渴望爱的自己，给他充分的爱，然后告诉他：收起你的把戏吧，我不再是那个受伤的孩童，我已经长大。此刻，一切都是最好的，一切都刚刚好，我爱我自己！如此不断地释放、觉察后，自我的模式会一点点地改变，创伤会一点点地修复，一个明确知道自己是谁的我，会不断成长。

过往生命中常用的生活模式让我们过着并不轻松、快乐的生活。如果作为观众，在场外看这场游戏，自己会更认同哪一种模式？对胜者是怎样的态度？对失利者又是怎样的心态？会用怎样的情绪去面对这场竞争游戏的变化？

先让自己静下来，问问自己：我内在发生了什么让我有这样的情绪，让我被这样的模式触动，让我吸引到这样的模式？比如，有人常常向别人倾诉：我很倒霉，总有人对我不公不义。这时应该仔细回想，当我们倾诉的时候，是一个抱怨者的心态，还是一个受害者的心态。

你比我大，
我向你鞠躬

你比我大，我是小的，
我向你鞠躬！
所有在我之上的都比我大，
我只有接受和臣服。
放下改变的企图，
放下"你应该……"的期待，
一切都是刚刚好，
一切都是最好的！

满怀谦卑的心，感恩父母

你们比我先来，是我选择了你们做我的父母和祖先。所以，我对先于我存在的你们说"是"，感谢你们！

我是家族系统中的一员，我唯一的父亲、母亲把生命传给了我，同时也把爱和力量传给了我。他们给予的生命是经由他们的父亲、母亲传递而来，而他们的父亲、母亲的生命也是经由其父亲、母亲传递而来。这就是家族系统一代一代生命的传递和流动。

在我之前，有无数代的祖先从遥远的生命起源而来。虽然我们不知道我们之前有多少代祖先，甚至也不知道他们姓甚名谁，可是我们知道，生命就是从那个很久远的源头，一代一代地传递下来。这种传递包含着上一代对下一代的祝福和期望：希望生命绵延不绝地传递下去，希望下一代比上一代过得好。

也许他们没有特别精心、高质量的陪伴。但是，生命这份像珍贵璀璨的钻石一样美好的礼物，通过传递，已经让下一代有生存下来的机会和可能。不管他们在陪伴下一代成长中有怎样的甜酸苦辣，生命本身所包含的爱与力量，已经是他们给予下一代最重要的恩典。在这样的生命传承中，下一代用内在的生命之火展现了自己的生命力，同时也把生命继续传递了下去。

在这样的传递中，每个人都是生命之流重要的一环：每个人身后都有自己的父母；每个人前面都有自己的孩子和子孙。每一个生命都被祝福、被允许，每一个生命都有自己的位置和使命。生命河流中上一代像河流的上游，比下一代有更高的位置；下一代像河流下游，比上一代有优先权。所以，上游的每一代祖先都比下一代更有力量照顾自己、照顾自己的后代，是大的；下一代是小的，对上一代给予的生命力量和爱，只有接受，只有感恩。

鞠躬，意味着下一代向上一代表示我接受你比我大，接受你给予我生命；我接受你有照顾自己生命的能力，接受你对我的期望与祝福：我要过得比你好，我可以照顾好我自己，我要把生命传下去、照顾好，这是我最重要的使命和位置。

你们比我先来，是我选择了你们做我的父母和祖先。所以，我对先于我存在的一切说"是"。你们的脾气、性格，你们的命运，你们之间的关系，你们该承担的责任与义务，你们将要面临的命运和未来，都属于你们。

我低下我的头，垂下我的身体，我打开我的双手，在你们面前五体投地地说："是的，你比我大，我比你小，我接受。"我是你们的孩子，不管我年龄大小、能力强弱，现在多有力量，我知道这一切源于你们的给予。你们是我的源头，我带着所有被给予的能力和力量，在你们面前还原成孩子，对你们的一切说："是的，感恩！"

每一个生命都是通过这样的过程来到世界，每一个生命也都是带了祝福和期待来到世界。我们有唯一的父亲、母亲，有属于我们父亲、母亲的家族系统。在我们感恩生命伟大的同时，我们要学习的功课是：对给予生命的父亲、母亲说"接受"，找到自己生命真正的位置，学习分清大小先后，在这个过程中在身、心、灵的各个层面，确定属于我自己的位置。

不管生命这份礼物有多粗糙，我会看到它内在的本质是旺盛的生命之火。我知道不管包裹礼物的包装纸有多简单、多陈旧，包装纸里面的才是本质，才是内涵。我愿意打开包装纸去欣赏礼物的独特与完美。我可以放下包装纸，直指这礼物内在最重要的本质——生命以及蕴含在生命中的力量和爱。

中国传统文化中的许多礼仪、礼教，被人们斥为封建，予以摒弃；而西方的思想和文化，如平等、自由和开放等，则广被认可。人们常常误以为平等、自由就是为所欲为，没有秩序和大小区别。这是对生命秩序的误解。我们知道一年有春夏秋冬，有自己运行的规则和秩序；一个人有幼年、少年、中年，直至晚年的成长秩序。此外，每个人都有与其他人的关系，而所有关系和成长都有自己存在的规律。规律之一即生命是有秩序的，关系是有秩序的。只有存在这个秩序，世界才会运行畅通和自由。自由与平等是建立在遵守秩序的前提之下的，秩序是对自由最大的保障。一个人只有在遵守交通秩序的马路上行走，才能感受自由自在行走的快乐。

所有的生命都是平等的。每一个生命都是经由上一代传递而来，植物经由种子孕育，动物经由上一代哺育传递。孕育和传递一旦成功，生命就以其生长和不可逆转的秩序，表现出相同的能力和特点——内在生命之火的燃烧和繁衍。当生命以旺盛的状态呈现出来时，每一个生命都是平等的，每一个生命都有要体验、经历的课题。下一代并不比上一代骄傲，上一代也不比下一代有特权。

这份平等和自由，只有在遵守了自然规律、人与人之间的规律和关系秩序后，才会真正感受和体验到。

中国传统文化中提及的"父为子纲、君为臣纲、夫为妻纲"，以强迫和控制的规条方式，要求服从、尊敬。虽然揭示了社会关系、家庭关系、婚姻关系的一些基本秩序，却没有给予生命学习和表达的自由，使秩序变成了对人性的束缚和限制，所以遭到人们的反对和抗拒。

我们这里分享的生命秩序，是站在生命发展的角度，接受客观存在的现实——生命河流的流淌与延续，接受每一个生命的独立、尊贵与伟大。让每一个生命活出精彩、绚丽绽放的前提，是理解生命、尊敬生命秩序，找到自己的位置，全然地释放能量。所谓秩序，就是分清大小、分清先后。接受秩序可以先从接受父母比我大、比我先来开始。

当父母亲准备好将生命传递给我们后，他们的结合使得生命在母亲体内孕育。母亲十月怀胎，冒着生命危险，把我们带到这个世界。这时候母亲已经完成了她的任务。带我们去认识和了解世界的任务，则由父亲来完成。他们比我大，比我先来，所以，我可以看到生命传递过程中的伟大与恩情。

作为一个婴孩，作为成长中的孩子，不管我有多少期待、渴望没被满足，今天作为成人，回看出生和成长的全部历程时，我看到的事实是他们给予了我生命。同时我也看到他们是不完美的人。他们有自己的脾气秉性，有自己与父母关系的遗留痕迹，有自己未成熟的儿童状态，他们也有自己生命的限制。我还要看到的事实是：我自己选择了这样一对独特的人做我的父母，他们给予我的一切，构成我童年成长的经历，也构成我生命蓝图的脚本。如何接受并在接受中学习成长，是我的课题，跟他们无关。

作为成长中的个体，以成人心态面对父母，看到他们的局限性时，我要学习放下一个孩子对完美父母无穷无尽的期待，放下内在的执着——"你应该做怎样的爸爸，你应该是怎样的妈妈"。面对比自己更高的存在，真诚地说："我接受，你们就是这样；我接受，是我选择了你们；我享受你们给予我的一切。不管是童年的忽略、控制，还是说教、指责，甚至是肉体上的伤痛、心理上的创伤，主动选择的人是我，你们做了你们能做的一切，我学习接受。"

成熟的人区别于没长大的婴孩的标准，是看到真相，面对真相，面对"事实本来就是这个样子"。把"期待"放下，把"改变父母，成为理想父母"的渴望放下，把想"替父母担负责任与使命"的需求放下，我们才可以成为真正成熟的人。

接受所有过去发生的一切，看到那一切有怎样的价值和意义，可以让我们成为今天的自己。同时，我们还要学习负起自己生命的责任。父母给予我们生命的根，根输送养分，让我们变成一棵树苗，成长为参天大树。怎样适应自然，适应四季更迭，绽放我们的活力，是我们自己的事情！当我们感受到生命存在时，问自己："我要用这生命活出怎样不同的人生？我要为我的人生做些什么？我怎样用由根部而来的营养滋养我自己？我怎样让每一片枝叶舒展到极致，每一次开花都怒放，每一次结果更美味？"这是我的责任，已经与父母无关。

接受父母大我小，内心才会有对父母的尊重，尊重他们有能力照顾自己，尊重他们有自己内在的需要，尊重他们有自己要学的课题，尊重他们有要突破的局限。这份尊重让我们放下期待以及帮其改变的动力，放下我们想要代替他们承担的企图，放下我们想要拯救他们的动力。

他们比我们先来，先照顾自己，再诞生我们，当然还可以继续照顾自己。从中年到晚年，他们用自己的方式选择他们的命运，这是他们的自由。我们只有尊敬，只有接受，同时透过他们也许并不精彩的人生，透过他们生老病苦艰难的表象，看到深层蕴含着的内在顽强的生命之火。这生命之火是值得我们尊敬、学习的，我们在他们面前垂下我们的头，弯下我们的腰，带着我们所有的敬意和爱。

不管今天我们身体多么强壮，地位多么显赫，物质多么富足，这一切的源头来自于父母，来自于祖先。我们带着他们给予的允许和资源，心中应存有更多尊敬，应放弃改变他们的欲望。不管父母受病痛折磨，或已老弱无力，我们为父母做任何事时，都要带着尊敬和爱。接受存在的一切，这是父母亲给予我们的重要经验和财富。我们与父母亲的关系原型也会成为我们与权威、师长、领导、社会、制度、国家、种族、命运之间关系的原型。

　　父母给予我们最宝贵的经验是让我们带着感恩的心，珍惜所拥有的生命，让生命活出最精彩的一面。面对在我们之上的一切，放下傲慢，满怀谦卑。我们心里应该有这样一幅图画：面对给予生命的两个人——父亲、母亲，我们鞠躬，带着五体投地的尊敬，站在孩子的位置，向上仰望着两个高大的人。看到他们身后的爷爷奶奶、外公外婆以及无数代的祖先，看到生命存在的真相，看到每一个祖先眼中流动着的爱，看到每一个祖先双手中传递的力量，然后，心悦诚服地和他们说一句："你们大我小，我感恩你们给予我的力量和爱，我会用好所有的资源，去过我的人生，照顾好我自己，照顾好我的孩子，请你们祝福我。"

　　我们要体会到这个画面中我们的渺小，我们的使命，我们生活的真实方向。这幅画面会不断提醒我们活在自己生命的位置里，对所有比我们大的存在带一份尊敬，带一份感恩。

独立而成熟，不做"超龄婴儿"

> 你比我大，我是小的，我接受你给予我的所有的指导和安排，我学到了需要学习的能力和价值。我要独立而成熟，这对我的生命有重要的意义。

从家里走出来，进入学校、单位，来到更广阔的世界，我们会受到老师和领导的教育和影响。他们似乎有更多权威，更多力量和特权。我们必须接受自己的有限和无知，从老师那里学到更多知识，了解这个世界；也必须接受领导安排的工作和对我的定位。不知不觉间，我在社会这个更大的组织系统里看到了像父母位置的人。也许我会把对父母的期待和渴望，不知不觉间投射到老师和领导身上，渴望他全然地关注并给予我所需要的公平，渴望他是完美的，充满力量和爱的。

假如带了这样的渴望，也许我们会有失望，会感到委屈、愤怒，不如愿时我们会表达抗拒。这时我内在是一个没长大的小孩，是一个觉得父母没有满足自己需要而不停讨要的小孩，是一个想改变老师和领导的小孩。这份觉察提醒我，我要找到自己恰当的位置。

在学校里，我是学生，老师把知识分享和传授给我，他是大的，我是小的。尽管他不完美，也有很多局限，可当他做我老师时，已注定他在我之上。我要接受他比我大的事实，同时接受他不完美、有局限的事实，他也有自己成长的课题。我无权评判，更没有资格去改变他、代替他。无论我怎样回报，都不能代替他的给予。我能做的只有一件事，那就是学好、用好并且把这些知识技能传递下去，传给更多其他的人。

这是我作为学生唯一可以做的事情。放下自己评点、指责老师的傲慢，放下自己对他的完美设计，承担面对他不完美的痛苦，找准自己的位置吧。我在他面前对他说："你比我大，我是小的，我接受你用任何方式对待我。即使有创伤，也会让我在此学到很多不同的道理。这些也是你教我的，我要对于你所有的教导说'感恩'。我会将感恩转换成自己新的学习力量，重新开始下一段成长路程。"

作为单位员工，我要看到领导的权力，找到自己恰当的位置。我要对他说："你比我大，我是小的，我既然接受了这份工作和位置，就接受了你对我的安排和管理。我向你学习值得我学习的部分，同时尽我的努力去做我可以做的事情。"我应放下对领导的评判和指责，更放下期望代替他、帮助他改变的欲望和企图。

我知道他来安排我，是他的权力和责任；而我接受领导的安排，是员工应尽的义务。当我全然接受成为他的下属时，我会允许自己看到他的局限和不足以及他要成长的部分。同时我会告诉自己，这些是他的课题，与我无关。我只做下属可以做的部分，承担我的责任。我关注如何做好自己分内的事情，学到我最需要提升的东西。

如果我已经得到这个岗位给予我的所有提升意义和价值，我会带着感恩的心说："你比我大，我是小的，我接受你给予我的所有的指导和安排，我学到了需要学习的能力和价值。这对我的生命有重要的意义和影响，我会运用到未来的生命和工作中，现在我只想带了感恩对你说'谢谢'。"

我们只有唯一的父母，却有很多领导和老师。每一位领导和老师都用他们自己的方式引导、影响和检验我们；在各种事件中，督促和考验我们找到自己的恰当位置。成熟、负责地提高自己独立生活的能力，感恩面对生命所有体验和经历的能力，这就是我们成长的过程。

社会组织系统与家庭系统有很多相似之处，它的内在法则也是归属与连接、付出与收取的平衡及相应秩序。它与家族系统最大的区别是：家族系统是由血缘相连，是唯一、不可改变、不可否定、不可代替的，而社会组织系统却并非如此。与父母和家族系统的共生，使我们得到支持和帮助，在一个支持系统中安全地活下去；让我们有能力作为一个独立个体进入社会组织系统，把家族系统给予的智慧运用和发展出来；让我们有能力学习分离并且以成人心态去建立自己在世界中的关系。理想的状态是从家族系统走出来时，我们已经是完全独立的成熟个体，是学习运用已有智慧的成人。

我们要面对的最重要的挑战，是区分家族系统与组织系统的差异，觉察自己对父母期待的投射。然后带着父母和祖先给予的力量，以一个得到充分成长的状态进入学校、单位等组织系统，实现自己的价值，完成自己的使命。在这个过程中，我们才能够真正长大，成为独立而成熟的人。

爱他，就请与他的家族完美对接

因为对爱人的爱，我们去爱岳父母、公婆，与他的家族对接。他们养育了如此有爱和力量的孩子，我们应该感恩和回报他们。

当决定结婚时，我们要准备接受配偶及其背后的家族系统。两个人建立家庭时，会同时触碰到另一个家族系统——一个与自己家族系统有着完全不同经验与文化的系统。这其中有三层关系要去处理：一层关系是配偶之间的关系，还有一层是每个人与自己父母的关系，第三层是夫妻及双方父母与孩子的关系。**诸多关系看似复杂，最简单的梳理仍要遵循系统三个法则：新系统具有优先权，老系统需要尊重；每个成员的付出与收取要平衡；对每个成员的存在给予认可。**

结婚后我们要面对配偶的父母。一个人可以发自内心地对配偶说："我爱你，也爱给予你生命的父亲母亲，以及他们背后庞大的祖先系统。"有了这份准备，才能带着尊敬的心接受配偶身后的岳父母或者公婆，感恩他们把生命传给孩子，让孩子长成独立的成人，从而建立属于新的核心家庭。请祝福双方有好的未来，照顾彼此，让生命得以传递。

当父母发自内心、身心合一地接受时，我们总会看到、听到或者感觉到父母们开始放松，开始祝福和支持。这样的祝福和支持会让配偶有更大的力量和爱，来共同创建小家庭。我们要向老人传达爱和尊敬，要求双方都明白自己的位置，要知道配偶与他家族之间那份深深的连接，是必须接受和敬重的。只有尊敬了对方父母，他们才会更大程度上接受我们，配偶才能更专注地经营自己的家庭。我们要允许每个人有适当的空间和时间，跟原生家族系统连接。因为每个人都无权去改变配偶的父母和他的家族，作为外来者，我们只有尊重和接受。

同时，我们也要对自己的父母和家族系统说："谢谢你们把生命传给我，让我有能力照顾自己，让我今天有自己的家庭。我和爱人将一起创建我们的未来生活。当我们准备好的时候，会把生命传下去。所以，请你们祝福我们，请你们带着爱支持我们。现在，我的任务是照顾我自己、我的爱人和我未来的孩子。请允许我带着我的心，回到我的小家庭里。不管何时，只要有需要，我都会感受到你们对我的爱和支持。请你们放心地让我去过我的生活。"从父母和祖先那里求得祝福，每个人才可以转身跟自己的爱人一起，创建属于自己的核心家庭。在每个人身后，分别有爱我们的父母和家族系统。所有的祖先都期盼后代能够好好照顾自己，好好相爱，照顾好孩子，让生命延续。

所以每个人结婚时，其实是在心灵上与原生家族系统说再见的时候。再见，是作为孩子成长的时代的结束，是把家族系统给予的力量转化成爱并且继续传递的开始。从结婚开始，每个人都需要转身看向未来，建立一个新的家庭系统。在这个家庭系统中，两个家族都具有优先权。这个家庭系统经营得如何，将影响着家族系统的延续质量。夫妻双方需要割断对父母和家族系统依赖的期待，不断成长和成熟，去学习与配偶经营平等的婚姻，把父母和祖先传递的力量和爱继续传递给未来的孩子。

同时我们也要明白，公公、婆婆只是先生的父母，不是媳妇的父母；岳父岳母只是太太的父母，不是女婿的父母。我们要尊敬和敬重他们，不要在他们身上投射自己对父母的期待，不要让自己像小孩子一样，向他们索要父母没有给足的爱和力量。他们的爱和力量已经传给了他的孩子。每个孩子都得到了父母充分的爱，都可以带着这些爱经营自己的家庭。

因为对爱人的爱，所以我们要去爱岳父母、公婆。他们养育了如此有爱和力量的孩子，我们应该感恩和回报他们。如果与岳父母、公婆同住，我们还要学习处理这中间的复杂关系。如果这个家庭是属于年轻夫妻的，那最重要的、具有优先权的就是年轻夫妻的关系。年轻夫妻要有独立的时间和空间，去经营自己的家，同时还要分出一些时间陪伴老人。重大事件发生时，做决定的是年轻夫妻。养育孩子等事情，可以邀请老人给予一些帮助，但这不是他们的责任和义务。如果老人愿意把自己的孩子培养大，还愿意帮忙照顾孩子和家，这是更大的一份恩情。

我们在内心或生活中或许可以如此表达："感谢您帮我们照顾孩子，照顾我们的家。您把自己的孩子养育大，已经完成了您的使命和责任。现在您愿意给我们支持和帮助，我们无限感恩，您辛苦了！既然我们组建了这个家庭，就需要学习做先生、做太太，学习在独立的空间处理我们的事情。有需要的时候，我们会向您讨教。您的意见我们会参考，但是请让我们自己来做决定。既然我们已经决定养育一个孩子，学习做爸爸妈妈，就是我们的责任。我们会承担起做父母的责任。生活上请您帮我们照顾孩子，教育孩子的责任是我们两个的。所以，请允许我们有单独的时间跟孩子在一起。我们会尽全力照顾好孩子，照顾好家，让我们的家和孩子更和谐更幸福，也让您有更多的时间去过您的晚年生活。对您为我们所付出的一切，我们心怀感恩，您辛苦了！"

再见，盲目批判的叛逆少年

你比我大，我是小的，感谢你用你的方式培育了我这么多年。我向你鞠躬。我会用你对我的滋养，照顾好我自己，彰显我的独特，和那个只会盲目批判的少年说再见。

每一个人都生活在相应的风俗和传统中。地域风俗、家庭习惯、民族传统、国家相关体制等，都是我们成长中影响和熏陶我们的存在。这些都是比我们大的部分，是需要尊重的部分，是我们作为个体需要学习和接受的部分。每一个成员在尊重和接受相关风俗传统时，会获得认同感；违反相应的风俗和传统时，会出现内疚和罪责感。

有些风俗和传统看起来已经过时，不适合现代需要，于是很多年轻人带了极大的愤怒和抱怨，期望改变它们。比如小时候家庭中传下来的规条和禁忌，成长中社会传统文化的约束，包括国家的政治、文化体制的局限、教育制度的限定……很多人在内心对这些现象非常抗拒，甚至抱了很大的期望想去改变。但当没有达到预期效果时，就会有很多抱怨和指责，有些人甚至一生都活在抱怨和指责里。

在无力改变的同时，我们付出的代价是自己心理和身体健康的损害，自己和周围人、事、物，自己与世界关系的对立。因为缺少认同、缺少接受，可能会导致矛盾频出，甚至留下创伤，出现自己有能力而无从表达，充满怀才不遇的悲愤场景。

在这个过程中，我们看到一个又一个内心没有长大的小孩，试图改变更庞大的系统和社会；看到一个又一个没有走出叛逆期的青少年，在享受社会给予照顾的同时还抨击着社会，反抗着这个更庞大的存在，结果无外乎以卵击石，自己也丧失了当下的喜悦和快乐。

真正成熟的心态，是接受先于我们之前发生的一切，接受它们存在的理由和价值。作为这个系统中的一分子，我们能够做得最好的就是接受风俗、文化、体制。它们是大的，我是小的，我向所有存在鞠躬。

我能做的是在这个并不完善的文化传统中，创造我此刻的人生，享受当下真实存在的价值。我可以做些什么，为文化和传统的完善尽一些力量。所有的抗拒都来源于不接受，所有的改变都因为抗拒难以实现。我们不是要拿起那块小石头，去砸向更大的存在和宇宙，而是要融入这条河流，让自己在当下活出所有的生命力量，发出最积极正面的意念，表达最积极正面的行为。

这小小的意念和行为会成为一股独特的存在。它们会以积极向上的能量，对周围产生影响，就像蝴蝶效应一样。我们在尽己所能地影响社会，影响风俗。我们可以用自己的能量，形成一个能量漩涡，一点一点地扩大涟漪。

所以，放下对习俗的粉饰，放下对体制的评判，回到自己的位置，面对看不到但实际存在的风俗文化和传统说："你比我大，我是小的，感谢你用你的方式培育了我这么多年。我向你鞠躬。我用你对我的滋养，照顾好我自己，彰显出我的独特，发挥出积极正面的力量。当我活好自己、照顾好我的家庭时，当我可以最大程度发挥自己的价值时，我知道我已经用我的方式回报了你。"试想一下，如果每个人都如此负责任，如此真诚地感恩曾经滋养抚育我们的、看似落后的文化和传统，它们会如何朝着更有意义的方向转变呢？

记得小时候，我对自己的家规和生活环境非常不屑一顾。我渴望拆掉那一铺暖暖的大炕，睡在床上，渴望从平房搬进楼房，渴望离开那个偏远、寒冷的故乡去远方，渴望突破这一切束缚和限制。我对所有传统的东西有那样强烈的否定和不屑一顾。我以为自己可以突破和改变，所以不断地寻求新的、更现代的、更先进的一切。

直到很多年之后，我在一个80多岁的德国老先生嘴里听到了他对中国传统和文化的崇拜，特别是对老子的褒奖。同时也在很多外国人身上，看到他们对中国文化的崇拜与痴迷。我感到困惑：为什么我们不屑于学习和把握的东西，却是人家千里迢迢前来追随的？为什么我们如此激烈抨击的，却是人家认为最有魅力的？

这些思索让我重新去考量养育和滋养我的风俗、文化和传统，思考我赖以生存的国家的体制，我才明白我曾用怎样不敬的态度回报滋养着我们的深厚文化和传统，用怎样的抗拒和叛逆，否定了培育了我的一切！我开始静下心来，带着尊敬的心，去看我们的祖宗、我们的民族、我们的国家。我真的开始用我的力量去回报给予我能量的原始营养，去做今天这个时代我可以做的事情。

也许只是在泱泱大河里的一滴水，也许只是茫茫星空中的一粒微尘，但我发现找到自己恰当的位置，就能感受到心灵的安宁，感受到自己对这个更大存在——家族、民族和国家的认同和感恩之心。

我开始对周围所谓的"陈规陋习"说"你大我小"，于是我看到端午节的风俗里弥散着浓浓的爱的味道；看到"招女婿"风俗里生命延续的动力；感受到受抨击的中国教育制度，锻炼了孩子们承受挫折，锻炼抗压的耐力和坚持力，也成为他们经受磨炼的独特环境。当我告别叛逆的不成熟的自己，在生命中恰当定位，放下担心、否定、抗拒时，我也可以为社会和系统做出我最大的贡献。

第五节

花花世界，我来了

我要放下比较，放下对其他所有存在的羡慕，让自己成为当下最好的唯一的存在。我接受每一个当下的自己，接受无数个当下的瞬间，接受我自己这个独特的存在。

什么是命运？不同的人有不同的说法。顺利的时候，我们往往会忘了命运的存在，会觉得自己有能量，有力量；不顺的时候，我们会拷问自己："怎么是这种命，命运为什么如此捉弄我？"也有人说：命是先天的，运是后天的。不管怎样说，每个人都可以看到自己一路走来的成长轨迹，都期待和规划着未来的成长路径。

让我们做个假设：把自己抽离到空中，从上向下观察自己一路成长的历程，我们会看到命运的独特魅力。每一个环节都有其独特作用，都在为下一个环节储备和积累能量和资源。不管当初在每次危机、转折中多么痛苦煎熬和挣扎，当我们从更高的角度去看时，都会看到不同的意义。

每次痛苦和挣扎，都会使我们更成熟，更缜密，更坚强，更有忍耐力。我们会逐渐走出孩子的托付和幼稚，看到生命伟大和无私的馈赠。痛苦好像冥冥之中会引领我们经历丰富多彩的人生，体验酸甜苦辣的过程，感受不同的人生境界和状态，悟到真实世界的规律。然后我们才明白佛陀说的"无常"的真实意义，才懂得大道至简，并开始去思考生命意义，明白爱的含义。我们在爱恨中挣扎，在得失中体会，慢慢开始靠近更真实的内在世界，感受我们跟宇宙的更广阔连接，看到自己和每个人相同和相异之处，开始在草长莺飞、鸟儿欢叫的自然环境中感受大自然的魅力。

古今中外许多哲学家、思想家，都用他们的方式诠释了对生命的理解和对命运的感悟。我们要做的只是实实在在地体验感悟生命的过程。我们活着是要在这世界上学习和体验，因为这世界和宇宙有更大一股力量的安排。有人称其为"道"，有人称其为"上帝"或"神"，而我愿意称其为主宰我们的"命运"。更大的存在——它是大的，它允许我来，所以我来了；它允许我在，所以我在这里；它要求我某一天离开，我在会离开之前的每一分钟，好好体验拥有的滋味。

当我接受冥冥存在的规律和命运时，我看到了自己的渺小、局限。我学习对这力量说"是"，并臣服于这神奇的力量的安排。我在"臣服"和"是"中看到、听到、感受到，我相信这一切都是最好的安排，一切的发生都是最有意义的。放下对任何高于我的存在的抗拒，我学习着像河流里的落叶一样跟随起伏，感受随波逐流的每一段不同体验，跟随命运的安排，感受不同阶段的风景和收获。

每个人都只是这茫茫宇宙的一粒微尘，宇宙的爱包容每一个存在。

我跟宇宙生命有共通之处，我也是宇宙的一部分。我来到这世界，就是为了体验独特的经历，彰显自己的特别。我不需要跟谁比较，不需要按着任何标准成为别人。我就像辽阔宇宙星空中一个小小的拼板，缺了我，拼图将不再完整；不做我自己，拼图只是多了重复的一部分。我要在提供给我的空间和位置上表现出一个完全独特的唯一真实的自己。所以，我的目的和使命就是成为我自己。

　我要放下比较，放下对其他所有存在的羡慕，让自己成为当下最好的、唯一的存在。我接受每一个当下的自己，接受无数个当下的瞬间，接受我自己这个独特的存在。花花世界，我来了。我要以自己来装点大千世界，成为五彩缤纷的唯一，成为宇宙神奇的创造力量，成为我自己。在臣服和接受之后，我只有平静和喜悦。我愿做每个当下的自己。

招数①：接受父母传递给我们的能量

让自己做深呼吸，平静下来，想象坐或站在父母对面。父亲在右边、母亲在左边。（在你眼里，就是父在左、母在右。）先面对父亲说以下的话。（有"/"符号的地方可停顿片刻。）

爸爸，您是我唯一的爸爸/也是最有资格做我爸爸的人/我完全接受您为我的爸爸/完全接受您给我的一切/也接受因此而需要付出的所有代价/请您接受我为您的孩子/

生命经由您和妈妈传给我/里面已经包含我需要的全部力量、爱和支持/就算我有其他的需要/我也会运用你们给予我的，在其他地方得到/

我知道我的人生路中不管遇到什么/你们给我的力量、爱和支持/都已经足够让我去经历、去成长/

我会做很多好事，让您以我为荣，我已经有自己的家庭/我已经（或将要）把生命传下去/我会很好地照顾我的家庭/我会建立成功快乐的人生/请容许我用这个方式来表示对您的爱、感谢和尊崇/

爸爸，我把您放在我心里最重要的位置/在那里您每天都知道

我做的好事／我也每天都感受到您对我的爱和支持／

爸爸，谢谢您／爸爸，我爱您

说完以上的话后，可想象上前拥抱爸爸的感觉，直到感觉足够了才分开。坐回面对父母的位置，转向母亲，只需把"爸爸"改为"妈妈"、"妈妈"改为"爸爸"，也可拥抱母亲。

此练习对于改善自己与父母的关系，得到父母的爱与力量有非常明显的效果。可以重复多次做此练习，也可在现实生活中面对真实的父母去做这样的表达，但需在父母有准备的情况下进行。

招数②：坦然地面对死亡

我们总是想和改变不了的事情抗争，比如死亡。有些人则选择逃避，不去想这件事情。不敢坦然面对，当然无法放下，又怎么能活在当下，面对未来呢？

1. 呼吸放松，如果不会，请先与潜意识沟通。

2. 闭上眼睛，想象死亡是什么样子、什么颜色、有多大。有人说死亡是一幅面具，黑绿色的，有足球尺寸那么大；有人甚至看不清多大。也许就是太大了，完全看不到边界；也许你有自己认为的死亡形象，都没有关系。

3.想象你就站在死亡对面，感受一下自己现在的内心感觉，然后在心里对它说下面的话：

死亡，你好！你很大，我很小；你有力量，我没有力量；你能操控我，在你面前我只能臣服。假如你真的来，我只能乖乖地跟你走，我知道你终有一天会来的，当我做完我该做的事情，当我已经有了足够快乐的时候，该来的一定会来。

我承认、接受你有一天一定会来（如果说不出来，这一句就说：我不愿意承认，也不愿意接受，但是我知道你有一天的确会来），可是在你来之前，我可以做很多的事情，让每天快乐地过，让自己有很多成功、快乐，让我的人生过得更好！

有一天你会来这个事实，只不过是提醒我，让我可以做更多的事情，让更多人过得更开心、让我的人生因此更成功、更快乐！我不会为你的到来而担心、苦恼、逃避、无力。

你的存在只是提醒我、帮助我，你是我的朋友，因为我的朋友总是帮我，谢谢你！

4.看一下死亡现在是什么样子，什么颜色，有多大，它一定会有变化。

假如你觉得自己的力量不足以做这个练习，可以请一位你信任的亲友帮你做这些话的引导。

招数③：清晰地定位自己

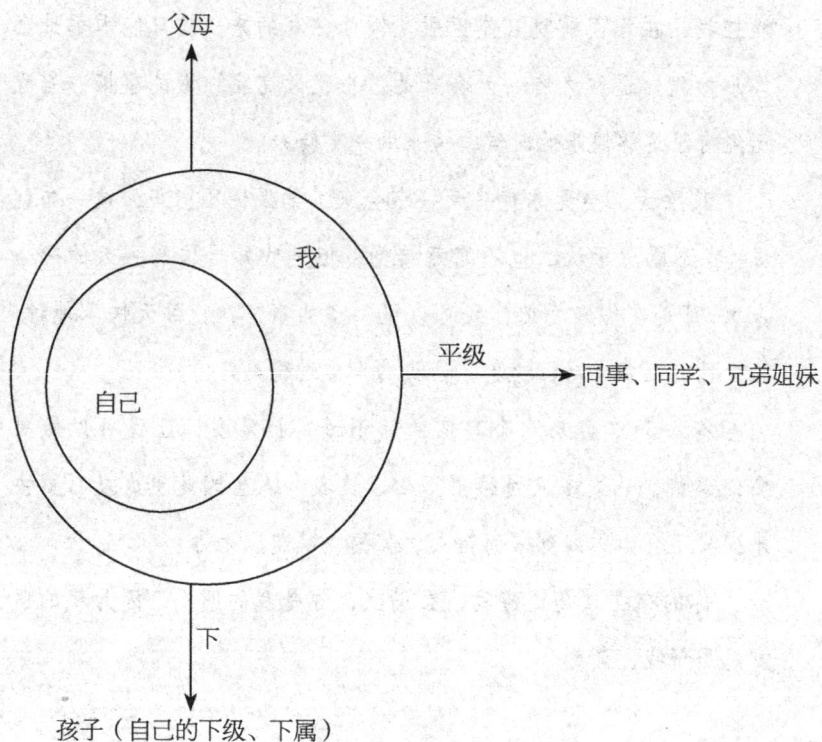

```
                      父母
                       ↑
                       |


                    ╭─────────────╮
                 ╱                   ╲
               ╱          我           ╲
              │    ╭───────────╮        │
              │  ╱               ╲      │      平级
              │ │      自己       │     ├──────────→  同事、同学、兄弟姐妹
              │  ╲               ╱      │
              │    ╰───────────╯        │
               ╲                       ╱
                 ╲                   ╱
                    ╰─────────────╯

                       |
                       ↓
                       下

          孩子（自己的下级、下属）
```

　　每当我们与外界人、事、物产生矛盾时，可凭此练习快速找到自己在这份关系中恰当的位置，确定自己的身份。具体做法是：

　　用衣物、椅子或其他物品代表感觉困扰的对象。站在它的对面，思考在这份关系中，自己应该站在它的哪个位置；是它先存在，还是自己先存在；自己应该站在它身后还是站在它旁边，或者它前面。

如果对方是父母或长者，我就站在其前面；对方是孩子或下属，我就站在其后面；对方与我平等，我就跟他并排站。确定了自己的恰当位置后，我就可以设计相应的对话，比如"你比我大，我比你小，我接受你对我的安排"，或者"我比你大，你比你小，我能照顾我自己""你只要照顾你自己，只要你有更好的未来，就是我最大的心愿"，或者"你有你的父母，我有我的父母，我们两个都是有父母爱的孩子，我们是平等的"。

尝试用这样的方式处理自己与周围人、事、物的关系，快速归位，这是"位当"的基本技巧。

招数④：接受各种角色中的自己

A、B两人对坐，深呼吸，放松。A面对B的眼睛问B："告诉我你是谁？"

B先做深呼吸，跟自己内在连接。用内在浮现的答案来回答，如"我是妈妈""我是一个员工"等等。

A收到B的回答，再由内在发出提问："我看到你的角色之一是妈妈，除了这个你还是谁呢？"

如此，B再做回答。三四轮之后，A对B说："我看到了你是一个妈妈，一个员工，一个……请告诉我，你希望我看到你的哪一面呢？"

B跟内在连接后，跟随内在感觉作答："我希望你看到我……一面

（如：能干的一面）。"

A给B回应："是的，我看到了你能干的一面。我同时看到你的另外一面（如：你软弱的一面）。"（由A内在感觉说出。）

然后A再问B："你还想让我看到你的哪一面呢？"

B由内在发出："我还想让你看到我……一面。"

然后，A再做回应："我看到了你a这一面，我同时看到你 -a 的这一面。一个人同时拥有这两面，是多么美妙的事啊！"

如此三到四轮，A做总结说："我看到了你a的一面，-a的一面，b的一面，-b的一面，c的一面，-c的一面，d的一面，-d的一面……一个人同时拥有这么多不同的面，是多么美妙的事啊！"

B则回答："是的，我同时拥有a，-a，b，-b，c，-c，d，-d……不同的面，这是多么美妙的事啊。我对生命说是，这就是真实的我！"

如此互换角色，分享感受。

此练习能推动每个人从不同的角度接受不同角色的不同面，看到真实、全面的自己。可以让不接受自己，害怕呈现不好的一面，以及只让自己带着"好"的面具的人，更容易放下压力，面对真实的、完整的自己。练习之后，常会觉得轻松、自在和更有力量。

招数⑤：汲取平等和自由的能量

当与人相处，感到轻视对方或害怕对方时，做此练习会感受到彼此的平等和自由，自然交往。

六人一组，A、B 相对而坐。两人站在 A 身后，代表 A 的父母；另外两人站在 B 身后，代表 B 的父母。A 看着 B 的眼睛说："我看到了你，我同时看到了你身后的父母，我知道你是被爱和支持的孩子。你是有父母支持和爱的孩子。"静默一会儿，继续对 B 说："我的父母也在我的身后，他们也爱我和支持我，我也是被父母关爱和支持的孩子，我和你是平等的。"

通常说完后 A 会感觉对面的 B 在自己心目中的位置发生了变化。也许是从原来的弱变为强，也许是从原来的强变为平等。

紧接着 B 重复此过程，先去看对面被父母祝福和关照的 A，然后介绍自己的父母给 A 认识，感受两人的平等。至此，A、B 会感觉关系已经由原来的不平衡变为平等，两人心理上的关系已经发生了"质"的变化。在父母的关爱和支持下，每个生命是平等的。

此练习也可自己在想象中完成。想象对面有你需要改善关系的对象，想象看到他的父母在他身后，你的父母在你身后。自己想象中用上述对话完成此练习，也有同样效果。

招数⑥：在冥想中给自己力量

现在请你找一个安全的空间，坐下来。你只需要分开双腿，平放在地上，分开双手，平放在两条腿上，让自己的头和脊椎保持直立，开始放松而缓慢地呼吸。在每一次向外呼气的时候，要把你的注意力放在双肩的两个点上，随着向外呼气落下来。让这份放松慢慢地落到你的手臂、双腿、双脚，直到你已经感觉到全身的放松。

就这样，想象在身后站着自己的父亲和母亲，父亲母亲背后站着他们的父亲母亲，而在他们的身后又站着一代又一代的，也许我们从来没有见过，也不记得名字的一代代祖先。不知不觉中，在我们的身后，从那个很远很远的过去——生命的源头而来的呈巨大扇形的一代又一代祖先就站在了我们身后。

生命就是这样，从遥远的过去一代一代传递而来，由上一代把生命传给下一代，同时也把力量和爱传给下一代。上一代通过他们放在下一代孩子身上的双手和眼睛把力量和爱传给自己的孩子，只是希望孩子接受这份生命，珍惜生命，活出比自己更好的生命！不知不觉间，我们可以感受到身后一代又一代的祖先，把力量和爱透过我们的肩膀传递而来。这份力量和爱如此波涛汹涌地透过我们传递下去。

不知不觉间，我们将要有我们自己的孩子。我们也把身后而来的力量和爱，透过我们放在孩子肩膀上的手、我们的眼睛，把爱和力量传给孩子。在孩子的前面又有了孩子的孩子，孩子的孩子的孩子，我们的子孙一代一代地在我们前面延伸，向着那个遥远的未来延伸而去，绵延不绝……

不知不觉中，我们好像汇入了一条无尽的生命河流。上游是我们的父母和一代代祖先，流经我们，下游是我们的孩子和一代代子孙。我们在生命河流中有如此重要的位置，那从后而来的力量和祝福，会透过我们，源源不断地流经而去。这就是生命的河流，在无尽的爱的河流中流动着、呈现着一个又一个精彩的生命。

做几个深呼吸，让自己去感受这从后而来的、源源不断的爱和力量在我们身体里的流动、穿越，感受他们与我们内在的生命之火的完美融合。透过我们的双手，去传给我们的孩子，我们的子孙……

再做几个更深的呼吸吧，让自己更深地体验这份强大的、无私的爱的流动，让自己内在的心充满，也让自己充满的心慢慢地流出去，流出去……这就是独特的、绚烂的生命之河，我们都是这河中重要的分子，我们是这重要的中间环节，我们接受着，我们传递着，我们体会着，我们分享着……

再做几个更深入的呼吸，让自己再一次在这份流动中跟爱融合在一起，让自己把那无尽的从后而来的爱，透过我们传递出去，直到爱的河流源源不断地向前方奔流而去。

再做几个深的呼和吸，让自己在充满的同时，也去传播、感受这份流动，看看远方生命的河流是怎样融入那个未来的美景之中。把这个景象深深地印在自己心里，连同你内在涌动的爱的能量一起，整合在你的内心。直到你觉得足够了，才对所有上游爱的源头说"谢谢您，感恩您"，对下游的每一个后代说"我爱你，祝福你"。

再用一点点时间，在内在完成这个流动。带着你所有的感受和体会，慢慢地睁开眼睛，让自己带了全新的经验和体验，回到这个空间来。

你可以随时为自己去做此练习。越多体验，你会获得越多力量和爱。

招数⑦：和家族的前辈们对话

此练习对于处理家族系统中一些鲜为人知的事件认同与牵连，甚至"业力"有明显效果。

选择一个放松的、安全的空间坐下来。做几个深呼吸，让自己完全地放松，带着困扰自己的问题跟潜意识沟通，请它允许自己用此练习找到解决问题的方法和答案。

请求潜意识的帮助："谢谢你，潜意识，谢谢你一直以来对我的照顾。今天我想请你帮我找到困扰我的问题的答案，让我可以面对跟这个问题有关的所有家族系统成员，包括我累世的业力，请你允许，可以吗？我向你保证，我有足够的能力照顾我自己的安全。当我觉得不安全的时候，我会随时停止。请你帮助我，可以吗？我只需要与这个问题有关的人做个和解，让我有能力去面对他们、接受他们、化解我们之间的恩怨就足够了，请你放心。你同意吗？"

假如潜意识同意，得到它的支持之后就可进行如下的练习：

请潜意识呈现出与这个事件有关的家族系统中的所有人环绕在身边。家族系统中相关人出现在四周，也许是认识的、熟悉的；也许是不认识、不熟悉的；也许是很久很久以前某位祖先，或者与这件事情相关的业力的来源。不需要知道他们的性别、名字，我们只需要打开自己的心。

想象中看到每个出现在身边与这事件有关的人的眼睛，在每个人面前停留、驻足，发自内心地对那双眼睛说："我看到了你，我爱你。"感觉每一次说的时候，对方都用他极大的力量跟我们连接，感觉敞开了自己的心，拥抱对方，让他进入心里。一个一个地进行，直到全部完成。同时，也接受完成之后他们的改变。也许转身离去，也许要有更深的连接，也许只是平静地看着。

允许自己再一次敞开自己的心扉，对所有存在的相关成员说："我看到了你们，我爱你们。"带了我们的尊敬和尊重，用我们的爱去化解曾经的恩怨和累世的怨怼，直到一个一个地化解它们，直到我们内在得到更多平静。

这时要允许自己情绪的表达和释放，也允许自己跟某一位成员深深地拥抱和连接，直到情绪能量慢慢地释放流动而去，直到自己获得更多平静的力量。我们要允许自己享受内心的平静，带着感恩的心，去跟每一个存在的生命说："谢谢你，请祝福我。"跟每一个与这事件相关的成员说："我会活好我自己，请你放心。"这些全部完成后，才让自己慢慢地回到现实中，带着这过程中化解恩怨后的能量，让自己完全投入到现实生命里。

此练习也可以十几个人现场体验。自己站或坐在中间，其余的人环绕在四周，每个人都跟随自己内在的感觉放松下来，找到自己的恰当位置和姿势。案主跟随感觉，去与每一个对象连接，用自己的方式表达"我看到了你，我爱你"，完成与每个对象的和解。全部完成后再结束练习，这样会有更直接有效的治疗效果。

疾病有时也能推动我们成长

来访者是已婚女性，婚后遭遇丈夫婚外恋的伤害。她最近妇科总有问题，又不愿意去医院检查，觉得和丈夫出轨对自己的伤害有关。她觉得如果身体好了，自己也就放下了过去。她父亲年轻时出现过婚外情，外公年轻时据说也有过婚外情。她很困惑，很无助，陷在这个病里，深度焦虑，不知道怎么办。

咨询过程

1. 咨询师让来访者做了几个深呼吸放松。他拿出五张纸，一张代表受困扰的疾病，另四张分别写上 A、B、C、D（五张白纸分别画有眼睛，代表朝向的方向）。咨询师请来访者做几个测试，看看困扰的疾病跟什么因素有关（A、B、C、D 分别代表和疾病有关的几个因素）。咨询师把疾病白纸放在地上，另四张纸一字排开分别朝向几种疾病。

2. 咨询师让来访者深呼吸，做好准备，站到代表疾病的白纸上，询问来访者，根据自己的感觉，看看眼前的四张纸哪一张跟疾病有关。

来访者看了看，说："A 吧。"

"不用那么着急告诉我答案，分别站到 A、B、C、D 上，看看有什么感觉？"来访者深呼吸，做好准备站到了写有 A 的纸上。"站在纸上，有什么感觉，你能看到、感觉到对面的代表疾病的白纸吗？"来访者感觉了几分钟。

咨询师问："有什么感觉？看到、听到、感觉到什么？"

来访者："我感觉自己身体比较晃、冷，忽然感觉冷。好奇怪，看见个男人，看不太清脸，看得见代表疾病的那张纸。"

咨询师说："好，看不清就暂时不勉强看清了。站出来，准备好了再站到 B 上。"

来访者深呼吸，站到了 B 纸上："感觉身体也在晃，又看到那个男人，还看到阴道口，看到里面有一些让人感觉恶心的东西。两张图片叠加在一起了。那个男人好像比刚才清楚些了，近了些。不知道是谁，样子有点像先生，不确定。看得见那张代表疾病的纸，都叠加在一起。"

咨询师："好，再站到 C。"

"感觉踏实了些，还是能看见那个男人，侧着脸，离得比较远，疾病的纸就是张白纸，在地上。"

"再站到 D 上感觉下。"

"感觉也比较踏实，很奇怪。那个男的离得很远，像要离开的样子。"

来访者做完，回到座位。咨询师说："A 代表妈妈家族的原因，B 代表父亲家族有关，C 代表先生，D 代表其他因素。"来访者点了点头，若有所思。

"那个男的，几次看到的男的是谁呢？"咨询师问。

来访者自己也不是很明白他是谁，像是老公，可不确定。咨询师拿出两张纸，一张代表外公，一张代表某一代祖先。

"会是谁呢？那个男的？"咨询师问。

来访者深呼吸，做好准备站到白纸上，说："某一代祖先。"

咨询师让来访者坐回位置，说："也许你的妇科疾病和你的某代祖先有关，他曾经有婚外情，或有性病，或和有性病的女性有过关系，被家族遗忘或隐藏了。你用这样的方式记起了他们。好，闭上眼睛，做几个深呼吸，能看见你的某代祖先吗？"

来访者说："我眼前看到的是个女的，怀里还抱着个孩子。""是的，嗯，对她说，是的，我看到你了，你用这样的方式提醒我你的存在。"

来访者说："我不想说。为什么是我？这不公平。"

咨询师："什么不公平？"

来访者："为什么是我，她为什么用这样的方式提醒我？"

"因为你是对家族最忠诚的后代。"来访者释然了一些。

"对她说，我看见你了，我看见你了。你是我们家族的一员。"

来访者说："我不愿意说'你是我们家族的一员'。"咨询师："是的，我看见你了，同时我没办法说'你是我们家族的一员。'"

来访者说："我感觉她很脏！"

咨询师说："你让我觉得脏，让我觉得自己也脏，你让我们家族蒙羞！"

来访者说了这些话后，她说她看见那个女人流泪了，突然感觉可怜她了。

咨询师："我看见你流泪了，我感觉可怜你了，同时我知道你大、我小，我不需要可怜你，那是你的命运。"

来访者说完，松了口气。

咨询师："我看见你了，谢谢你。"

来访者不太愿意说："你的出现，提醒我身体的重要，提醒我要更好地照顾好自己，谢谢你。"

来访者说："谢谢你。"

过了大约一分钟，来访者说："她把孩子放在一边，走过来了。抱着我。"

咨询师："她抱着你，你什么感觉？"

"没那么讨厌了，被她抱着也很踏实，感觉到了爱。"

咨询师："对她说'你抱着我，我感觉到踏实，谢谢你，我爱你'。"

来访者默默地闭着眼睛，过了一会儿说："我说了'我爱你'，觉得不够，还给她磕了头，她笑了。她抱着孩子，像是要离开的样子，走远了。"

咨询师："很好，你现在感觉怎么样？"

来访者："比较平静，而且感觉身体比较热了，不像刚才那样发冷。"

咨询师："很好，你现在还能看见那个男的吗？他在你面前什么地方，站着还是坐着？"

来访者："打坐着，比较平静地坐着。"咨询师："他这样坐着在你面前，你舒服吗？"

来访者："他站起来了。"

咨询师："对他说'我看见你了，你是我某代的祖先，谢谢你，我爱你'"。

"我看到他流泪了，我给他磕头了。他也离开了。"来访者说。

咨询师说："现在感觉怎么样？""明白了，平静了很多。"

案后分享

来访者咨询后能够比较平静地看待自己的疾病，没那么严重的焦虑了。知道医生能帮助她治疗，并且康复。于是她主动接受医院治疗了，正在治疗中。

事隔两年后，来访者又为自己的妇科疾病一事做了第二次系统排列个案。她自述自上一次个案后，自己人生很多方面都发生极大的变化。她越来越自信，有力量，同时也参加了很多学习，与先生的关系也越来越亲密。但是，她的妇科炎症仍有发作，自己仍然感觉很困扰。

在这一次个案中，咨询师看到她对母爱的渴望及求而不得的执着，让她以与母亲相同的"症状"——妇科炎症保持与母亲的连接！当引导她的代表直接对母亲代表说"我要你爱我，妈妈，谢谢你妈妈"时，妇科炎症的代表就自动离开了，它已完成了自己的使命。

她感触很深：身体的病症真的是我不断自我成长的一个礼物，更推动自己一次次重建我生命中的许多关系，重塑我自己！

案例点评

这是一个用身体疾病表达对家庭系统忠诚的案例。案主用身体症状怀念家族系统中某个被遗忘的成员，纪念被家族忽略的成员，可以看出孩子对祖先的爱。一个家族中几代女性（外婆、母亲、女儿）的经历出现了惊人的相似：都遇到有婚外情的丈夫。看似受害者，背后竟然有一个家族的秘密：一个因"性的不干净"没有被接受的女性，她的位置因为被家族后代的女性用自己受不公平对待（丈夫婚外情）、有妇科炎症而得到纪念和认可。这是多么深的连接！这种"重复"和"循环"又是多么大的伤痛！

当我借助系统排列的方式，引导来访者接受那个被否认的女性，接受她给予的礼物——好好爱护自己身体的提醒时，一切都转化得有意义和有价值了！这是超越是非对错好坏的评判，只有感恩，只有爱和接纳！

当疾病完成了它的提醒任务，成为纯粹的生理现象，人们自然就可以平静、客观地面对，可以放下焦虑和纠缠了。

请不要让爱的能量受阻

案主自述

我一生追求的理想和事业，总不能圆满实现。二十年来，我一直在很辛苦地工作，寻找各种机会改变自己的生活状态。但是我的生活一直都不顺利、不如意，总是节外生枝。要到手的钱经常因为这样那样的原因离开。有时即使创业得到了一笔钱，但却很快就会丢掉、被骗或者因家人出意外而花掉。

我自认为是个善良、勤奋的人，为人也诚实，并且一直有机会得到比较多的金钱，但到现在为止，仍没有真正改变家中的经济状况。我觉得很奇怪，感觉自己一直在重复这种努力——失败的循环，影响了家庭生活，也打击自己，总觉得在别人面前抬不起头来。而且我越想翻身，越容易掉到新的陷阱里，捅一个更大的窟窿。

我了解了案主相关的资料，了解到小时父亲因在外地当军人，很少回家，案主与妈妈相依为命。后来父亲转业，受人陷害，因经济问题被错判有罪，那时他才十多岁。

我用系统排列展开这次个案。

我请了一个代表妈妈的人，又请了一个代表金钱的人，站在案主对面。案主马上转身，面对另外一个方向。我在他视线所及的方向，请了代表妈妈的人，他开始摇晃、流泪。面对"妈妈"，他觉得她可怜，他感觉这个人是妈妈，觉得妈妈孤单柔弱，走过去站在妈妈身边想要保护她。妈妈代表马上变得无力，靠在儿子肩上。

我又找了一个他父亲的代表，站在妈妈身旁。案主对父亲十分愤怒，拉着"妈妈"远离父亲。我引导他面对父亲并尝试着去沟通。当我引导他说"你没有照顾好我妈妈，我恨你"时，他开始流泪。我又引导他对父亲讲："我是你的孩子，我想要你爱我！"他父亲开始有力量地靠近，直到父子能够相拥而泣。

然后我请孩子后退两步，面对并排站着的父母亲，对爸爸说："我是你们的孩子，我把妈妈还给你，你们是我最好的爸爸妈妈，我爱你们！"

三人充分连接之后，案主代表转身面对"金钱"，走了两步，又停住脚不动了。

我又引导他面对父亲："爸爸，你曾受的陷害让我很害怕。我害怕金钱，我怕金钱会让我也遭受与你一样的命运。"说完这些，案主代表变得轻松很多。我引导父亲代表对案主代表说："当年我受的陷害是我的命运，它让我学到了珍惜金钱，从而更好地保护自己。我感谢那次事件改变了我对金钱的观念。金钱只是能量，如何用好它是我要学习的。儿子，爸爸希望你赚到钱，因为钱可以为这世界做很多好事！儿子，你有资格拥有金钱和财富，过上与我不同的生活！"

案主代表听到"爸爸"的反复肯定，面色越来越轻松。妈妈也祝福儿子："儿子，妈妈相信你能行！"案主开始露出笑容，转身看着金钱代表，犹豫不决地走了几步，回头仍看着父母，看到父母不停地点头，甚至做出推他走的动作，他才完全放松，大踏步走向"金钱"，与"金钱"快乐相拥！

案后分享

此时，全场溢满了笑声，轻松的、祝福的笑声！案主经过这个释放和转化过程，也有很多感慨和触动。他明白了自己这么多年如此艰难的原因。他从座位上站起来，深深地向大家鞠躬，潸然泪下："这些年，我活得太苦了，太累了！我追求金钱，又抗拒金钱，累死了！"

案例点评

无独有偶，这次系统排列工作坊中，竟有三四个处理金钱关系的案例！虽然各不相同，但有共通之处：与金钱有关的是能量的状态——爱的能量状态。当案主自己生命中爱的能量受阻时，往往与金钱的关系就比较糟糕。

爱的能量受阻往往又多见于与妈妈的关系出现了问题，或是对妈妈的抗拒与否定，或是对妈妈的可怜与照顾。只要案主不能真的站在孩子的角度与妈妈相处（想要做妈妈的父母或者伴侣），爱就会受阻。得不到妈妈的祝福，爱无法自然流动，就很难有好的未来，也就不能有富足的金钱关系。

当然，此案例除了与妈妈的关系问题外，还有父亲曾因经济问题受害。而在案主内心形成的对金钱的错误信念往往是：金钱是不好的，是会害人的，有钱是会遭殃的。带着这样的信念，他自然会在潜意识中抗拒金钱，害怕金钱，所以他事业投资上的屡次失败就理所当然了！

当他的父亲给了他新的信念，重新解读受陷害的事件和金钱时，他才得以释放对金钱的恐惧，才有足够的力量走向金钱及富足的未来！

你与我平起平坐，我向你学习

我与你是平等的，
请让我学习做我自己，
同时学习爱你，欣赏你！

学习跳婚姻的双人舞

两个人共同经营一段没有血缘的亲密关系，唯一的方法就是共同开始觉察、学习，为生命中重要的情感关系投入精力——学习跳婚姻的双人舞。

当我们离开父母逐渐长大时，我们会寻找一个自己所爱的人，并渴望与之建立核心家庭。这个寻找的过程，是一个成长的过程。创建和经营家庭的过程，也是成长的过程。从法律上讲，当一个成年男人和一个成年女人结合成为一对夫妻时，说明他们已经有了充分的权利，已经是法律意义上的成人，他们将承担与另外一个人共同经营家庭、抚育孩子的责任。

不同国家法律对于结婚年龄有不同的规定。中国婚姻法规定，男22岁、女20岁结婚，这是法律从生理基础上对于组建家庭的约定。现在我们要讨论的是，在法律允许的前提下，生理成熟的成年男女，如何经营婚姻和亲密爱恋关系的问题。或者也可以说，我们探讨的是生理成熟的两个成年人如何心理成熟地走向婚姻，走向亲密关系。

曾经看过一则笑话，一个3岁的女孩对一个4岁的男孩说："亲爱的，你看我如此爱你，你一定要对我好哦，一定要像电视里的那个男人一样好好爱我哦。"4 岁的男孩听女孩这样说，拍着胸脯挺着肚子承诺："你放心吧，我们一定会白头偕老。你这么不相信我，拿我当 3 岁小孩呢？"

这个笑话实际上是现实中许多心理并未充分成长的成年人的写照。我们都参加过盛大豪华的婚礼，聚光灯耀眼闪烁，婚礼进行曲辉煌奏响。红地毯尽头，女孩的父亲搀着女孩的手，缓缓地走到新郎官面前。女孩父亲托着女儿的手，放到新郎官手中，说一句差不多全天下的岳父都会说的话："从今天开始我把女儿交给你了，你一定要好好对待她。"老爸这样说时，眼里甚至闪着一些泪光，新郎官往往挺胸抬头，大声发出承诺："您放心吧，老爸，我一定好好照顾她！"全场响起雷鸣般的掌声，女孩则幸福地依偎在男孩怀里，憧憬着属于他们的甜蜜生活。

这个场景是婚前生活的一个定格，却并不能代表和证明婚后生活的幸福程度和婚姻的持久性。"白头偕老，天长地久"的承诺，在每个婚礼的当下是真实的，可它不能代替男孩和女孩理解对方、悦纳对方，共同建立起相互连接的"我们"。

这是婚姻给予双方的共同的课题，更是双方在婚姻这个学校中需要学习和面对的课题。随着经济和科技的发展，越来越豪华别致的求爱方式、婚礼仪式应运而生。与之相伴的，却是一个又一个令我们措手不及、扼腕叹息的婚姻的解体。

红遍大江南北的电视相亲节目《非诚勿扰》里，每一期二十四个不同女嘉宾与男嘉宾的互动模式各不相同。女嘉宾也许有很高的学历、令人惊艳的容貌、优雅的谈吐或者令人羡慕的工作。但是，她们张口即出的"我妈妈说"和嗲声嗲气的"请问男嘉宾你会对我好一辈子吗"却让人怀疑，来征婚的到底是已经成熟的女青年，还是幼儿园大班的孩子。

五位男嘉宾会充分展示自己，介绍自己的婚恋观和理想中的女友形象。当他们对心仪的女生承诺时，用的往往都是"我会对你好，我会让你幸福"这样感人的话语。但恐怕连他自己都不知道，自己到底有什么能力和资格，让另外一个独立的人幸福吧。他可能也并不清楚，与一个人从一无所知到相识相知相处，再到长相厮守，要经历怎样的磨合坎坷；也不知道要怎样说怎样做，才是对对方好。

场上的男女嘉宾共同说着他们的梦，场外的观众也在这份娱乐中寻找和圆着自己对婚姻和恋爱的梦。大众娱乐让相亲相恋都成了一场秀。然而现实生活中却没有哪个学校、哪个老师会去为这些寻找爱和幸福的年轻人解读幸福婚姻的秘密；也少有哪个机构和部门可以为这些将要进入婚姻殿堂的年轻人提供爱与被爱的能力培训。

一个又一个打着"我爱你""你爱我"旗号的年轻人，甚至还没有细细反思"什么是婚姻，什么是爱，什么是被爱"，就带着憧憬和梦想进入了婚姻殿堂。于是他们中的很多人迷失了方向。越来越多婚姻失败的消息正在击碎人们对于爱情的梦想。

我们是否应该相信爱？这世界上有没有真正的爱情？这些都在成为网络的热门话题。人们要么为情所伤，要么穷追不舍地追求自己想象中的幸福和爱情，却少有人检讨自己对爱懂得多少，反省自己该用怎样的方式去经营婚姻。于是常常有女生结婚之后，大骂自己丈夫是伪君子、说话不算数，明明承诺要对自己好，可结婚后却没有任何自己所期望的表示，因此怀念跟爸爸妈妈在一起的日子，怀疑自己瞎眼看错了人。有些女生甚至接着会用各种方式保卫自己：进行财产公证，个人空间界定，进而发出"女人不再相信男人"的慨叹。但同时，她们又无限渴望被爱。

男生在进入婚姻之后，也突然惊觉太太不再如婚前那般温柔可人，而是变成了锱铢必较的小心眼女生或悍妇，需要他们无限度地宠爱。她们不满意了就会抛出"我在家就这样"的口号，拒绝为自己所爱的人改变。

被宠大的女孩、被照管的男生，就这样开始了他们特有的家庭游戏。也许是你追我逃，也许是互相冷战，又或者是星期一到星期五两人同处一室，双休日或年假日各回各家、各见各妈。他们用一种看似独立的、有界限的方式逃避着夫妻磨合中可能出现的困扰，保持着"苹果皮式的和谐"。"我不愿意为你改变""我们没有能力创建属于我们的共同价值和目标"，是这些男男女女们内在隐藏的信念。

本来，男人和女人结合是因彼此不同而相互吸引。"男人来自火星，女人来自水星"的比喻，亚当、夏娃的神话故事，都在暗喻着男性和女性本来是一体的。曾经的分离使彼此渴望更深的连接，渴望融为一体。有人说，婚前彼此吸引是因为相互的不同；婚后彼此争吵，也是因为彼此的不同。男人和女人们因不同而吸引，却又因不同而分离。

男性和女性性别、性格特征和心理特点都不同，分属于完全不同的家族系统。所以，一个不同的"我"加上一个不同的"你"，不会简单地构成"我们"。双方都需要有自觉和主动性，愿意放下"我"的一部分，去与"你"共同创造"我们"，包括创造共同的兴趣爱好、共同的价值和信念等。如果说婚姻得以形成是因为彼此对未来的共同期盼，那么这份期盼能否得以实现，则取决于每个人是否愿意放下"我"独有的一部分，创建属于我们共同的部分。

比如，一南一北两个人结成了夫妻。生长于南方的男士喜欢吃米，生长于北方的女士喜欢吃面。假如两个人总保持着自己的方式不变，则很难同吃一锅饭，共同的东西就会少许多。如何保持各自独立又共创"我们"呢？两人也许可以约定：星期一到星期五吃各自喜欢的面和饭，周末的某一天则一起去吃一顿饭。男人陪太太尝一碗她喜欢的面，或者女人陪先生尝一碗他喜欢的饭。做这些时，双方应该是欢心的、喜悦的，愿意为共同的"我们"做出改变的。

以这碗面和米为例，他们可以在生活情趣、休闲、沟通等多个方面创造共同合作的机会。这样就会有更多的"我们"，有更多共同的话题和空间。这份共同会让他们连接得越来越紧密，认同越来越广泛，"你中有我，我中有你"，创造婚姻的和谐与美满。

下面的题目可以看出男女双方和谐、一致的程度。请男女双方在纸上快速写下"婚姻是什么""丈夫是什么""太太是什么"，每个问题写出 6~10 个答案，然后分析。从答案可以看出每个人的内心对于婚姻、丈夫、妻子角色定位的差异，包括是否有托付心态，是否有控制对方的心理，自己是否有资格享受爱，是否有爱的能力等。这些还可以看出这对男女婚姻上的心理年龄是几岁，是 6 岁以前的儿童状态，还是 12 岁以前的少年状态，或是 18 岁以前的青春期状态。不难猜测，一个或者两个都未成熟的男女要相互磨合和主动学习很久，才能经营出幸福的婚姻。

现实生活中，人们常常慨叹，现在的女孩子太现实，她们希望有房有车，找一个温柔体贴、能干潇洒、有个性的爱人来照顾自己。很多男孩子则以为自己有房有车、潇洒多情，就一定会给女孩幸福，就一定能照顾好女孩。殊不知这样的心态深层投射出的是女孩子对婚姻的期待："我不要长大，我把未来人生的幸福完全托付给一个陌生的男人。"

而这个如此渴望做超人的男人，如果应了女孩的期待，或许有一天他会觉得力不从心，会发现无论自己怎样做也无法让那个女孩子满意开心，无论怎样做也无法跟女孩的父亲相提并论。他自己也是一个渴望爱、渴望被照顾的人。他试图以做女孩爸爸的身份，来承担丈夫的角色，已经把自己摆错了位置。结果是太太永远不停地索要、不停地依赖，停留在儿童状态。当他自己需要太太支持和帮助时，往往会失望引来口角。他会困惑为什么自己付出那么多，仍换不来太太的帮助和支持；他会怀疑自己选错了人，感觉付出与收取不平衡，开始怀念被自己母亲照顾的自在和温暖。

不满情绪蕴藏在两人中间，冲突在所难免。由于没有建立有效的沟通模式和冲突处理机制，两人又会陷入相互指责、冷战逃避的游戏模式里。一次次未完成沟通的情绪会沉积下来，开始可能还可以忍下去、逃出去，到忍和逃都无法完成时，两人之间的战争就会激烈爆发。最终则往往以双方逃避或者一方打岔讨好、主动求饶告一段落。但是，没有建立起真正有效的解决模式，只会导致积怨越来越深，双方感情不和。

有些婚姻关系在几个月内就走到终点，甚至等不到七年之痒。有些婚姻矛盾因为孩子到来而遇到转机，双方有了回避矛盾的机会，他们期望有了孩子一切就好了，期待"为了孩子"一切都可以忍耐和将就。很多婚姻关系，在孩子到来之前已经名存实亡，夫妻双方都把孩子当作生命中最重要的关系，为了让孩子有更好的家庭环境和氛围，他们愿意遮盖彼此的矛盾，忍气吞声地把注意力放在孩子上。家庭合照由夫妻并排，慢慢变成孩子在夫妻之间，一手拉着爸爸，一手拉着妈妈。

看似非常温馨的三口之家中，孩子成为夫妻的核心，夫妻彼此没有单独相处的空间和时间。夫妻关系的幸福和甜蜜，已让位于孩子的需要，孩子成为天经地义的家庭第三者。这表现出了婚姻关系经营的无知、无序。孩子成为夫妻关系的唯一纽带，担当了超乎他能力的重任。孩子时刻监督爸爸妈妈的关系是否和谐，并负责缓和爸爸妈妈的矛盾关系，在不知不觉中成了爸爸妈妈的监督者、评判者，甚至关系的维系者，而不是被父母爱和保护的孩子。

孩子与母亲的一体关系，决定了孩子与妈妈本能的深度连接。哺乳和照顾孩子，使妈妈与孩子有更多时间在一起。有的妈妈把全部重心都转移到孩子身上，将全部关注给了孩子，而忽略先生的需要，忽略了爸爸与孩子连接的需要。

爸爸在不知不觉中成了多余人、额外人、名存实亡的人。照顾孩子时，爸爸插不上手；抚育孩子时，爸爸帮不上忙。当妈妈完全与孩子连接时，爸爸会感到孤单、被冷落，同时又承担着不会照顾孩子的罪责。家庭重心转移到孩子身上时，夫妻双方似乎无暇也没有空间建立自己的关系，夫妻关系变淡、变疏远，彼此都会有失落和不满，相互抱怨和指责会慢慢取代往日的甜蜜。

夫妻发生矛盾冲突总会引起孩子的紧张和恐惧。成人咨询案例中，都会出现小时候爸爸妈妈吵架带来的痛苦记忆。彼时孩子会感到孤立无助，感到自己被忽略。孩子渴望父亲给予力量、母亲给予爱，渴望和谐幸福的家庭关系。这份期待在爸爸妈妈的指责和争吵中落空时，出于对父母本能的爱，孩子会用他的方式去提醒父母、拯救父母。他们采取的也许是各种各样怪异的、不被父母接受的行为。问题行为就是很多孩子吸引父母注意，让他们暂时中止争斗，坐下来讨论的重要方式之一。

许多家庭里夫妻之间心已远离，孩子是唯一可以让他们注意力聚焦和沟通的纽带。常常是妈妈把注意力全部放在孩子身上，爸爸被冷落，努力无效后会把期待和渴望转向别处——也许是全身心地投入事业和工作，也许是迷上某种运动或嗜好，也许是在生活圈子里爱上更可人、更理解和崇拜他的女性，于是"小三"开始成为现实。

社会道德舆论在谴责和惩罚第三者和"陈世美"时，也应该注意到家庭系统的真相：太太把心思全部放到孩子身上，丈夫也因此移情别恋另外的女人。到底谁是受害者，谁是加害者？很难简单地判定。每个人都有自己的苦楚：有离家别恋的先生的无奈，操持家庭的太太的辛苦，第三者名不正言不顺的尴尬位置，更有孩子丧失和谐家庭的孤立、无助和恐惧。到底谁错了，谁是罪魁祸首？真相的呈现让我们不得不正视事实。

夫妻双方能够给予孩子的最好的礼物就是相亲相爱。世上还有什么比一个幸福的家庭、相爱的父母能给孩子更重要、更有效的影响呢？只是绝大多数父母不懂得经营婚姻，他们不懂得在家庭铁三角关系中，第一层是夫妻关系，第二层才是亲子——父子或母子关系。唯有经营好第一层关系，给孩子爱和力量的支持，父子关系、母子关系才会更顺畅，孩子才会同时得到两份爱和力量。

如果说孩子是一棵树，爸爸妈妈就是这棵树赖以生存的两个树根。两个树根建立起亲密连接，形成一个共同体，孩子才可以随时随地获得来自爸爸和妈妈不同的爱和力量，才会健康自信成长。从这个角度讲，父母在孩子降临之后，保持相对固定和独立的相处，给婚姻保鲜和持续发展的时间、空间，表面上与年幼孩子暂时分离，实际上却保证了夫妻关系的甜蜜幸福，是给孩子最好的礼物。

婚姻经营良好和持续发展的前提是两个相互独立成熟的成人，在照顾好自己的同时，能够学习爱和包容另外一方，建立共同的兴趣和爱好，为婚姻中的"我们"做出改变。随着孩子的出生、成长，婚姻中的双方更要在经营好婚姻的同时，学习做父亲和母亲。随着孩子长大成人、离家独立，步入中年、晚年之后的夫妻，还要学习面对空巢，经营好中年和晚年的婚姻生活，在生理状况日渐衰弱的情形下，让彼此的爱恋保持常新，享受甜蜜幸福的和谐关系。

走在婚姻的路上，每个人或多或少都经历过不止一次感情。很多人内心都有不止一次感情伤痛，也许是一次失恋，也许是一次单恋未果、婚姻离异，也许是长久追求后的失败。很多人内心藏着不止一次的感情伤痛，他们或用怨恨牵挂对方，或刻意遗忘和忽略曾经的伤害，或不负责任地放弃，追逐下一次感情。无论成功还是失败，付出与收取是否平衡，所有经历的情感关系都会在人内心留下深刻记忆，所有相处都是需要盘点的情感债务。

不同的人清理债务的态度不同：有人会把每一次伤害都刻在心里，对新情感则怀抱更大的期待；有人会轻易放下一段关系，开始新的追求；有人则习惯以主动离开来解决问题，却不得不面对下一次重复的心痛模式。所以，有人慨叹"这世界没有爱情"，有人怀疑"是否有两情相悦的纯净的感情"，却全然不知及时处理每一段感情债务的必要性。

有一位女士与先生结婚十五年后，发现自己十五年里从没爱过他。那时的婚礼，是在双方老人强烈推动下被动完成的。十五年里，她不停地否定和挑剔先生，接受不了先生的很多言行。直到再也无法忍受，发生激烈冲突后，终于走到了离婚的边缘。她在离婚前，为自己安排了一次婚姻咨询。咨询中，她看到自己心目中的先生只是一个模糊的影子，而内心深处印象最清晰、影响她最深的是她的第一任男友，那个她曾经深爱过，又离她而去的男性。她从没有放下过对那个男人的怨恨，她用爱和恨的钩子紧紧钩住了对方和自己，心里装得满满的都是第一任男友的所作所为，从来没有腾出空间给她现在的丈夫！

当我引导她在想象中面对第一任男友，表达对其深深的爱恋和怀念时，她失声痛哭，开始释放自己对他的想念和期待，也开始诉说他的愤然离去带给她的伤害。在诉说和哭泣中，她慢慢归于平静，并说了这样一番话："你是我的第一任男友，我是你曾经的女朋友。在我们相处的那段日子里，你给了我很多的爱和帮助。你让我得到了很多温暖和爱，也让我学习用女朋友的方式对待你、爱你。你给了我你能给的一切，我也做了能为你做的一切。所有这一切，已经成为我成长中重要的部分，让我逐渐长大，走向成熟，让我学习珍惜与异性的情感关系。

"我渴望与你一直相处下去，但你没有给我这个机会，这让我感觉很受伤。我也知道这个过程让我学会了独立，让我知道两情相悦的难得和宝贵，让我开始看到我自己的不成熟，看到我需要成长的部分。这些发现，对于我后来的成长有很重要的提醒意义。所以，你给我的这些已经是你能给我的最多。今天我终于有机会把你我之间的感情做一个盘点。当我可以说出这些的时候，我内心感觉十分平静和放松。"

说完这些，她也看到对面的男友脸色多了几分平静和放松，甚至有了微笑，然后她自动转身离去了。此时，她放下了沉积十几年的伤痛，清楚地看到了自己现在的先生，感觉心里可以有一个空间容纳他了。原来这么多年，前任男友的那张照片挡住了她的视线，让她心里一直都没有丈夫的空间！

当我引导她面对丈夫，说出自己真实的感觉时，她感受到了丈夫十几年来默默的爱和保护。原来丈夫的爱和保护一直都在，只是她从来没有意识到而已。丈夫一直为她提供着她心心念念的爱和幸福。她好像第一次睁开眼睛，看到了他的存在。她开始能够面对自己和丈夫的关系，也愿意回到现实中，去跟丈夫做心灵沟通。她感到如释重负，看到过去的自己从没给过这场婚姻机会，她开始感恩和感激丈夫，愿意考虑在结婚十五年后重新与丈夫开始新的恋爱。

这个案例与很多婚姻案例的相同之处是，它提醒我们每个人，生命中每一段情感关系都有其意义和价值。不管离开的人让我们爱还是恨，我们要愿意看到真实的那份关系对自己人生的帮助和意义，然后这份关系就可以成为我们学习和成长的契机。

每一次这样的清理和盘点，都可以让我们放下心里的恨怨，疏通被阻塞的能量，用成熟的心态面对自己。这是自我释放的过程，也是反思和体验的过程，更是自我不断丰富和成熟的过程。试想一下，一个内心装有很多次情感经历而未整理好的人，诸多恩怨情仇淤积于胸，面对自己爱人时，怎么可能有百分之百、全然的关注？一段好的婚姻关系一定取决于夫妻双方，取决于夫妻双方的全然陪伴和互动。

步入婚姻殿堂前，也许可以为自己安排一个必要的时间和空间，盘点一下生命中曾经有的每段情感关系。对每一段关系说感恩，感恩它的价值和意义，把它融汇到生命里，带着彼此的祝福走向自己的未来。

如果说一个人的成长是穷其一生不断进行修炼的过程，那么婚姻的经营就是两个人共同成长的过程。把婚姻称为成长的学校，绝不为过。两个从不同家族系统走来的成人，必然带着自己家族系统的影响和烙印，活在自己父母的婚姻关系的影响中。每个孩子都带着从原生家庭学到的关于男女、夫妻、爸妈关系的示范。他们组建为新家庭时，其中出现的碰撞则可能包括两人关于夫妻、男女、丈夫和太太不同的身份定位和期待。

生活在幸福婚姻和家庭中的孩子，会渴望与爱人共同建立幸福的婚姻和家庭，希望配偶跟自己如同父母一样和谐幸福。生活在争吵、矛盾甚至分离家庭的孩子，则容易怀疑世上是否有真正的幸福婚姻与家庭。在极度渴望和期待拥有的同时，他们会怀疑自己是否有资格、有能力拥有这样的家庭。每一个走进婚姻中的人都会主动复制或者不自觉地拷贝，想建立与父母不同的情感关系，当然也有人会抗拒或回避。

所有有意和无意的复制，只有在当事人主动自觉地觉察，并与新能力的学习和培养相联系时才会有意义，单凭内在的愿望和期待很难自动实现。于是，越害怕重现自己原生家庭悲剧的人，越会在不知不觉间把现在的家庭带向悲剧的方向；越不想像自己的父亲、母亲那样，越会不知不觉间重复父母的命运。

我们看到了个人愿望的局限性，同时提醒大家：幸福婚姻只靠愿望无法达成，需要每个人进行专题学习。作为生命中非常重要的一部分，我们需要去学习，不断成长，感受幸福婚姻的甜蜜。如果无意识中担负起原生家庭中某些负担，认同原生家庭未完成的某些事件，带着孩子盲目的爱，让自己活在原生家庭的限制中，就会让自己人在心不在。物质有形的人看似活在核心家庭里，可心却被原生家庭牵引着留在原地。核心家庭里配偶陪伴着一个"无心"的爱人，会感觉孤单和被忽略，往往就会寻找新的目标。

糟糕的现实在很多成人身上都普遍存在，这是孩子对原生家庭盲目的爱、认同和牵挂。在一个核心家庭里，如果太太的能量和心朝向自己的原生家庭，先生的能量和爱也留在自己的原生家庭中，这个看似健全的家庭就只有两个存在的外壳，没有真心的互动，彼此间的伤痛也就不言而喻。

"80后""90后"独生子女正在成为社会主流，但他们中的很多人尚未完成与自己原生家庭的分离，仍旧与自己爸爸和妈妈紧密连接地"共生"。组建新家庭后，很多年轻人内在的忠诚促使他们继续保持与父母共生，没有更多的精力照顾自己的新家庭。后果自然是夫妻关系名存实亡，婚姻关系呈现空躯壳状态。

有一个并不罕见的案例："一碗汤"的问题。小夫妻与自己的父母住在同一小区，同一单元，同一幢楼里，以方便父母随时探望孩子并与之沟通。父母代替孩子打扫卫生、照顾生活，可以随时踏进儿女卧室，好像他们拥有这份照顾小孩子的特权。在他们心目中孩子永远是没有长大需要照顾的小孩子。他们完全无视儿女已经长大成人的事实，不愿意接受孩子跟另外一个人建立亲密关系，更不愿意接受自己要与最亲爱的孩子分离的事实。这里我们可以看到原生父母对儿女婚姻的干扰和影响。

曾经有小夫妻结婚一年不到，在双方老人的介入下，因为无法确定未来孩子的姓氏而打得不可开交。最后，两人离婚回到各自的家庭，两个原生家庭在核心家庭解体后，又恢复了往常的平衡。

还有一个案例，一个女孩子在28岁结婚之前，一直跟妈妈睡一张床，享受爸爸每天为她做饭，妈妈为她洗衣的待遇。尽管在单位是一位能干、独立的中层干部，可在爸妈面前女孩仍然是没长大的小孩。后来父母为女儿找好婆家，帮女儿建立了一个物质极为丰富的新家庭。但没到两个月，妈妈开始介入小夫妻生活，对新女婿横挑鼻子竖挑眼，终于导致了小夫妻的矛盾和冲突。男方父母也介入其中，矛盾慢慢转化为两个家庭的升级版斗争。最后，女方妈妈带着女儿砸了新房，与男孩子完成离婚手续。女儿又重新回到娘家，继续跟妈妈睡一张床，享受爸妈幸福的照顾。

不胜枚举的例子让我们警醒，将要踏入婚姻殿堂的年轻人，一定要觉察自己是否完成了与父母心理上的分离，是否割断了对父母情感上的依赖。有人说，一个没长大的人是没有资格拥有婚姻的，一个小孩子是没有资格去谈爱另外一个人的。一个没有与父母分离的人，不管生理年龄几岁，都没有资格与另外一个人建立婚姻关系。因为婚姻的前提是让自己独立成人，对自己负责任，在完成与原生家庭分离后，陪伴另一个独立的成人，共同创建新的心理关系。

当然，一个人自我成长尚且如此艰难，两个人共同经营一段没有血缘的亲密关系，则更是难上加难。克服这个困难的唯一方法就是开始觉察、学习，为生命中重要的情感关系投入精力——学习跳婚姻的双人舞。

婚后，请依然保持独立性

> 我是唯一的，独特的。我负责自己的身体、情绪、幸福生命的品质和质量；负责照顾自己，做自己的父母，关照内在的小孩。

尽管我与所爱的人结合，即将或已经组建家庭，我首先要明确：我要为我的生命负责，我的身体、情绪、幸福、生命的品质和质量是我的事情。因为我是唯一和独特的，我要用属于自己的方式照顾自己。我不会把这个责任交给爱人，或者其他什么人。

我要为我的生命负责，要为出现在我身边的一切和我自己的状态负责，就要把关注和觉察放在我自己的内在。我不会把这个责任交托给我之外的任何人，也不需要谁为我的情绪和生命质量承担责任。只有这样，我才可以照顾好自己，逐渐成熟。

我允许爱人有自己的空间、时间和界限。两个人平等地创建共同的生活，没有谁能够确保走向婚姻时，自己已是百分之百的成熟。如果内在的小孩没有充分成长，可以由长大成熟之后的自己去做内在小孩的父母，把对父母的抱怨指责转化为照顾自己的能力。18 岁之后，不应再把责任归咎于父母。成熟的人应该主动承担照顾自己的责任，做自己内在小孩的父母，关照内在的小孩。

一位 36 岁的女士生活中出现了许多困扰。她既需要照顾刚上幼儿园的孩子，安排家庭起居，还要在单位承担两个人的工作量。她投入了更多的精力，做每个角色都尽最大努力先照顾别人，却唯独没有照顾自己。患病 11 天后，她抽空儿去医院检查，发现自己患上了严重的肺炎，如果不抓紧治疗和休息，可能转为肺结核。她不得不休息在家。

在家养病期间，她也没有充分休息，总是抱怨先生不体贴、不照顾自己。因为不相信先生，她也不让先生做家务，还是尽其所能地忙着做家务、照顾孩子。病情一再反复，她不得不又请了一个月病假。她发现自己在请病假时也是唯唯诺诺，满心自责。这样一个并不轻松的休整过程让她开始反思，接下来要怎样生活。

当她求助心理咨询的时候，甚至说不出来自己有怎样的目标和期待，只会诉说自己的无助和辛苦。我直截了当地问她："你有资格活着吗？"她打岔，我把她拉回来，不允许她逃掉，她已经在这个问题中逃得太久了。

终于，她开始进入自己的内在。她看到大约一两岁的自己躺在床上，爸爸妈妈好像是刚刚吵过架，或者他们本来的状态就是这样。她看到那个襁褓中的自己，感受到自己的孤单、可怜。她开始流泪，开始与那个小婴孩建立连接。我引导她去拥抱和安抚那个婴孩，引导她看到这个婴孩的孤单、可怜，同时也看到她顽强的生命力和照顾自己的能力。

她用活下来证明自己有资格活着，也因为这份资格，她慢慢成长为今天的成人，成长为一个妻子和一个母亲。

我引导她看到这个看似弱小可怜的婴孩身上，有着怎样顽强、旺盛的生命力，这些生命力就是支持她活下来的最大能量。我接着引导她，拥抱安抚这个孩子，也诉说自己的辛苦和无奈。引导她们两个说了悄悄话之后，我让她感受那个婴孩进入她的内在，跟她完全地整合在一起。由此，她就具备了那个婴孩早已具备的资格感和生命力，而那个婴孩也在她的保护中感受到更多的安全和信任。

伴随着复杂的泪水以及一波又一波的情绪触动，她在我的引导下完成了接受和整合。整个过程中，外界出现了几次干扰，我及时引导她感受到了"内在小孩"的敏感，因为这是她自我保护的超强能力。我同时引导她用现在已经具备的成人的方式去安抚那个受惊的孩子，用呼吸去关照那个孩子，也想象她把光和爱环绕在孩子的周围。

在一个多小时的练习中，她开始学习找回遗失了很多年的自己，开始跟自己整合，开始学习用已经具备的能力照顾自己。同时，她也感受到自己一直不愿面对的小孩子的软弱、可怜、孤单背后，实际是更强大的生命力。这些生命力与她现有的能力整合在一起，才是充分的成长和完整的整合。

我陪伴她完成这个过程，引导她看到，既然当初自己有如此强的生命力，那么现在既然活着也有自己充分的资格和能力。当她开始看到并逐渐信任和爱自己时，才会学习去信任和爱护她周围的每个人，看到他们旺盛的生命力，同时看到他们有照顾自己的能力，包括她的孩子、先生、父母和工作对象。

只有看到所有人都具备这些能力，她才会允许别人照顾自我，才会懂得尊重别人的界限，才会允许每一个人尽己所能照顾自己。因为这份信任，她开始允许自己给别人照顾家庭、照顾孩子的机会，并明白了这也是对别人的尊重。她开始允许自己看到每个人都承担着自己生命的责任。过去，她不肯面对孤单软弱的自己，但是内在又有强烈的照顾弱小自己的愿望，于是就把照顾别人变成对自己的照顾和投射。越是这样做，自己越辛苦，也越会妨碍别人能力的培养。

现在，她随时随地都可以感受自己跟自己在一起，随时随地都可以观察自己、保护自己。她能够做到自我的充分整合，然后再去照顾别人，看到别人内在的成长和力量。这样才会真正承担起先爱自己，再爱别人的责任。

咨询快结束时，她放松了下来，开始感觉到累和辛苦，表示想回家睡觉。我恭喜她觉察得如此细致，也恭喜她从今天开始可以担负起自己生命的责任，把照顾自己当作随时随地可以进行的事情。从此，她不需要抱怨先生的忽略或者冷漠，也不需要渴盼公婆的照顾和帮助。她可以随时随地倾听自己内在的声音，允许自己放松一些、自在一些、懒散一些。而当她可以这样做的时候，也给了别人为自己负责的机会。

这样的案例就发生在我们身边。每当一个人发出抱怨和指责的声音时，他通常是在用无效的方式向别人呼唤和呐喊："我想要你爱我，我想要你照顾我！"这样的呼唤和呐喊，并不能带来真正的渴盼，它只能带来更多的失望和委屈。

我要做的就是，把伸向爱人和配偶的手收回来，放在自己胸前，对自己说："我爱我自己。"结婚后，我依然要保持自己的独立性。我既不需要向配偶和亲人乞求，更不会觉得自己可怜和无奈。当我有能力为自己创造快乐，感受到自己一切俱备时，夫妻双方都将可以自己照顾自己，也会更容易看到对方身上所具备的资源和力量，更容易带着欣赏和爱的心去陪伴彼此。如此，才是两个成熟的人的爱。

第三节

温柔让一切问题迎刃而解

女人的特性：涵养万物，甘居于地。不要做可怜而没有地位的小女人，而要让自己的内在足够强大，成为坦坦荡荡，以柔弱胜刚强，用柔弱包揽万物的小女人。

一个家庭由男女共同建立，双方各自具备特性，共同对家庭做出贡献。中国传统文化中对男女不同的特性和职责都有清晰的描述。老子的《道德经》以阴阳各自不同来简单准确地概括认为，女人因其涵养万物、孕育生命，所以像大地一样深厚、包容，接纳所有。

海灵格先生曾经说："女人要跟随男人。"相夫教子似乎是女性最重要也最擅长的职责。在社会发展过程中，尤其在西方妇女解放运动风潮中，很多女性不甘于相夫教子的家庭角色，开始向社会、向世界提出"我也要地位"的呼喊。妇女参政议政，妇女能顶半边天，妇女与男性共同竞争……

就在这个过程中，女性开始忘记自己的天性，渴望成为天，渴望用女性的特性去与男性争斗。女性失去的是自己的安然，付出的是身心的代价以及社会角色的迷失。许多女性愤怒于"女人要跟随男人"，担

89

心因为这种跟随而丧失自我，担心会被奴役，却忘记了这句话后边还有半句"男人要服务女人"。"男人服务女人"是指男人用他们的付出和力量，为女人和孩子的生存创造更适宜的空间。女人肯接受男人的照顾，肯表达和接受自己作为大地的普通和平凡，才真的可以把男人衬托起来，让男人成为天，让男人有机会表现出他的力量。

常常看到一些女性在刚刚步入婚姻殿堂时就开始限制自己的先生，除了经济上、行为上的限制，还进行电话跟踪、短信查找，甚至派私人侦探跟踪。所有这一切都投射出女性对自我的不信任，对夫妻关系缺乏信心，只能用控制的方法来强行拴住这个男人。

许多女性甚至在孕育孩子时都有很多不甘心，她们非但没有享受孕育生命、陪伴生命成长的快乐，反而觉得自己吃亏了，丧失了自由。有人说母性是天生的，可是很多女性在性别上的迷失已经表现为母性的丧失。她们愤怒于因怀孕带来的所有不便，并迁怒于孩子或者先生，似乎自己成为母亲，成为女人，便会低人一等。

她们渴望有更多的权力和地位来证明自己存在的价值。很多女性孩子哺乳期未满就急于上班，甚至不喂孩子母乳；也有很多女性无心享受照顾孩子的过程，以各种借口把孩子托付给老人，让自己尽可能摆脱母亲角色的束缚。职场上很多女性争强好胜，她们以与男人共同竞争、拥有同样地位甚至比男人还要强而沾沾自喜，全不管自己付出了多少代价。

这一现象背后的原因有许多。其一，中国传统文化对女性身份和地位的定位理解存在偏差。农耕社会需要充足的劳动力承担家庭责任，所以中国传统文化以男人为贵，养儿防老则是深入人心的传统信念。这份信念在传承过程中，过分强化了男性的作用。而似乎就因默默无闻，女性的涵养和包容变得不再重要。传统礼教中"三从四德"的观念本来是在表达一种基本的社会秩序，却被统治者强化为对女性的歧视，从而变成规条，变成了"女性必须服从，只能服从"的若干教条，却没有对女性的作用和意义予以尊重和认可。

在这样的社会环境影响下，中国家庭格外重视男丁的数量和兴旺程度。"养儿防老"让父母把自己的老年生活完全托付给儿子，女性在家庭中的地位则越来越卑微。父母在期盼孩子到来时，都希望自己可以生个男孩。女孩则通常不被欢迎，她们生活在被歧视的环境中，自然容易形成自卑、好强、自我否定等性格。她们想要活得更有价值，就一定要有比兄弟还出色的表现，才会换得父母有限的关注。

这份沉重使得女性潜意识中树立了自强、自立、自尊的观念，表现为希望能证明自己比男孩更有价值，证明自己可以超过男孩。女性不愿接受自己的性别，不愿接受自己作为女性的独特和美丽，就是在这种自卑掩盖下的自强中，女性不断地争取着自己的社会权利和资源。

以为女人执政了，进入男人的行列了，就证明女人有地位、有价值了，这其实是更深层次的性别自卑。孩子在生命最重要的3～6年里，感受不到母亲的乳汁和怀抱，感受不到妈妈的全心呵护、精心陪伴，是非常糟糕的。寄居在爷爷奶奶家，由保姆阿姨照顾，或者从一两岁就进入全托幼儿园，经历不断变换住所和抚养人的颠沛流离，往往会使孩子带着创伤长大。

一岁之内没有建立足够的安全和信任感，孩子会恐惧、不信任世界。两三岁内没有建立自主性，孩子会带着害羞和惭愧长大。四五岁里没有建立主动和创造性，孩子会带着内疚和犯罪感长大。小学是每个孩子发展的关键期，孩子心理未充分成长，会导致其在学校的比较和竞争中，变得自卑、拖延、无力。进入青春期后，孩子则只能用叛逆或轻浮来表达反抗和愤怒。每个阶段没有充分成长的部分，都会像一个又一个没长大的孩子一样，潜伏在孩子的内在，而且不容易被觉察。这些孩子会带着累累伤痕，开始学习和工作，再进入社会组建自己的家庭，抚养自己的孩子。

一个又一个心理没有充分成长的青年男女，重复着一个又一个的家庭悲剧。而悲剧终止的前提是，女性能够担负起对儿女全身心照顾的责任，让孩子在生命前 6 年关键期里得到充分的照顾，足够安全和成熟。女性为未来社会所做的最大贡献莫过于输送一个又一个成长成熟的孩子。让成熟的孩子去建立未来的社会和家庭，还有什么比这个更有意义呢？

当然，这份陪伴并不是女性天生就具备的。成为一个母亲是需要充分学习的，需要学习培育孩子的技能和理论，学习让自己有颗爱孩子的心。只有自己懂得爱，理解爱，才能有效地表达爱，才能尽到母亲的责任。作为女性，首先要学习成为妻子，经营好婚姻；其次要学习成为母亲，教养好孩子。

有人说，母亲是世上最伟大的职业。然而，几乎没有人为这份伟大职业做过前期准备，进行过上岗培训。在连汽车修理工都要接受上岗培训的现代社会，父母亲没有经过任何学习就走马上任，这导致了一桩又一桩悲剧的上演。假如女性愿意担负起养育孩子的重任，看到这份工作的伟大，未来的社会将增添多少个幸福的成年人，会诞生多少个幸福的家庭呢！社会的和谐与稳定，也会因为母亲的贡献而得以实现。

当然，许多女性除了没有准备好去做一个"有爱、会爱"的妈妈外，也同时没有准备好去做一个跟随者——跟随爱人的好妻子。好强和好胜，使得女性害怕丧失自己，害怕不被重视。所以，与爱人在一起的时候也习惯争强好胜，想证明自己比对方聪明能干，比对方懂事，比对方更有智慧。

所有的深层恐惧都是"我不接受自己，我害怕你瞧不起我"的表现。很多女性不敢去做涵养万物的大地，害怕自己的粗糙，害怕自己的简陋。"欲与天公试比高"，这样的动力让女人不喜欢自己，不想做自己，这份"不喜欢"或"不想"常常带来角色的混乱和迷失，也常常干扰了许多家庭的和谐。

有一个女孩子在评价她和先生的关系时说："我一直都以为我比他聪明，我比他能干，所以在家里我从来都是最先说话，抢着表达，总想证明自己。也因为我这样，先生越来越沉默。他的沉默经常让我不满，也经常让我更加自恋。我只能看到自己的能干和好强，看不到先生的包容和接纳。我越来越骄傲，越来越占上风，甚至越来越瞧不起先生。我们的关系慢慢变差，要么沉默，要么争吵，缺少了以往的和谐。

"有一天，在激烈的争吵之后，我陷入了沉静的觉察，我开始反省：我到底是谁？我要做什么？我想得到什么？我突然发现，我都不知道自己是谁了。我是一个想活得比男人还男人的女人，我彻底丧失了自己。有人用大地来比喻母亲，比喻女性。我问自己：我是大地吗？我甘愿做大地吗？这样的忍辱负重，这样的深厚无言，我甘心吗？假如我是大地，那我的先生是什么呢？他应该是天，天有天的辽阔和宽广，也有天的风险和承担。我突然发现，我既不想做宽阔的大地，又不想有天的承担，我只想在众人面前要强，却不准备承担所有担当和要强的责任。

"遇到困难时，我就向先生求助，希望他能替我承担和解决。一旦他沉默或者不理，我就责怪他窝囊没用。因为我把自己的位置搞丢了，所以才迷失了自己；因为我站错了位置，才把家庭的秩序搞错了。先生在宽容我，用他的无奈、无言在包容我。我非但没有感恩，还觉得他很窝囊。

"在那一刻，我觉醒了。我突然看到如此可笑、卑微的自己，突然看到了如此宽厚、充满爱和智慧的先生。他用他的包容允许了我，也用他的担当保护了我。当我终于可以看到先生独特魅力的时候，我感觉自己落地了。我明白了自己的角色，我只需去做陪衬天的宽厚仁慈的土地，把天托起来，让天来罩着我们。

"从那天之后，我找回了自己在家庭中的位置，也找回了自己作为女人的感觉。当我放下那个好强的外壳之后，才发现原来家里有足够的空间让我放松，让我软弱，让我耍赖任性。我发现，放下那个强大的面具后，我可以如此安然地享受女人的这份沉静、温柔和等待。我的变化带来了先生的变化，他开始表现出他的力量和坚强，也开始表现出细腻温柔的爱。我们家进入了从未有过的和谐幸福状态，这是非常美妙的一个寻找过程。"

这个女孩子的反思和觉悟是对自己生命角色真正的把握，也是与自己性别一致的真正和谐。这份和谐带来的是与爱人关系的有效调整，也使他们回归了这个世界的本来秩序。然而，还有许多女性仍在迷失自我中。有的女性以为忍辱负重、小心翼翼地讨好就是女人的本性。她们在自己母亲或者其他女性身上学到小心翼翼地讨好爱人，隐忍、压抑自己的需求。这并不是真的回归，压抑自己、忍受压抑的痛苦并不是心甘情愿地顺应生活，只是害怕冲突、害怕矛盾，用逃避的方式回避矛盾。

这并不是女性要承受的。学习身心合一的表达，学习用温和平静的方式，在恰当的时候向自己的爱人表达自己的需求和渴望，是必要的。同时，我们还要学习接受表达之后的结果，接受事情变化的可能，并且在变化中看到不同的意义和价值。女性的温柔不是作为受害者去委屈自己，更不是作为小媳妇去迁就别人，而是用符合女性特点的方式有效而自在地表达与调和。

女人首先要相信自己是独特、唯一的，并以自己生而为女性而骄傲、自豪。这样就不需要自卑地迁就男人，更不需要自大地超越男人。这个度的把握是微妙的。示弱不等于软弱，处处坚强未必是真的坚强，而温柔往往可以让一切问题迎刃而解。

所以，让自己先爱自己，是女人送给自己最美的礼物。有了百分之百的自信和自我价值意识，平等而独立地与爱人相处，才会有温柔的坚定、和婉的坚持。不需要吵闹和哭泣，女人也可以给爱人更安全的港湾，让他在温柔中听懂自己的真实想法，得到他有效的支持和保护。

所以，不要做可怜而没有地位的小女人，应该让自己的内在足够强大，成为坦坦荡荡，以柔弱胜刚强，用柔弱包揽万物的小女人。那样，我们才可以真正成为自己，回到生命的位置，也让爱人成为他自己。这正如两个人跳舞，和谐的舞步一定是有进有退，快慢相宜。两个人的关系中，一个人开始落地、倾听和陪衬，懂得欣赏和等待时，另外一个人才能开始表达，开始主动和引领，两个人才容易形成和谐统一的整体。

别让沉默成为生命的包袱

男人的特性：扩展、阳刚、拯救。男性要学习尊重女性，看到女性在孕育生命和维持生命平衡中的重要作用，同时要像尊重自己的母亲一样尊敬所有的女人。

　　男性，尤其是中国的男性，在家族和家庭中有着重要的位置。在父系氏族社会，男丁多意味着家族劳动力充足，生活环境富足。父母渴望得到更多男孩，以让自己晚年有更多依靠。整个社会和家庭对男人也都有很高的期望。因此，人们对男性的要求也格外高，比如，要求男性坚强，男子汉流血不流泪；要求男性勇敢，刚强有力量才能承担成家立业的重任。

　　男性的生理特点和成长环境，决定了他们的注意力多是向外的，他们要改变外在的世界。自古以来，保家卫国，养家糊口，土地上劳作的多是男人，艰苦的处境也多是男人担当。一方面男人被锻造和塑造得粗线条、大框架，坚强有耐力；另一方面他们又有较高的地位，一国之君、一家之主都有独尊的位置。女人和孩子是被保护的，似乎就是弱的、小的、服从的、依附的。皇权制度下的男性代表着权威、主宰、安全和保护，家庭之内的男性代表着核心，是绝对的权力和力量。

这样的社会环境和家庭环境，逐渐延续了男性为尊的文化传统，也慢慢形成了男人勇猛、坚强，甚至霸道的特点。当男人更多关照外面的世界，拯救外面的世界时，家庭自然就由女人来打理。男主外、女主内，成了自然的秩序。在这样的文化中，男人缺少对女性的理解与爱护，似乎觉得回到家里被照顾是理所当然的。男性拥有支配和安排女性的特权，这也是女性争取自身地位的原因之一。虽然女性成为母亲、孕育了孩子之后，会慢慢拥有自己的地位，但这地位要经过自己儿子的认可才能真正确立下来。

所以，男权社会里，人们忽略了生命传承中女性的重要作用，忽略了男性要尊敬自己配偶的文化。女人被称为糟糠之妻，或者直接称为"屋里的"，似乎女人的一切都是为了服务男人而存在。这份不平等和歧视当然会带来女性的反抗。当我们细究中国传统文化时，无论是《道德经》《论语》，还是《礼记》，都没有这种绝对卑微或者伟大的任何记述，只有先师关于自然阴阳的描述，关于所有礼教背后生命平等的表述。只是在王权的发展中，才形成了这种男为尊、女为卑的文化。

男性要学习尊重女性，看到女性在孕育和维持生命平衡中的重要作用，同时要像尊重自己的母亲一样尊敬所有的女人。因为生命本来就是平等的，男性只有允许自己看到女性的独特和伟大，改变自己内在对女性的歧视，才能开始真正尊重自己的母亲和爱人，才能学会有效地服务女人。

服务的前提是接受，接受女性的特点，接受女性独特的作用和价值，接受女性对孕育孩子和照顾家庭的独特贡献，也同时接受女性在人格和社会中与自己地位平等。当他们可以慢慢摒弃自己的特权和尊贵的想法时，才可以真正地带着一颗温柔细腻和接受的心，为身边的女人提供服务。这样的表现才会是文明有礼的，才是更有力量的男性。

很多男人害怕表现出自己的软弱、易感与细腻，害怕被扣上"像个女人"的帽子。因为他们不会处理情绪和感觉，所以干脆直接用一个坚硬的外壳把自己包起来，表现出所谓的坚强，带着一个冷酷的面具，显示自己的不可一世。当然他们也不会表达爱，不会陪伴身边的女人，甚至不会说出自己内在的感觉和心声，更难理解女人的需要。他们只是用逃避感觉的方式来伪装强大，用沉默不语来掩盖害怕和无助，最终屏蔽自己的心，也难以跟身边的女人做更深层的沟通。

很多男人习惯用做事情来表达对家庭的尽责，甚至有的男人越生气越能干，以为只有干活赚钱才能证明自己对家庭的贡献。但他们不懂，妻子和儿女更渴望的是心与心的交流，是情感的支持。男人面对女人这样的需求，会更加不知所措，进而逃离，逃到工作和事业、网络和游戏中。有的虽然人坐在家里，可是却一句话都不爱说，就好像关上了心门，把自己的爱藏起来。很多人以为这样才是男人，殊不知这样会带来更多的家庭纠纷和夫妻纷争。

一位年近六旬的男士，是一个非常能干、非常负责任的先生。虽然他每天都默默无闻地在家里做家务、照顾妻女，把家事安排得井井有条，可是他太太的抱怨声从未停过。而两人发生矛盾时，太太每抱怨一次，先生就会更沉默，更能干，更喜欢找事情来做。太太的要求很简单，就想和丈夫聊一聊，遇到事情一起讨论，了解先生心里的想法，分担一下困难。可是太太越这样要求，先生越沉默。几十年的共同生活使太太变成了指责型怨妇，先生则越来越沉默，好像丧失了言语功能。

终于，在儿女出嫁后，年近六旬的他们在共同生活近四十年后，还是选择了离婚。离婚之后的先生迅速衰老，孤独让他不得不去找一些亲朋好友倾诉。他反复向人求证："我不是好人吗？我的工资全交，家里脏活累活我都干，所有事情都是我做，为什么她还会不满足？像我这样的好丈夫，她到哪里去找？我到底错了什么？"

他渴望从亲朋好友处找到答案，后来有一位亲戚给他讲了个故事。有一个人在家里制作了一个机器人，机器人承担了家里大大小小的事情。主人只要一按按钮，它就会按照主人的要求去做事情。开始主人很高兴，可是慢慢地，主人觉得不满意了。主人买了一只会说话的虎皮鹦鹉，虽然这只鹦鹉整天藏在笼子里什么都不干，可是它会逗主人开心。它跟主人学说："我爱你！"看到主人情绪变化，鹦鹉会说："哦，伤心了？""哦，你很高兴。"

这只鹦鹉不知不觉成了主人的新宠，机器人感觉非常难过。它不明白为什么自己会被冷落，它还是忠心耿耿承担家里所有的事情，把家里打扫得很干净。可是，主人除了给它设置程序外，竟然懒得正眼看它。终于有一天机器人憋出了一句话："为什么我这么能干却讨不到你的欢心？"主人吃了一惊，这才发现这只机器人竟然也会讲话。他回答机器人说:"因为你只知道干活，不懂我的心。"那位亲戚最后说:"老兄，每天干活，上交收入，这是家里的奴仆和长工可以胜任的工作。你老婆跟你生活在一起，可不是只想找一个钟点工啊!"

许多男性就是这样笨嘴拙舌，不会表达爱。也许他们内在有太多局限性的信念，诸如:太爱表达的人，轻浮不实在;亲人之间不需要说什么;人不能老绕着自己的"小我"转，还有更重要的事情要去做。这些都束缚了男性的感受力和表达力。一代代的中国父亲都不善言辞、不善表达、不善服务于女人。他们也许是棍棒训练下来的孝子，也许是压抑不住情绪时的暴君，却往往不会身心如一地表达自己的情绪、表达对周围人的关爱。那句"爱你在心口难开"的歌词就是很多男性的真实写照。

进入 21 世纪后，生命和世界的关系日益受到新思潮的影响。随着网络和媒体的开放，男性的改变和学习也成为大势所趋。这个改变不是要变成女人，而是要求男性学会情绪的管理，了解自己的情绪和感受，提升情商水平。男人们应该在情绪的觉察力、理解力、运用力和摆脱力诸方面进行新的学习，对生命的本质、亲子关系、夫妻关系进行深入的学习。因为它能让男性在承担好儿子、职场角色外，也真正表现出丈夫和父亲的角色。只有学习才会让男性在家庭中成为支持和服务妻子的丈夫，成为能照顾好自己孩子的爸爸。

海灵格先生近几年来有一个颠覆性的家庭教育观点，让人觉得很震撼。他认为，孩子由母亲带到这个世界上来，母亲在孩子出生后已经完成了使命。带领孩子去看世界、了解世界、融入世界是父亲的责任。

父亲要从母亲手中接过孩子，才能培养一个坚强、有力量、懂得负责任和表达爱的孩子。这份陪伴当然需要父亲了解孩子，细微地观察孩子，向孩子表达并及时给孩子帮助。这个过程要求父亲身心合一，懂得爱，表达爱。如此，孩子才会被父亲引领，带着充分的信心和力量，去面对自己未来的生活和事业。

国内外越来越多的研究表明，被父亲照顾大的孩子自信指数高，对世界的信任感高，安全感高，也更成熟、健康、智慧。当听到父母慨叹孩子胆小、软弱、不自信时，应该先去了解一下，在孩子成长过程中父亲的角色是否缺失。

有这样一个故事。一个 8 岁的男孩，平时难得见到他的爸爸，因为爸爸总是忙着加班，周末也不例外。有一段时间学校组织活动，要求每个孩子跟父亲独处一天。当孩子把请求告诉爸爸时，爸爸很简单地以"我要加班"为由回绝了。孩子不甘心，问："爸爸，你加一天班可以赚多少钱？"爸爸想了想说："一天 400 元，爸爸天天在拼命赚钱，很不容易的。"儿子听完后提出了小小的请求："爸爸，我要买一个非常重要的东西。我想请你提高我的零花钱标准，可以吗？"看着儿子那怯生生的模样，爸爸不忍心回绝，决定以后每周给孩子 30 元零花钱。

过了一段时间，有一天，爸爸回家又很晚，看到孩子坐在客厅里，爸爸很奇怪他为什么还没有睡觉。孩子说："爸爸，我想请你再多给我30 元。"爸爸非常恼火："最近你为什么总是要钱，我不是已经给了你很多零花钱吗？""是的，我把这些零花钱都攒起来了，要去买那个重要的东西，还缺 30 元，求求你再多给我 30 元好吗？"爸爸尽管不情愿，看看孩子这么晚还在等他，又不忍心，还是抽出了 30 元钱给了孩子。

孩子拿到爸爸给的钱，回到自己的房间里，拿出储蓄罐，把里面的钱一张一张叠在一起，双手举着送给爸爸："爸爸，这是我这几个月攒的零花钱，有 400 元了。现在我把它交给你，换你这个礼拜天陪我一天好吗？"爸爸震惊了，愣了许久，抱住儿子流下了眼泪。

这是一个会表达需求和爱的孩子，他想尽办法请求爸爸的陪伴。但是，更多的孩子和太太都不会如此智慧地讨要爱。于是，夫妻间的争吵越来越多。本来深爱的亲人，因为不会表达爱，不善于表达爱，造成彼此的隔阂和伤痛，这是多么令人叹息的事情。很多男性也因为对情绪的忽略和麻木，无法理解女性的一些细微需求。他们会觉得女人大惊小怪，没事找事，不明白为什么一件小事会激发女人那么多的感慨或眼泪，更没有耐心陪伴自己的爱人。

男性除了看到自我的局限和需要提升的部分外，还要同时承担自己的责任和义务，学习扩展自己的生命体验，用丰富的情感来滋润自己及妻儿老小。这样的过程才是更直接的体验生命美丽的过程。男性应该放下内在的恐惧，去接受自己的丰富情感，调整好自己的位置，学习陪伴自己的爱人。看到女性的伟大和付出，男性应该对她说："谢谢你，成为我的基础。你是大地，支撑了我。我是天空，因你的支撑而辽阔、宽广，因你对我的包容，我才学会担当。我要服务于你，通过你去服务所有的生命。"

　　情感关系的和谐与幸福，是孩子健康快乐成长的重要基石。男士享受和体验婚姻的幸福，女性也可以感受被服务的快乐。这样不断地给予和流动，才可以让家庭中源源不断的活泉水可以滋养每一个人，为孩子创造幸福安全的家庭空间，让孩子安心而专注地走向学习。所以，请男人们在拯救世界、拯救地球的时候，也要关爱自己；承担责任的时候也学习用心服务自己和爱的人。不要因为不擅长表达，让沉默成为生命的包袱。

离婚，人生另外一堂课

处理夫妻矛盾的重要方法是唤醒两个人内心的爱。双方要收回不该放在对方身上的期待和投射，从原生家庭的束缚和依赖中走出来。

离婚是一个家庭解决矛盾最简单又最无效的方法。如果说幸福的婚姻要两个人共同创建，那么破裂的婚姻只要一个人就可以完成。

人们习惯用离婚来解决夫妻间的矛盾，以为离婚后一切矛盾都会消失，所有的负担都可以放下。但事实上，没有反思与觉察的离婚会使两个人更痛苦。这种痛苦会对两个当事人及其他家庭成员未来的生活，有隐性或显性的影响。纵观所有离婚案例，表面原因无外乎是财产问题、沟通问题、双方关系问题，但深层原因则往往是因为一方或双方心理上是未成长的小孩，把自己对父母未完成的期待投射到了对方身上；或者一方（或双方）受自己原生家庭影响，主动或被动地复制着父母的婚姻状况；还有可能一方（或双方）有未曾解决的情感关系、堕胎经历等。

处理夫妻矛盾的重要方法是唤醒两个人心里遗留的爱。一方（或双方）要先完成自己的成长，收回不该放在对方身上的期待和投射，让

105

自己从原生家庭的束缚和依赖中走出来；让自己带着心回到家庭，分别（或共同）处理两个人未尽的情感关系；直面曾经的堕胎，学习直接有效的沟通。

假如自己无法完成，可以请求专业心理咨询师的帮助。如果经历以上种种，双方还是不能继续情感关系，那么就应感恩彼此的陪伴、感恩对方给予自己的所有的爱和帮助，带着平静的心放下彼此。这样，离婚会成为夫妻双方成长的重要机会。这个重大危机事件会使夫妻双方充分成长，成为双方日后走向成熟，建立新情感关系的重要基础。

假如双方是在怨恨、指责甚至打斗中完成离婚，心里的怨恨就会变成铁锚，钩住彼此。尽管表面上两个人分开了，可内心里仍装满对彼此的恨，无法解脱，双方会形成更紧密的冤家关系。这种情况下，男女双方都不能开始全新的生活，不仅丧失了过去的幸福，也丧失了未来的幸福。

如果说婚姻是一所学校，那么离婚则是痛苦的磨炼。离婚危机能否顺利度过，完全取决于夫妻双方的态度。若双方能共同面对，寻找改变策略，化危机为转机，离婚就可以成为夫妻双方共同成长的重要机会。任何一种关系的结束，都意味着新的关系开始的可能。如果能带着一份成熟的心态去回顾双方关系，看到其对人生的意义和价值，就会给成长带来转机。

一位 28 岁的乖乖女，习惯了被爸爸妈妈安排一切。从小到大，读书、毕业分配、找男友、结婚，都由父母一手操办。结婚之后，她发现自己不会处理复杂的人际关系，不会应付和自己完全不同的先生，更不知道该用什么态度去面对婆家亲戚。她常常在不该做的时候做了很多傻事，该做的时候又不知如何去做。她也不知道对先生是该讨好还是指责……

凡此种种让这个女孩快要崩溃，直到她发现先生在外面有了别的女人。她无法忍受，向妈妈哭诉。可妈妈却骂她没能耐，管不住自己的男人。朋友则笑她太单纯、太简单。她在嫉妒、痛苦、无助的情况下挣扎了两年多。女儿的出生带来了更大的矛盾，每天疲于奔命照顾孩子、跟踪老公，无法应对的各种痛苦让她终于为自己的人生做了第一个决定：离婚。

离婚前，在与心理咨询师的互动中，她回顾了自己 28 年的成长历程：她看到一个小女孩无助茫然地处理复杂的人生问题，也看到自己想突破的动力。婚姻带给她的不只是痛苦，还有必须成长的动力。借助离婚的机会，她开始重建自己与父母的关系。她在心里请求父母，请求他们让自己长大，做自己的主人。她也开始接受那个幼稚而简单的自己，承诺从现在开始陪伴她长大。

她看到先生在她生命中重要的意义和价值，是他打破了自己小女孩的梦，使自己认识到只有成长才有资格做太太。先生给的诸多考验和课题，都推动她长大。看清了这一切后，她不再是那个可怜兮兮的受委屈的小女孩。她真正感受到了内心成长的力量，带着感恩的心面对父母和先生，也找回了自己，完成了一次心灵成长。

当她从心理年龄几岁的女孩慢慢长大，虽然还没有达到心理上的

28岁，却已多了很多安定和自我接受。带着这些成长，她回去跟先生继续沟通。但由于彼此伤得太深，他们最终还是用离婚结束了这段恩怨。离婚之后的她，并没有到处去倾诉博取同情，也没有遮遮藏藏掩盖已离婚的事实。她很坦然地告诉关心她的亲友，虽然很痛苦，但这是她成长的重要契机。她感谢前夫让自己有这样的成长机会，她懂得了女人首先要独立，知道自己是谁，才能经营好婚姻。

她这些身心一致的表达，不只是说给别人听，更是说给自己听。后来，她有了新的情感关系。结婚前夕，她又来做心理咨询，对自己进行了再次梳理。她希望看看上一段婚姻对自己还有怎样的影响和妨碍，以及自己将要面对和处理的课题，如孩子、财产、未来生活等。她一边梳理，一边规划未来。当她对自己有了坚定的信心，不再把自己未来的幸福寄托在另外一个人身上时，她也就放下了很多恐惧和彷徨。现在，她对于结婚之后远渡重洋，到英国开始新生活，充满信心。

离婚男女再婚，常常会牵扯到孩子的抚养问题。离婚双方大都对孩子深怀内疚，觉得自己没有经营好婚姻，让孩子有了不完整的家庭。这样的想法常会让夫妻双方都对孩子充满歉疚，影响夫妻未来与孩子的关系。其实，离婚是夫妻间的事，跟孩子无关。父子关系、母子关系原本就是永恒的关系，不管父母是否同处一室、关系如何，孩子诞生的一刹那，已经决定了他与父亲和母亲唯一的、永恒的关系。这种关系不会因爸爸妈妈不再共同生活而消失。

父母给予孩子的所有力量、爱和支持早就跟孩子的生命完全融合在一起了，这是孩子得到的最大礼物和馈赠。如果用钻石来比喻孩子得到的生命，父母给予孩子的陪伴，就好像包裹钻石的包装纸，其作用和价值与生命比较起来，要微薄许多。很多父母常用内疚表达对孩子的爱，但研究表明夫妻离婚前的吵闹、冷战及离婚后的内疚，对孩子的心理伤害远远大过离婚本身。

夫妻在决定离婚时，要处理好孩子的教育问题。这里不仅指安排好孩子的抚养权，还指夫妻都要带着对孩子的爱和尊重，跟孩子建立自然的关系。除了要跟孩子讲清离婚是大人的事，还要告诉孩子：不管我们关系如何，我们永远是你的父亲母亲，永远爱你，这份爱早就在你的身体里，永远不会离开。所以爸爸妈妈已经给了你最好的一切，爸爸妈妈没有给你的，你要自己去争取。

未来孩子要跟随其中一方生活时，双方都要给予孩子支持和照顾，不需要内疚。内疚的父母常对孩子有负罪感，会迷失自己作为父母的真正位置；有内疚感的父母容易无原则地对待孩子的要求，过分宠爱或过分控制。孩子会因此感到委屈，并习惯指责和抱怨，丧失他们本可以从父母那里得到的安定和支持。所以，离婚之后的父母首先要调整好自己对待孩子的态度，不对孩子说"对不起"。

对未来的婚姻伴侣，我们要放下期待。有人以"假如你对我孩子好，我就跟你结婚"，作为选择未来伴侣的唯一标准，这是很可怕的一个新开始。这个要求把孩子放在了两个人关系之上，似乎不是要找婚姻伴侣，而是要为孩子找替代父母。这是对孩子亲生父母的最大否定，也是对孩子已经具备的生命的最大否定。

这样只会导致孩子的不自信，导致夫妻双方的关系因孩子而变化。这对与孩子没有血缘关系的另外一方极其不公平。渴望一段新的感情关系的成人，先要问自己："我为什么要开始一段新感情？为自己还是为孩子？"假如是为孩子，那就说明我还没有从上一段婚姻的痛楚中走出来，说明我不接受孩子父（母）的离开，我认为他（她）没有给孩子最好的，所以才想找一个人代替他对孩子好。

这是个非常重要的信号，它提醒我们应该及时处理上一段情感关系，直到自己可以平静地接受对方离开，然后我们才有资格跟另外一个人讨论新的情感关系。这份情感关系应该是我们为自己寻找的，对方应该是因为爱自己才与自己共同生活的。新的感情关系中，男女双方的情感关系是第一位的。足够好的关系才能使对方愿意因为爱自己而爱自己的孩子。因为感恩彼此，想要回报对方的爱，情感关系才可以良性持续发展下去。

常常有人问："夫妻离婚的时候，孩子要留给谁？"不同的人有不同的观点。从对孩子最有帮助的角度来说，交给对另外一方没有憎恨的人抚养，会让孩子得到更多的爱和力量。假如夫妻一方不停地咒骂、指责另一方，不论他对孩子有多好，当着孩子的面或者在心里骂他的父亲（母亲），对孩子来说都是最痛苦的事情。因为孩子需要感受到有两个爱自己的人，他不希望自己的爸爸（妈妈）是那么坏、那么可恶的人。孩子不希望看到其中的一个树根是腐烂的，更害怕看到树根间互相否定和残杀，因为那样他丧失的将是两份爱。

孩子跟着比较友好、客气的一方生活，他会在得到爸爸（妈妈）爱的同时，不断被提醒不在一起生活的妈妈（爸爸）也很爱他。只是另一方爱的方法不同，不能天天陪着他，但他也在另外的地方天天想念和爱着自己。这样，孩子会感觉到更多的力量和爱。

所以，如果真的是为了孩子，就要尊重另外一方，放下仇恨和恩怨去祝福对方。为了孩子，更要经营好一份新的情感关系。我们要放下"他应该如此"的期待，更多地感恩和爱对方。新进入家庭的成员要提醒自己，自己只是孩子的养父（母），不是他的亲生父（母）亲，是亲生父（母）亲让自己有机会来代替他照顾这个孩子。在孩子身后，我永远都可以看到他的亲生父（母）亲，永远都应对他的亲生父（母）亲带一份尊敬和爱，用自己可以给予的照顾这个孩子。我们要放下"我比他亲生父（母）亲还好"的期待，放下"我要得到孩子回报"的期待。

建议孩子不必对继父母称"爸爸妈妈"，这也是不断提醒继父母不应强占孩子亲生父母的位置，而应更恰当地定位自己，给予孩子能够给予的爱。这样，新组建的家庭会更和谐，更容易幸福。

不管多么复杂的家庭关系，只要找到源头，分清每个成员相互的位置和秩序，就会很快恢复本来的秩序，并通过付出与收取的平衡建立更流畅平衡的关系。这样的规则也适用于多子女家庭和三代、四代同堂的家庭。理清楚这些关系，离婚才能成为人生一堂有价值的课。

第六节

羡慕嫉妒恨，能放下吗

我是你的手足，我们同时拥有父母百分之百的爱。我无力操控你，只有祝福你；我们都是父母的唯一，放下羡慕嫉妒恨吧。

对于多子女家庭来说，孩子越多，父母平均付出的精力越少，分给每个孩子的时间和陪伴就越有限，因此孩子互相之间争宠夺爱很普遍。很多父母感慨，第一次养育孩子时大多力不从心，以为再生一个会顺手一些，结果却发现孩子之间有巨大的差异。

养育老大的经验无论如何也不能用在老二身上。很多父母生两个孩子，是希望避免独生子女的孤单，但因为没有处理好两个孩子的关系，结果手足之间充满着竞争和冲突。多子多福一向是中国父母推崇的，可是很多生活在多子女家庭的孩子，回顾自己的成长经历时，记忆深处更多的是手足间的相互攀比和竞争，以及没有得到充分的爱。

如果说父母有一个孩子时需要学习，那么多子女家庭的父母更需要学习。教育一个孩子尚且不易，处理多个孩子的关系则更需要智慧。多子女家庭中父母要放下性别歧视，建立家庭秩序。先来的孩子是大的，后来的孩子是小的，每个孩子要分别与父母建立相互独立的铁三角关系。父母可以分别给予孩子百分之百的爱和照顾。这个"百分之百"不是指父母要给予不同孩子相同时间、相同形式的照顾，而是要分别给予不同孩子相互独立的陪伴，用适合这个孩子年龄和心理需要的方式陪伴孩子。也许每天抽半个小时跟青春期的孩子单独散步和沟通，也许每天花 5 个小时照顾襁褓中的婴孩。

只要父母陪伴孩子时有百分之百的关注，用孩子所需要的适合的方式给予陪伴和关注，孩子就会得到充分的肯定和满足，这就是父母分别给予孩子的百分之百的爱。在多子女家庭，父母常常因为精力体力有限而忽略对大孩子的关注和爱，理所当然地认为"你大了，就应该比小的懂事，应该帮父母照顾年幼弟妹"，全然不管大孩子有怎样的心理需要，对父母有怎样的期望。

在父母心中，大孩子就跟大人一样，要代替父母承担照顾弟妹的责任。而对于大孩子来讲，他也许还需要一段时间，适应弟弟妹妹到来而改变的家庭环境——父母更多的关注弟妹而忽略了自己。还是孩子的他也有其成长的需要，也有对父母爱的渴望。父母精力的转移会使大孩子会出现爱的饥渴和匮乏，以为是弟妹夺走了父母对自己的爱，会迁怒到弟妹身上，甚至通过制造事端的方式，吸引父母的关注。例如六七岁的孩子又开始尿床、出现反复情绪波动，甚至发病，让父母不得不分身照顾这个孩子。

有些家庭重视男孩，忽略了子女的排序和位置。如果第一个是女孩，第二个是男孩，女孩子就应该拥有比弟弟更重要的位置。她要靠近父母，因为父母的第一个助手是她，她也同时有资格和权利得到父母更多的肯定和爱。如果父母看重儿子，弟弟比姐姐多特权，就会出现姐弟位置的混乱，引发姐弟矛盾。姐姐被忽略，弟弟会借父母的娇宠，居于姐姐位置之上，姐姐的不满和不平衡会带来姐弟关系的紧张。处理这个问题的关键是父母要建立有"秩序"的规则，分清大小先后，让每个孩子各居其位。

一位母亲有两个孩子，大的是女孩，小的是男孩。她给了儿子很多特权，慢慢地发现女孩有很多情绪和行为问题。关键时刻，她学习了关于家庭系统排列的学问，反思了自己在孩子关系处理上存在的问题。她开了家庭会议，会上向两个孩子宣布：姐姐是大的，姐姐先来，所以姐姐对弟弟有管理的权利；弟弟是小的，弟弟后来，弟弟要服从姐姐管理。但妈妈会分别给你们百分之百的爱。她调整了家庭中就餐的位置，把原来放在中心的男孩，调到了爸爸妈妈姐姐之后。大小事情需要孩子参与时，会让姐弟两人都上场，共同讨论，姐姐报告结果。调整之后，她发现女儿的情绪和行为问题不见了，一对更亲密的姐弟幸福成长起来。

后来，偶然的生活事件打破了这个平衡。刚上初中的男孩，在学校轮滑时受重伤，住进了医院特护病房，全家人都把全部精力用来照顾男孩。在其病情缓和之后，女孩又出现不友好的话语，对弟弟也缺少耐心。妈妈细心观察后，找了个时间跟女儿一起吃晚饭，表达了由于自己最近太忙，只在乎儿子的病情而忽略了女儿的歉意。她接着承诺，不管多忙，以后每个星期都要抽一个晚上陪女儿吃晚饭。妈妈这个决定收到了意想不到的效果。女儿脸上又出现了笑容，每次来病房照顾弟弟都比原来更尽心，姐弟两个见面也总要拥抱在一起。看到一双儿女如此幸福快乐地互相陪伴，爸爸妈妈体验到了多子多福的快乐。

心理学上有个说法认为，孩子在 3 岁时形成初步的自我意识。理论上说，两个孩子年龄间隔超过三岁以上，即可以保证前一个孩子得到充分的照顾，因为这能保证孩子建立充分的自我界限，父母可以给予两个孩子自己各自的关注。但是现实中的大量案例，让我开始对此观点产生了质疑。事实往往是，父母并没有给予前一个孩子足够有效的爱和关注，不管第二个孩子在几年之后到来，前一个孩子都会有危机感，都会有爱被剥夺的感觉，都会用自己的方式呼唤父母的爱和关注，也都会表达对弟弟妹妹的嫉妒和抗拒。

所以，不应简单地看孩子之间相隔几岁，而应考量父母是否给了每个孩子百分之百的爱，考查父母对孩子关注的质量。只有每个孩子都得到父母百分之百的关注后，爱才会传递给弟弟妹妹，孩子之间的关系才会融洽、和谐，多子多福才可能真正实现。

所以，多子女家庭的父母，既要照顾年幼的孩子，还要照顾不断长大的孩子。父母不能因为自己精力和体力不支，就把重任强加给大孩子。因为，他（她）只是孩子，他只是小孩子的哥哥和姐姐，而不是弟弟妹妹的父母。既然承担了生育多个孩子的责任，就应给予不同孩子不同形式的陪伴。这是作为父母需要付出的，也是需要学习的。

父母不要把两个孩子做比较。每个孩子都是独特唯一的，他们选择相同的父母，不等于他们要有完全相同的生命。父母有多个孩子时，面对的是完全不同的生命，要学习用不同的经验对待完全不同的生命。孩子之间没有可比性，他们一定会用自己独特的方式彰显自己。

所以，多子女家庭的父母需要做的是学习欣赏和爱护每个孩子，接受每个孩子的独特和唯一。这样父母们才会感受到陪伴不同生命成长的快乐和幸福。虽然有年龄、性别和先后顺序的不同，但孩子之间是平等的。他们都是父母的孩子，都分别拥有父母百分之百的爱，应该有充分的机会和空间表现自己的独特和唯一。孩子需要学习把内在资源和财富用出来，感觉自己拥有充分的爱，彼此互相欣赏，互相学习，表达手足之情。

这份亲情也可以让他们互相保护，互相陪伴。在多个案例中我都看到这样感人的转变：最初呈现的是两三个孩子相互争宠、相互敌视。当父母给他们家庭中恰当位置认可的时候，孩子们往往会主动牵起手来。大孩子往往会对小孩子表达："我已经有了充分的爱，我愿意保护你，爱你。"小孩子也总是会感觉到多一份幸福，多一份陪伴，手足之情让人感动落泪。多子女家庭关系的处理原则是：放下对大孩子的指责和要求，放下对小孩子的娇惯，让每个孩子各归其位，用不同的经验陪伴不同的生命。

手足之间先后的关系，是平等关系下的相互照顾和支持，不是上下级的关系。由于父母的要求，先来的孩子常内化父母要自己照顾弟弟妹妹的要求，不知不觉间转变为父母与孩子的关系，变为"我要照顾你，你要听我的安排，你应该……"，变为对弟妹的控制。大孩子甚至会以父母的特权，要求小孩子服从自己。

我们常常发现几个孩子中总有父母最疼爱、最不放心，要求家人多关照的。似乎因为他弱，就要给他格外关照。大家在给他格外关照的同时，通常也会对他有很多要求，要求他一定要按着大家的标准做什么、不做什么。这孩子遵从时，大家会开心；没有遵从，则会激发大家的愤怒。比如，借钱给他时，会要求他拿着钱做什么事情，假如他没有按要求去做，大孩子就会勃然大怒，怪他不听话，再也不想管他了。

单就一个"管"字，已经透露出了家长关注同时的控制和不信任，不相信他可以照顾自己。事情的结果总是不如人愿，往往越是得到更多关注的孩子，越难有独立的人格和照顾自己的能力。因为一方面他会激起大家的同情和怜悯；一方面"他因为不听话所以这样"的想法，会激发大家新一轮的照顾和控制。不给他照顾和关注，每个人都会有内疚。不知不觉间，大家会把他生活好坏的责任背在自己肩上，而完全忽略所有人对他的控制和影响。

他没有机会做他自己，没有机会按他自己的想法去选择、去体验。大家在给他照顾的同时，也纵容了他停留在儿童状态。偶尔的反叛和自主尝试会激起新一轮的控制。看似好心的帮助实际上忽略了一个生命独特的尝试权利，这就进入了恶性循环。这是对其生命权利的扼杀。

父母要学习放手，给孩子独自探索的机会，逼他自己长大。就像把自己的孩子推出山洞的老鹰一样，我们要创造独立的空间让他尝试照顾自己。兄弟姐妹更要先寻找自己的位置，要对自己的弟妹说："我只是你的哥哥（姐姐），你只是我的弟弟（妹妹），你不是我的孩子，我也不是你的爸爸妈妈。我没有资格像爸爸妈妈一样照顾和控制你，我也没有资格因为给了你一些帮助而操控你。你有自己的权利和选择，我们都是父母唯一的孩子。我会尽我的力量给你适当的帮助，同时我相信，你有能力照顾自己。我会站在你旁边祝福你，我爱你！"

我们都要学习如何爱而不控制，如何陪伴而不操纵。随时随地自我觉察，找到自己的恰当位置，允许自己接受每个人都有自己的命运和选择。不可以用自己的成功去操纵其他的人，也不可以强求所有人都跟自己有相同的反应和模式。

每个人来到世界上都有自己的功课，经历磨难也是功课的一部分。我们要学习打开心，带着爱去祝福和陪伴手足，我们对他应只有祝福和陪伴。他的选择，都是他所需要的最好的；他的命运，也都是他所需要的最好的。我们要学习尊重，学习放下自己，陪伴对方。这样，才可以随时拥有无条件的爱，而不是愤怒，不是自责。在对方需要的时候用爱为他做重要的事情，这份爱才是神圣的手足之爱。

带着欣赏看同事，挺好

放下对你的评判，我只去欣赏和支持！因为有了同事的存在，我们才会分享不同的体验，有不同的发现，锻炼新能力，得到新成长。

单位的同事既是平等关系，又有先后大小秩序的不同。同事关系与家庭关系不同，因为彼此没有血缘关系，没有唯一的连接，所以同事关系是变化的。大家相处的共同的期望是彼此合作、互相学习和帮助。每一个人进入职场，都带了自己的经验和渴望，渴望充分表现自己的价值，更多地得到关注、肯定、升迁、加薪机会。要小心的是这份渴望稍不注意，也会变成孩子对父母的期待，变成手足间相互竞争的关系。

由于童年没能充分成长，很多人心理上有个未成长的小孩，在工作后则容易投射自己的期待到领导或权威身上。得到领导关注、肯定，就像得到爸爸妈妈的肯定一样，对他们非常重要。请注意，这里已出现了第一层投射。领导带领几个甚至几十个员工，谁能得到领导更多关注，似乎就成为谁更被爱的一个标志。每个人都渴望自己的付出能得到及时的回报，也渴望自己随时随地得到上级的肯定与褒奖。

只是这样的机会太少，得不到满足时很多人就会迁怒于同事。某某太会做人，抢走了领导的关注；某某太不地道，背后做手脚；某某只会做眼前功夫，是个华而不实的人；某某会拉关系，又有后台，所以比自己强……许多评判充斥内心，甚至没办法让自己专注当下，做好眼前的工作。如此就像一个充满了嫉妒的气球，随时都会不满、抱怨和指责，丧失了自己内在的平静。这是把注意力放在了关注他人的事、老天的事上。

有人说，人生无外乎三件事：自己的事、他人的事、老天的事。自己的事包括自己的吃穿住用、情绪健康、生活质量等等。自己的事我们要尽力，完全负起责任。每个人身边的他人，都用自己的行为模式过自己的生活。他的习惯、兴趣、状态都是他的事，是他自己的选择和追求。每个人都有选择自己生活的自由，每个人也都有权利保护自己。

对待他人的事我们要尊重，比我大的所有存在都是老天，包括天气的变化、领导的状态、社会的制度、人生的命运等等。父母、兄长等比我大的人的事，我只能去接受他的存在形式，接受他的安排。只有全心全力做好自己的事、尊重他人的事、接受老天的事，我才有精力完全为自己的生命负责，才会合作，才能带一颗平静的心，接受付出之后的所有回报和后果。

学会区分三种事，并采取相适宜的态度，这是一个人成熟成长、承担自己生命责任的过程。上级不是父母，同事不是兄弟姐妹。我们不能向上级索要爱，也不需要跟同事竞争。我们只需要在每个当下，尽自己最大努力，为这份工作奉献自己独特的力量。让同事们因为有我而多一份丰富体验，而我也因为同事们的存在，学会不同的处事模式和方法。

当放下评判去学习欣赏时，就能看到生命的丰富多彩。我们会看到同事也非常渴望爱，会看到其顽强旺盛的生命力跟自己一样伟大。如果有需要，我们应该愿意给对方必要的帮助，就像帮助自己一样。假如不需要，我们可以带着爱和尊重默默祝福。我不是你父母，没有权利评论、控制你。你也不是我的父母，没有资格指责我、说教我。我会在你指责、说教的时候，带着平静的心说："谢谢你，我不需要。"我也会在想帮你时，主动征求你的意见："我想为你做些事，你接受吗？"如果你接受，我会全力以赴去做，假如不接受，我会让自己平静地离开。

这就是我和同事的关系：学习彼此欣赏，彼此支持，平等相处。在跟对方相处中，我们要从自己的情绪变化中，觉察出自己的投射、控制。我们要主动放下这份投射和控制，感受欣赏和祝福，感受每个人成长成熟不同的路径。

工作的过程，也是增加个人体验和学习的过程，我们可以感受不是家庭胜似家庭的亲密，不是手足胜似手足的和谐。在这份关系中，作为职场中人最重要的学习是要相互竞争，激发更大的潜力；相互学习和模仿，让彼此更为丰富。即使是失落和迷失，也是我们提升、成长的重要机会。

在这份合作中，我们也会学习到接受分离。每个来到身边的人，都用他的方式，给了我有效的帮助。爱我的、帮我的人给我带来了幸福和快乐，怨我的、毁我的人让我感受到痛苦，这痛苦会是我觉察、反思并运用自己能力摆脱的重要契机。也许当时会觉得非常痛苦，但事后我们会在内心里无限感激。

因为有了同事的存在，我们会有不同的体验，有不同的发现，锻炼新能力，得到新成长。他用这种特殊的方式对待我，我才有了这份特殊的成长。也许没有机会当面对其表达谢意，可是我们心里知道，他是成长中一个重要的人。我带着爱祝福、感恩他。

进入或离开一个系统，对每个人来说都是很重要的过程。进入一个新系统时我们要对所有已经存在的同事带一份尊敬。不管他年龄大小，能力如何，他们先来，他们大，我们要带一份尊敬的心讨教、模仿。这会让那先来的人，因为被尊敬、被认可而有更多的平静，从而带给你更多的支持。与家庭系统不同的是，企业成员不是永恒的。每个人进入或离开，都是自然的事。企业不是家，领导不是父母，不可以把人生托付给企业或者领导。企业在发展变化，个人也在发展变化。

选择相应系统或组织是自己的责任，但不能因为在某个系统里工作久或者是元老而居功自傲，更不能要求企业给所有人同样的回报。给予收入、提供平台锻炼和施展我们的能力，已是当下得到的平衡。假如能够继续满足我们的需要，我们愿意继续工作，那就带着平静喜悦的心继续服务；假如感觉不能满足需要，我们要选择新的系统，告别时也请带着感恩的心。

不管旧的系统怎样简单和不完善，毕竟成长过程中，它发挥了重要的作用。因为它的磨炼，我个人的能力有了更好的提升。"凡事值得做的，总是值得做好；凡事值得做得好的，总值得做得开心快乐。"这样的信念会让我们安守在每个当下，欣赏每个当下。内在的安心和喜悦，可以最大程度地满足服务对象和社会需要，让我们体会奉献和付出的快乐，感受自己独特的价值。

当欣赏这份工作时，我们会感觉到创造的快乐以及被允许付出的幸福。抱怨工作的人，内在很多期望没被满足，停留在受伤小孩的状态，归因于外在环境和条件、抱怨和指责，会让自己停留在受害者状态。这种状态下我们付出的代价则是在最宝贵的青春年华、最旺盛的生命阶段，享受不到工作的快乐，总是在受害的痛苦中挣扎。这是对自己的不忠诚，也是对自己不负责任的表现。

自己的生命要谁来拯救呢？假如感觉单位不好，能力无法发挥出来，我们不应继续抱怨和指责，而要问自己：我想要什么？我适合什么？我要去哪里？我要怎样为自己选择更适合的空间和环境？哪里可以让我找到幸福的工作，同时还能赚取我该得的回报？我是自己的主人，我不允许自己在被迫、无奈中度过生命中重要的几十年，付出身体和情绪创伤的代价。

一个人如此负责任地对待自己，就可以为自己选择一个更舒畅的环境，磨炼自己的意志，不断地提升自己。在有限的精华生命中，他可以享受快乐服务的幸福，人生价值也会得到充分体现。如果工作只是为了谋生，就太小看了自己。每个人都有自己适合的、擅长的服务于家庭和世界的工作途径，重要的是要带着负责任的心态去寻找、尝试。

周围的同事用他们的方式影响着我们：快乐工作的人，我们以他为学习的榜样；痛苦工作的人，让我们警觉。我们要睁大眼睛去看周围每个同事，看到他的独特唯一。我们要看到他人对自己的不同影响，让自己不断成长。在合作、互伴的过程中，我们才能享受幸福工作的每一天。

所有与我在同一个层次上的，都是平等的。我们要学习相互接纳和欣赏，因为每个人都是宇宙美丽画面上一块独特的拼图，我们共同组成完美的画面。让自己成为自己，走自己独特的道路，保持自己唯一的特性，成就自己，就是对这世界最大的贡献。放下与他人比较而来的妄自尊大或者妄自菲薄，关注、欣赏每一个同在成长中的人，就会共同创造绚烂的世界！

招数①：做自己内在小孩的父母

找一个安静的空间坐下来。喝几口水，做几个深呼吸，感受每一次向外呼气时，肩膀的两个点放松下来，直到放松的感觉慢慢从肩膀落到双手、双脚。与内在的潜意识沟通，感谢它一直以来的照顾和关注，同时请求它允许在接下来一段时间里，你跟自己内心的"小孩"连接，学习照顾自己。得到它的允许，就继续下去。若它反对，就向它保证，你只做你可以做到的部分，不管何时，只要它觉得不安全就可以停下来。你只是想用这样的练习来更爱护自己，直到潜意识同意才继续进行下去。

邀请潜意识让需要安抚的内在小孩慢慢地浮现出来。或许会以景象、声音、感觉浮现出来。你慢慢看那时候自己是几岁，周围发生了什么，有怎样的人。你只需要慢慢地去感受他、观察他。看看那个内在小孩的脸朝向什么地方，眼睛看向哪里，看看他有怎样的情绪感受。你应打开自己的心，去感受他的感受，静静地用你能够给予的完全的关注，去体会他、陪伴他，也同时允许自己内在的情绪流动。不管是伤心、心疼、失望或者是讨厌，都让自己跟这份情绪以及那个内在小孩在一起。内心如果有什么话想说，就把它表达出来，或者只需要静静地看着他。如果你愿意，可以用手去触摸他，看看他的反应。

觉察自己内在感觉的变化，在每一个变化的过程中，跟随感觉表达自己。你可以对他说："我看到了你，看到了你那么小就有如此的能量面对这样的一些人和事。我看到了你的（孤单、无助、恐惧，绝望、悲伤），同时我也看到了你的坚强，你旺盛的生命力，你自我保护的超大能量。

"你那么小，就能自己处理很多事情，在这样的世界之中保护自己，让自己活下来，你真了不起。我看到你的坚强，你的忍耐。就是因为你有这些品质，我今天才会如此成熟；因为有你当年的这些品质，我才一直活到今天并学习到很多能力，并凭借这些能力来寻找你，跟你在一起。我把你遗忘得太久了，我过去只记得你的可怜、无助和孤单，不愿意回想你、面对你，所以我把你给丢了。

"今天，我带着你给予我的勇气和能量，重新回来寻找你。我看到了你一直都具备的优秀品质，它们是我赖以生存的品质。我带了长大之后的自己回来寻找你，感谢你，谢谢你给予我这么好的生命礼物。今天我已经长大，有了更多保护自己、照顾自己的能力。我回来寻找你、接受你，让我来做你的爸爸妈妈吧，请你住进我的心里，让我们两个永远在一起，再也不分离。我会随时随地保护你，照顾你。你是安全的，我爱你！"

允许你自己跟内在的小孩有充分的时间完成交流，允许你和他用你们两个能听得懂的语言互相倾诉心里的话，也允许你好好享受内在小孩进入心灵深处的那份丰盈、踏实和安全。用深呼吸来感受内在小孩进入身体的感觉，同时，跟随深呼吸把内在丰盈的爱和幸福扩散到全身每一个部分。每次深入的呼吸，都像在跟内在的小孩做交流、做对话；每一次深入的呼吸都是在以你的方式关照、保护他，从此再不分离。

此练习可根据自己的需要反复进行。也许每一次处理内在小孩的年龄都不相同，也许最初出来的小孩是喜悦、开心的，请让自己接受他，去跟他分享成长的喜悦和快乐。每多做一次，就跟自己内在更多的小孩多一次连接，也是跟自己内在生命力的连接，从此我们或许就可以放下童年父母没给予自己足够关照的遗憾和伤痛。

成长之后的我们已经不需要再去改变父母来适应我们的需要。关照内在小孩，已经成为我们的一项基本能力。只要愿意，我们随时都可以做自己内在小孩的父母，内在小孩可以随时随地得到所需要的爱。我们可以陪伴他，让他感觉安全、信任、自主，让他在陪伴中慢慢长大。直到有一天，我们的心理年龄和生理年龄同样成长，表里一致、身心如一就会实现。

此练习适用于现实生活中经常有委屈、抱怨情绪的人，或者经常感觉不被喜欢、没有资格、没有能力好好生活的人。

招数②：在冥想中学习包容和谦虚

请大家放松下来，做几个深呼吸。每次向外呼气的时候，感觉到肩膀放松下来，同时让这份放松慢慢落到自己的全身。如果你是男性，就让自己去看内心那片辽阔的天空；如果你是女性，就让自己去看内心那份深厚博大的土地。让自己消融在天空里，连同那些白云随风飘移，去感受那份高远、那份广阔，如同巨大的、无限的存在，支撑着生命安全的界限；也同时让自己去感受大地的博大、浑厚，看万物在她体内孕育萌发、生养。去感受丰富多彩的存在，从高大的树木到稚弱的小草，从凶悍的狮子、老虎到那羸弱的昆虫、浮游生物，甚至也包括那矗立于高空之上的冰冷的钢筋水泥群以及在大地胸膛上的一条条河流、一道道堤坝。

看大地无言，默默地承载着一切，如此坦然地包容着一切。她没有歧视，没有评判，就这样静静地支撑着，允许万物以自己的特性存在着。大地就这样静静地、安然地，以这片踏实映衬着天空的博大。她甘居脚下，让万物仰望天空的伟大，她不会自轻自贱地羡慕天空的伟大，她就是这样静静地、安然地做它自己。她承载着天空洒下来的雨雪冰雹，承载着天空以闪电、雷鸣显示的威力，也同时允许天空以月圆月缺、日出日落带动季节更迭、时光流逝。

在不知不觉中，天与地在很远很远的边界中融合，在很远很远的海平面融合。在那里分不清高低，分不清大小，更无从辨别你我。在那里，天就是地，地就是天，浑然一体，形成了这个世界的边界以及万物生长的安全空间。

曾有一天，天倨傲于自己的博大与伟岸，瞧不起土地的粗糙与厚重。他带着蔑视的口气对土地说："瞧，你多简陋，你多笨重。所有的尸体，所有的粪便，都在你身上流淌，你没办法摆脱。你就这样甘居平庸，允许所有人在你身上砍砍杀杀。采油、挖煤，你都没反抗。你如此无能软弱，这样的人生有什么意义？还是向我学习吧，看我，多么轻盈、透明，可以随心所欲地流动到任何我想去的地方。看我力量多大，想要雷霆，想要雨雪，招之即来，挥之即去。唉，都不知道你是怎样活的，这样的人生有什么意义？"

听了天空这番话语，土地环顾四周，她看到的都是自己所珍爱的生命。那些都是她的孩子，不管他们高矮胖瘦，不管他们快慢强弱，它们都是自然的生命。这些生命相依相靠、互相支持、互相陪伴着。她想不明白这些有什么不好。她想不明白还有什么比这样的丰富更有意义、更美丽。

她也会感觉痛，那是在她身体上开掘的痛；她也会感觉悲伤，那是随意挪移江河湖水带来的悲伤。可是，她仍然知道做这些的人也是她所珍爱的生命，是她的孩子。他们完全不懂得她，肆意地索取，肆意地伤害。她可以忽略自己的痛，可是她没办法忽略自然生态改变对生命的影响和伤害。她顾不上去羡慕天空的轻盈和辽阔，只能运用内在的一点点力量，让自己发出振动，让海水咆哮。于是，在地震和海啸的面前，孩子们开始醒悟，觉察和改变。

他们开始珍视自己的地球母亲，开始为地球母亲做一点点事情。尽管每一次海啸都会让地球母亲痛苦，为失去的生命而悲伤，可是她知道不这样做会有更多的生命受到残害，会有更多灾害伤害到孩子。所以，她只能做一点振动，只能做一点改变。这振动和改变，不像打雷闪电那样频繁，只是无奈的提醒。

所以，大地就是这样，所有的专注都在这块土地上，所有的祝福都在这块土地上。同时她也不断提醒地球上的生命，感恩天空，感恩太阳，感恩天空和太阳给了如此炫目的光明、如此新鲜的空气、如此滋润万物的营养。

所以，她来不及与天空理论，她要做所有孩子的母亲。她每天都在忙，思考怎样让生命更好地活下去。天空的挑衅，她好像听到了，或者根本就没放在心里，她就那样安然地存在着，顾不得考虑自己的粗糙和简陋，顾不得分辨自己高尚还是卑微。

天空又一次发怒了，他想要改变这土地，他想要土地给他一点回应。所以他打雷、闪电，好像要用他的威力去震慑所有的生命。大地一边安抚着自己的孩子，一边用她特有的方式保持安定。她用无言包容接纳天空所有的挑战，显现着她所有的包容。而在电闪雷鸣之后，万物生长得更加葱茏茂盛。大地母亲，也为自己所有生命的成长付出了更多。

许多个回合之后，大地仍然保持着那份平静和偶尔善意的提醒，天空无论怎样都无法撼动大地。直到有一天，天空累了，他遮住了太阳，遮住了星星，以黯然无光的状态，出现在大地面前。大地一片静谧，海水仍然在有节奏地呼吸，万物都在有节奏地呼吸。大地在这无限的安宁中，也对天空说："亲爱的，你累吗？好好地睡一会儿吧。"

天空无法相信，这被他瞧不起的、不断挑战的大地，会用这样的方式回应他。他带着好奇问大地："你如何一直平静，可以这样一直包容，不受我的影响，还把我看得这么高、这么重？"

大地沉吟片刻，用耳语般的话语说："你是天，我是地。我不需要羡慕你，我也不需要贬低自己。我既然是母亲，就要做母亲可以做的事情。我的使命就是孕育万物，尽到我的本分就是我最大的贡献。你是轻盈的、辽阔的、有力量的、支撑万物的天。你能够给予孩子们的是我所不能给予的。孩子们赖以生存的，是你提供的阳光、空气和雨雪，我感谢你还来不及，为什么要报复你？"

"你的位置就是在天上。你可以高远，可以轻盈，可以流动，可以电闪雷鸣，可以做任何你可以做的事情。你能做的是我不能做的，你能给的是我不能给的，我们两个合在一起才是对万物最好的滋养和培育。我感恩你还来不及，为什么会抱怨你？我情愿做这厚重的、粗糙而原始的大地，也很开心看到你是轻盈的、高远的、辽阔的天空。我只希望你做天空，我也只愿意做大地。我愿意托起万物把他们呈现给你。你是天，我是地。你比我高，我比你低。感谢你！"

大地的这番话震撼了天空。他突然发现，原来自己所有的轻盈都是源于万物的蒸腾和萌发；所有的暴风雨雪则是源于万物的呼吸。自己如此炫耀的，不过是一份本能。自己的所有本能，都是对万物最好的馈赠。这就是大自然神奇的安排：让他的阳刚、力量，去滋养阴柔；而阴柔的承载、包容，又为他提供所有变化的生命能量。他看到了自己的高，也看到土地的踏实。那看似低的存在里，蕴含着多少力量，有多少对生命和爱的理解啊。他感觉到在天上飘浮的轻薄和孤单，他想放下对轻盈的沾沾自喜，也想感受大地的那份踏实和厚重。

于是，跟随雨雪，他落到了大地上。进入大地的那一瞬间，他明白了什么叫吸纳，什么叫踏实，什么叫安稳的幸福。进入大地母亲的胸膛，他感觉到她永恒的跳动和爱的传递。从土地上再去看天空，只可以看到飘浮的白云，而在天与地之间的流动与转化中，是万物赖以生存的永恒的养分和契机。

他明白了，那看似高远的天空，也依赖着土地这份卑微；那份轻盈，是因为土地的这份厚重。天地的结合多么玄妙，原来"天"并没有什么高，"地"并没有什么低。天与地只需要各自做好自己，就是对自然和宇宙最大的贡献。领悟之后，天空回到天上，低下头来，对大地说："你比我踏实，比我厚重，你在养育，我在滋养。你是地，我是天，我们在一起，谁也离不开谁。从今天开始，我只需要做天空，去感受你的厚重与神奇，做我自己，我从天上看你，你如此高，我如此低。"

从此，天与地就用他们特有的方式，默契地合作共处。从此，天与地之间每时每刻都流动着爱和力量的能量，在天与地之间的每个生物，都有了天地共同孕育的生命和灵性。

招数③：不要让宝宝觉得爸妈偏心

有多个孩子的家庭，可以做这样的练习。可以一家人实际演练，也可以请某一位作为案主邀其他人做此练习，目的是不要让孩子觉得爸妈偏心，而要让孩子感受到父母百分之百的爱。

选择与家庭成员人数对应的代表，分配给每个人相应的角色。全体代表放松下来，按次序在场上找到自己相应的位置。一般来说，爸爸妈妈站后排，孩子站前排，爸爸和大的孩子站在右侧，妈妈和小的孩子在左侧。每个代表可以先感受在现在位置上的感觉，然后，每个孩子的代表转过身来，单独面对父亲和母亲，看着父（母）亲的眼睛，父（母）亲同时对站在对面的孩子说：

"你是我们的第×个孩子，我们是你的父母。我们百分之百地爱你，你比弟弟妹妹先来，你已经拥有我们百分之百的爱，还会继续拥有我们百分之百的爱。"

爸爸妈妈说完，可以捕捉身体和情绪的感受，站在对面的孩子也可以体会身体感觉和情绪的感受，假如有对话或情绪宣泄，请一定完成。然后孩子转身背对父母，父母把双手放在孩子的肩膀上，给他力量和支持，直到三人都平静为止。

然后，这个孩子可向右一步，腾出空间给另外一个孩子，另外一个孩子也转身面向父母，看着父母的眼睛。父母说："你是我们的第×个孩子，我们是你的父母。我们能够给哥哥姐姐百分之百的爱，同时也给予你百分之百的爱。爸爸妈妈爱你。"

说完之后，允许孩子表达和宣泄自己的情绪，直到孩子平静地转过身去，靠着右边的哥哥姐姐站立。爸爸妈妈可以同时把手放在前面孩子的肩膀上。

每个孩子感受到爱和支持之后，可以根据自己的感觉牵起手来或者相互拥抱。每个孩子都可以得到爸爸妈妈百分之百的爱，孩子内在的嫉妒和恐惧就可以放下。

此练习也可以在内在想象中完成，分别与父母建立连接，确定自己的位置和秩序，看到一幅父母和孩子共同存在的画面，也可以获得相同效果。

招数④：放下你的委屈和不甘心

若夫妻双方均认为对方让自己很委屈，或者一方让另一方委屈，可以通过此练习放下投射，让自己更独立。操作步骤如下：

想象另一方站在自己对面，观察他的长相、服饰和神态，记住这份感觉。然后，你想象自己的亲生父母站在自己身后，用自己的方式与父母连接，感觉自己是被父母爱的孩子。望向对面配偶的眼睛，你对他说："你是我的先生（太太），我是你的太太（先生）。你不是我的爸爸妈妈，我不是你的孩子。我的爸爸妈妈站在我身后，我所需要的力量、爱和支持，他们都给了我。他们没有给的，我会自己去争取。现在我要把放在你身上的我对父母的期待，全部收回到我身后的父母身上，也把过去曾有的、现在有的、未来将要有的期待，全部收回到我身后的爸妈身上。"

然后，你想象从对方身上飞出一些金属的线，它们代表你曾经有、现在有或未来还会有的期待。金属线向身后的父母慢慢地飞射而来。也许可以说得明白，也许只是一份感觉，感受金线全部都收回来的过程。然后再去观察对面的配偶相貌、神情、衣着发生了怎样的变化，感受自己的内心发生了怎样的变化。允许情绪的流动及两人之间相互表达，直到双方都平静为止。

一般也可以继续做第二步练习，想象对方身后也站着他的父亲、母亲。自己看着对方的眼睛对他说："我是你的先生（太太），你是我的太太（先生），我不是你的爸爸妈妈。你的爸爸妈妈在你身后，他们给了你所有的力量、爱与支持。他们没有给予的，请你自己去争取。现在我把你放在我身上的、属于你对父母的期待，全部交还给你身后的父母。"然后自己想象，对方过去、现在和未来放在自己身上的期待，如金属线一样的光般从自己身上飞出，飞回到他自己身后的父母身上。觉察自己身体的感觉，直到感觉已经全部完成为止。

此练习假如是六个代表同时做，效果会更明显，也可运用于生活中对任何人有委屈感时投射的交还。

招数⑤：从别人身上观察自己

两人相对而立。一方为 A，先发起动作；另一方为 B，模仿动作。A 可以随心所欲，表达任何动作、表情、声音、姿势；B 需放下所有评判、否定，完全跟随 A 的变化模仿，同时体会模仿过程中自己身体和内心的情绪感受和变化。如此练习 3 分钟之后，两人分享感受。

第二轮，B表达一个自己不能接受的某人的表情、动作或者声音，由A来模仿，直到A模仿得比较准确为止。A模仿之后，B也模仿A的所有动作、声音和表情，同时体会在这样的动作、声音和表情中自己的感受和变化。完成练习之后，两人分享感受。

第三轮，A随意表达自己最不接受的表情和动作、姿势、声音，B来模仿。模仿之后，体会模仿过程中身体的感觉变化，然后A对B说："你是我的镜子，谢谢你让我看到内在真实的自己。通过你，我更加了解我自己。现在我收回我所有的情绪，自己来处理这些跟你无关的事情。谢谢你的提醒，我爱你。"分享感受，然后交换角色，再做一轮练习。

此练习容易帮我们发现身边所出现的人或事，真实而准确地反映我们的内在状态。这提醒我们，是我们吸引着外界伤害和提醒我们。只有善于觉察伤害的来源并立刻停止，才可以不断地担负起自己生命的责任，从受害者变为觉察者和自我提升者。这是一个发现我的练习，也是一个主动承担自己生命责任的练习。

招数⑥：列出付出与收取平衡的清单

如果内心对某件事、某个人有很多负面的情绪，如愤怒、指责、抱怨、失望、委屈、烦躁等，可以进行此练习。

找一个安静的空间坐下来，拿出几张纸。在纸上画一个简单的表格，左边是"我付出的"，右边是"我得到的"。把这些细细地整理，逐条写在这张表格中。列出清单，越细越好。给自己充分的时间，让自己跟潜意识沟通并完成此练习。

把脑中浮现出的所有答案，都陈列在这张纸上。放下评判，跟随思绪把它写下来，越多越好。在感觉的带动之下，去完成这份清单，直到内在有个声音说"够了"才停笔。清点左边所列出的"付出的代价"与右边所得到的"获得的部分"，看看哪些栏目更多、分量更重、意义更大，若有遗漏，随时都可以补充。

还可以用理解六层次来做区分。看左右两侧所列出的系统、身份、信念、价值规条、能力、行为和环境层面各占多少项。然后分析在深层"付出"与"获得"各自所占的比重。一般到此时，自己心里会明白和释然，能够清晰地发现情绪的来源是付出大于获得还是获得大于付出。至此，可以采取下一步的行动，决定是增加付出还是获得的比重。这样，我们就能够快速从情绪中解脱出来，对那个事件或那个人有新的、不同的看法。这也是一个快速自我调整的方法和技巧。

此练习之后，我们与周围人的关系会更和谐，也更容易从发生过的事件中收取正面意义和价值。

招数⑦：了解事情的正面意义和价值

所有发生的事情，都有其正面意义和价值，或提醒我们改变的方向，或增加我们改变的动力，完善我们的能力或人格。过去发生的事情，也许会带来一些负面情绪，使我们不愿面对和回顾，甚至逃避对事情的反思和觉察。这会使已经发生的事情造成的伤害依旧存在，而事情带给我们的正面意义和价值却没有及时吸取，事情带来的创伤没有及时反思。我们内在没有成长，就可能导致此类事件不断发生，不断带给我们创伤。

当我们可以面对和回顾曾经发生的事件时，不妨问问自己，这个事件的发生，对自己的现在或未来有怎样的正面意义。无论内心是否会浮现出明确的答案，我们都要明白这个事件对自己是有正面的意义和价值的。

那么，就伸出一只手来，手心向上放于胸前。想象着事件的正面意义和价值，像一些金属的粉末一样，慢慢地落到张开的手心里，越来越重，越来越多，直到感觉全部落尽为止。慢慢托起重重的金属粉末状的正面意义和价值，靠近自己的胸口，然后想象自己通过深深的呼吸，将这份能量全部吸进身体里，直到内心最深处。

再做几个深呼吸，每一次呼吸都把这份感觉传递到身体的各个部分，让它影响自己未来的生活，直到感觉足够为止。至此，事件的负面情绪得以处理，事件的正面意义和价值已经融入到生命里，为未来的我们服务。

招数⑧：感恩前任和曾有过的感情

自己有过的感情关系（比较深厚的情感关系或有过肉体接触的情

感关系），放不下时，可做此练习：

想象对方站着或坐在自己对面。观察他的表情、穿着和身体姿势，觉察自己看到他时内在的情绪变化和身体感觉。一直看着对方的眼睛，对他说出自己真实的感受和情绪。同时观察对方听完这些话之后的反应和变化。假如表达有效，就可结束；假如没有效果，甚至感觉更加糟糕，可以看着对方的眼睛，说出这段对话：

"你是我曾经的恋人。在与你相处的那段时间里，你给了我所有你能够给的关心和爱，你让我感受到被关注和爱的温暖和幸福。同时你也给了我伤害，我至今难以忘怀。在与你相处的日子里，我也做了所有可以为你做的一切。我也学着对你表达爱，学着关心和支持你，那是我当初可以做到的最好的状态。虽然我们没有继续交往下去，但是曾经跟你交往的日子里，你对我做的一切，对我真的很重要，对我有很大的影响和帮助。我感受到了爱和支持，同时也懂得我有很多要提升的地方。这些都是你带给我的独特的学习和体验。

"这些对我现在的生活、未来的感情关系，都很重要。因为有了这些学习和体验，我开始懂得珍惜并经营新的情感关系，我知道自己还有很多要学习的地方。我现在的成长有你的一部分贡献，所以我对你有很多的感恩，谢谢你。"

表达完成的同时，带了发自内心的感恩去感谢对方，通常可以让我们放下抱怨和指责，多一份平静和祝福。观察彼此情绪的变化，带着祝福对他说："尽管我们再没有机会在一起，我会带了感恩的心想到你，带着祝福对待你，愿你幸福，也请你祝福我和我的爱人。"一般到此时，对方会微笑或者转身离去，而自己也可以平静地接受他的离去。付出与收取平衡之后，两个人可以放下恩怨，彼此祝福，我们的内心也会腾出更大空间，百分之百地关注现在的生活和爱人。

招数⑨：过属于自己的新生活

一个人与另外一人结合，要对曾经有过的那份关系或家庭成员有份尊敬。因为他的离去，自己才有机会进入现有家庭，占据现有的位置。心存感恩，才容易化解曾经的那个人和自己的矛盾。当然更重要的是先要放下自己，放下想证明自己比对方好的企图以及否定对方存在的企图。要让自己内心完全接受曾经有过的情感关系，允许家庭成员怀念或者纪念他，而把自己放在后来者的位置上。练习的操作步骤如下：

想象自己与配偶站在恰当的位置，同时想象和他有过前段关系的那个人站在他旁边。体会自己内在的情绪感受和变化，如果有负面情绪，则需要调整。让自己转身面对他，看到他和原来的配偶也在。对前一段关系的成员说："在这个家庭中，你比我先来。感谢你给我机会，让我在你离开后进入这个家庭。在与配偶的关系中，你比我大，我比你小。我把你放在内心一个很重要的位置。我会带着爱，想念你、感谢你。我会用我的爱，好好陪伴我的配偶。我会做我可以做的一切，建立属于我们两人的情感关系。再次感谢你，请你祝福我们。谢谢你！"

说完后体会和察觉自己及对方的情绪感觉的变化，直到自己可以完全平静地面对对方。对方一般也会表示出祝福和平静。接着回到现有的位置，站在配偶旁边，去感受与配偶的连接。如果需要，还可以面对配偶说："我知道在你的生命里，他比我先来，他跟你的关系对你有很深的影响。我知道在你心里有他占据着很重要的位置。那是属于你和他的世界，我没有权利和资格介入。我感谢他给了机会，让我可以从现在开始陪伴你。我们两个会创造属于我们的共同世界，我会用自己独特的方式陪伴你、爱你。我会好好生活来感激他。"

观察配偶和自己身体的感觉和变化，直到双方都可以平静、亲密的连接为止。此方法也可用于对配偶的孩子或家中其他亲人来表达。放下自己想独占的位置和想证明比他更好的企图。接受他先来到的事实，接受在所有家庭成员生命中都有他位置的事实。让自己回到自己的位置上，过属于自己和配偶的新生活。

招数⑩：深呼吸，共同描绘我们的未来

让自己放松下来，感受自己生命的位置，也感受到爱人在自己旁边。自己与爱人的前面，已经（将要）有自己的孩子，在自己和爱人的前面，会看到一条宽广的未来之路。有人说那条路是用金色的粉或者银色的粉铺成，你也许喜欢用你自己喜欢的颜色的粉铺成。去看看那条宽广的路周围有怎样的风景，那条宽阔的路通向怎样更远的未来。看一下，走在未来路上的你们是怎样昂首挺胸、阔步向前的。

　　做几个更深入的呼吸，感受走在未来路上的你们，意气风发，彼此更加亲密。看到太阳在远处召唤着你们，两个人、三个人迈着相同的步伐，脸上洋溢着幸福的笑容走向未来。让自己充分地感受这美妙的前景吧！让自己充分地跟未来远景中的自己相融合吧。跟上它的步伐，带着它的笑容，感受着与爱人相连接的双手和臂膀，带着你们的孩子，一路走向属于你们的未来的远方。

　　去融入远方的美景，融入远方那个共同的风景吧，会看到什么呢？是怎样的光线、怎样的风景及怎样与众不同的存在？像一幕宏大的电影屏幕一样，未来将在你们面前展开。你们既是导演，又是重要的演员。进入里面的场景去演绎、体验和感受，那该是怎样幸福的时光呢，是怎样与众不同的未来呢？调动自己全部的身心参与和体验，让自己沉醉其中，感受那一切吧。看一看三年、五年、十年、二十年以后，甚至更远的未来，你们会创造怎样的故事，建立怎样的连接，又会体验到怎样的生命意义和过程。直到你觉得足够了，再回到现实之中。

了结所有已逝的情感，然后才能看到眼前人

一个中年男性很为自己的婚姻苦恼。他与太太结婚十八年，但因为对方不是自己所需求的爱人，一直找不到"你是我的爱人"的感觉，也一直说不出来"我爱你"。他与爱人已有一个 15 岁的男孩，也经历了在孩子 7 岁时离婚，随后又复婚的曲折。他觉得家庭很重要，也非常愿意负责任。但是真的觉得这种无爱的生活太难过，也对妻子不公平，可是又不想离婚。所以他就想为自己做个咨询，让自己改变现在的状态。

我用系统排列来帮他呈现现在的家庭情况。

当案主与案主太太的代表互相面对面站着时，案主的眼光朝着另外一个方向，太太只看着案主，非常亲近。我在案主视线所及的方向摆出另一个代表后，案主代表变得摇摆无力，不敢看对方。这一代表带了哀怨面对案主代表，案主太太对此代表则有愤怒的感觉。

我问案主本人是否有过婚前情感关系。案主说在读大学时有一个恋人，后来因为无法分配到一起，女方家又不同意，只能分手。两人感情非常纯洁，对方一直未婚，自己对对方一直有歉疚，所以心里放不下。（这对案主是极大的压力，心里极为歉疚，付出与收取不平衡，自然没有空间容纳自己现在的爱人了！）

我引导案主代表对前女友代表说："你是我第一个女朋友，没能给

你婚姻，我很抱歉！但我心里一直记挂着你。"前女友听后，开始轻松，然后又发抖。太太则更加愤怒。案主代表仍只能看到前女友，看不到妻子。

我又引导案主代表对前女友代表说："我想用这样的方式表达对你的歉意，已经十六年了。现在我明白了，我不能给你婚姻，这是事实，我接受这个事实。我在过去的日子里为你做了所有我可以做的，你也为我做了所有你可以做的，感谢你！"前女友代表有些放松，先生仍只关注她一个人。

然后，我引导案主太太对前女友代表说："在先生的感情世界里，你比我先来。我接受这个事实，也感谢你给我机会让我来到这个家里，跟先生生活在一起。谢谢你曾经给我先生的爱，让他学会照顾我们的家庭。"此时案主前女友变得真正放松下来，对太太露出微笑，并看着案主代表着急。

我引导前女友对案主代表说："你已经错过了我，这是我的命运，我接受。我有自己的选择，这与你无关。你给不了我幸福，又不去爱太太，这对她不公平，请你看看她！"

案主不太情愿地转身去看身边的太太。他好像做了一大场梦，刚醒过来。像第一次看到她一样，案主感觉陌生而新鲜。太太仍然含情脉脉地看着案主，案主在前女友、太太之间来回扫视。前女友看到这样的情形，向后退了一步。我引导案主代表对前女友说："我看到太太了！从今天开始，我会把你放在我心里一个重要的位置。带着感恩，我把你交给你的父母和未来，我相信你可以照顾你自己。我会好好地照顾我太太，珍惜她、爱她！请祝福我们！"

前女友听过之后，转身离开。案主跟太太对视："现在我看到了你，你是我太太，我是你先生！"两人相视而笑，相拥在一起。

案后分享

此个案结束，扮演的代表分享说他们自己也与所演代表有相似经历，都有未曾了结的情感关系，影响着现在的生活。现场也有学员分享了观看时对自己的触动和震撼。

案主本人很感动，他看似平静的外表下激情回荡，表示没想到自己内心里有这么深的牵挂，让自己没有办法去爱自己的太太。他如释重负，决定回家好好过日子了。

案例点评

在感情和婚姻关系中，曾经出现的感情关系是否有效地了结了，双方是否做到了付出收取平衡，直接影响着现在的家庭生活。歉疚也好，愤怒也好，仇恨也好，都会化成情感的钩子，紧紧钩住对方和自己。这会让双方相互陷在过去的生活中，不能自拔，不能全身心地活在当下并用心爱现在身边的人。

直接的表达是一个平衡和释放情感的过程，也是一个面对和了结情感的过程。只有把感情的债务放下了，才能真正看到自己现在的生活和身边的人，也才可以腾出空间接纳自己的家人，才能从过去的梦中醒来，睁开眼睛看到现在的生活。

从这个角度说，感情关系越多，越需要有足够的能力去梳理每一段感情债务(意识里和潜意识里的)。感情关系越多，需要负担的责任越大。那句江湖上的话"出来混，早晚要还的"提醒我们，一定要知晓自己每个行为和决定背后所要承担的责任。一个成年人，必须勇于面对和承担自己行为的任何后果，尤其是感情债务的偿还！只有这样，才能创建幸福和谐的婚姻和家庭。

一个人的成长尚且不易，两个人的婚姻则更需要共同的培育和经营。

感知位置变化，放下对同事的轻视和厌恶

一位做律师的中年男性，满脸倦容来访，自诉受同事干扰，一年来睡眠不好，已影响正常生活与工作。他与同事相邻而坐，同事生活习惯及为人处事方式让他很看不顺眼，双方互相指责，甚至发展到谩骂，矛盾升级，他甚为苦恼。

我与他评估这一事件带给他的情绪影响，他说想到这个同事就觉得厌恶，想像逃避瘟疫一样离他远远的。从1分的接受到10分的厌恶程度，他选了8分厌恶。他简述同事的性格特点及生活细节怎样与自己不同。他说最初曾给过同事建议，并表示愿意尽力帮助他改变，但同事没有求助动机。因相处日久，双方反倒摩擦渐增，以至发展到现在水火不容，互相伤害。

我又和他讨论处理这事件的诸种可能性：比如案主或对方可否调离

这个单位，案主否定了这些可能性。二人不得不同处一室至少两年，才有变动的可能性。"我都不知道怎么才能度过这痛苦的两年！"案主再一次表示无奈和痛苦。为了让他解脱，不受同事言行影响，我们达成了辅导工作的协议，辅导正式开始。

第一步：感受自己及对方的感觉

我问什么形象可以代表他内心对同事的厌恶感觉，他想到的是一大瓶细菌，因为他避之唯恐不及。我引导他在内心中想象与细菌对话："你让我感觉很恶心，我讨厌你！"案主开始感觉舒服一些，愿意跟随我继续做练习，愿意换个角度看问题。

我搬了一把椅子放在对面，代表案主的同事，引导案主根据内心感觉想象对方会怎样坐在对面，脸上表情如何，穿什么颜色的衣服，手脚有怎样的动作等。案主一一描述，我问他当对方坐在对面时，自己感觉如何。他用"奇怪""厌恶"等形容自己的感觉，并且"不明白对方为什么会这样，奇怪天下为什么会有这样的人"。

我引导其站起来，走到对面的椅子上坐下，完全模仿对方的姿势状态坐着，体会当事人此种姿势状态时自己内心的感觉。他描述对方坐在这里看他时，自己是紧张的、不安的、无奈的，感觉有压力，不知如何是好。

（当他完全掌握对方的感觉后，我引导他走出来，重新坐回自己的位置。）

第二步：表达相互的看法和感觉

案主坐在自己的位置上，似有所悟。我引导他把内心对对方的所有感觉全部表达出来，包括以前的厌恶及他刚才的感悟。他全部说完之后，我引导他重新坐回对面的椅子，模仿对方状态坐下，回想听到刚刚个案说话时自己的反应及感觉，并把这些感觉表达出来。

我又引导个案重新坐回自己的位置听对方讲话，并体会自己内心的感受及反应。此时个案已对对方有不同的感觉与看法。

第三步：从抽离的角度去看待彼此的关系及改善方向

我又引导他坐在第三张椅子上，从第三方的角度去看到两人的关系及发生的事情。第三者对于案主及对方都理解，也对双方和解分别提了建议。

听到第三者的建议后，我引导案主重新坐回自己的椅子去表达自己的感受，再坐到对方椅子上感受并表达自己的想法。此时，双方已有相互的理解、谅解，都认为从过去的相处中收获很多，认为可以看到并表达出这些正面意义。如此，两人的关系从最初的厌恶转为平静地面对，案主对对方有了感恩，并表示自己内心已经完全平静，与对方视线完全平等，可以跟他保持一米的距离相处。对方也是平静而坦然的表情。

第四步：打破状态，未来景象测试

我与案主闲聊几句，打破了他在辅导中的状态，然后引导他去想象今天辅导之后回到办公室，看到那位同事会有怎样的感觉。他略做沉思说："假如看到他，我会很平静，他就像自然存在的空气，跟我没有什么关系，我们各自忙自己的，没有什么。奇怪，以前的那种感觉怎么一下子就没有了？"他的脸上出现了平静而从容的表情，刚来时的疲倦、痛苦状消失了。他站起来伸了个懒腰，对这个过程很满意。

至此，辅导工作结束，前后共经历 48 分钟。

案后分享

当案主只从自己的角度去看对方时，就难以真正地理解和了解对方。解决这个矛盾最有效而简单的方法是"换位思考"。传统概念中的所说的"换位思考"常常是"我位思考"，因为没有做到真正的"换位"，所以难以做到真正的"换位思考"。"你不穿我的鞋子，怎知我鞋子的感觉？"我为案主做完评估后，感受到他因为二人不得不相处而面临的痛苦，这是他急于求变的动力。因为我与他建立了良好的关系，他在后面的辅导中就比较容易接受我的引导。

案例点评

此案例是明显的人际关系矛盾，是与案主同等层次关系的处理。同事本来是平等的，没有高低之分，任何人在他人面前也没有任何优势，只有性格、习惯、能力等不同及在不同岗位上所做工作的不同。当案主轻视他人时，既是自己内在的投射，也是傲慢心所在，这种情况可以通过系统排列的方式去处理。感知位置平衡法是一种有效的系统排列处理人际矛盾的技术。

　　我尝试用了"感知位置平衡法"这个技巧，引导案主通过几次"换位"，体会到他同事真实的感觉，由此加深了他对同事的了解和理解。每一次换位都让案主走出自己的思维局限，感受到对方的状态。同时从"第三方"的抽离角度，对双方"各打二十大板"，让案主看到自己的问题和局限，并且自觉发现对方的存在对自己的帮助，由此，改变就成为顺其自然的事了。

　　此技巧是由案主本人身体的移动配合进行，是一个身心合一的技巧。所有的改变都在案主内在自然发生，作为心理辅导员，我只是一个空间的维护者、一个引导建议者。改变是由案主自己发生的，效果自然就快速而明显。我喜欢在涉及人际矛盾的辅导个案中灵活地运用此技巧，效果往往都非常显著。

你比我小，
我帮助你成长

我与孩子，
是上对下的关系，
是生命延续和发展的关系。
我相信你会有好的未来人生，
我会给你自己探索的空间，
给你无条件的爱。

给新生命多一点信任

每一个生命都有生命之火,都可以活下去,活得更好!小生命披荆斩棘地来到世界,具备了所有生存需要的能量,我们要做的就是欣赏他、陪伴他。

不管我们是否准备好,当孕育生命时,我们已经开始了一段独特的生命历程。从孕育到诞生、长大,新生命的到来意味着我们的生命已经延续,意味着我们开始了跟父母告别,将父母给予的生命传下去的路程。

养育生命,是对父母和祖先的报答,也是学习陪伴一个生命成长的过程。孕育生命,是对给予我们生命的父母最大的尊重和回报,是体验父母照顾我们的过程,也是实现我们自我成长的过程。

孕育孩子并不等于我们已经会做父母。我们这时只是生理上的父母,心理上是否已经长大成熟,是否做好准备用成人的心态去陪伴孩子,是否懂得孩子成长的规律,都还是未知数。父母生孩子似乎从来都是水到渠成、天经地义的,但实际上孕育、培养、陪伴一个生命,是父母非常重要的体验过程,需要父母们进行全面的学习。

　　调查显示，中国夫妻上过婚姻课程才结婚的比例为零。懂得教育孩子的所有过程才做父母的中国父母占比不到 60%。几乎所有父母都是没有经过培训就上岗工作，承担了孩子的养育过程。这其中年轻父母的困惑、迷茫、无奈和彷徨，已经成为社会普遍性的困惑。父母痛苦地呼唤，孩子也痛苦地呻吟。当年鲁迅先生笔下"救救孩子"的呼唤，今天仍震撼人心。

　　孩子出生前父母欠的课总要在孩子成长时补上。孩子每次制造的挑战和麻烦都是在推动父母不断学习和成长。学习处理跟配偶的关系，学习从共存到分离到放手，让一个新生命完成自主探索；学习重新梳理和整合自己与父辈的关系，并在自己与孩子的关系中充分释放；学习检点自己的言行，为社会增添更多力量，给孩子做出示范和榜样。

　　生孩子是传递生命和爱的事情，陪伴、养育孩子就是与生命共同体验、共同经历的过程。虽不是惊心动魄，却也是千变万化、精彩纷呈的。

　　每一个妈妈都对自己的怀孕过程有深入骨髓的记忆。一旦知道一个生命孕育在自己体内时，很多妈妈就开始了小心翼翼、心怀担忧和恐惧的孕育过程。小心翼翼是害怕自己不小心会让那个刚刚成形的弱小种子受伤害，担忧和恐惧则是害怕孩子不健康。父母们提心吊胆地经历着十月怀胎的整个过程。随着分娩日期临近，他们的愿望则变得越来越简单，不再在乎丑俊、胖瘦、黑白、高矮，只要宝贝是健康的就好。

　　不管父母多么恐惧或者期待，孩子都会用自己的方式长大，自己来选择决定生命的状态。无论健全还是残缺，孩子都带着极其旺盛的生命力，带着他早已设计好的生命蓝图，通过妈妈来到这世界上。他要经历的一切、要体验的过程都不以父母的意志为转移。他准备好要来世界体验，带着他旺盛的生命之火。第一要义就是要活下去，无论环境多么恶劣，无论世事怎样沧桑，他们都会用好内在的生命之火活下去，活得更好。

回顾生命成长的过程，且不说精子和卵子受孕的一刹那，上亿个精子的搏斗和拼杀中，只有一个获胜的精子可以和卵子结合成生命；就是孩子在妈妈体内时，每一天也都经历着危险事件。妈妈不经意的跑跳、抑制不住的哀伤、巨大的声响，都可能吓坏这个孩子。可是，孩子仍然一天天用他神奇的力量，完成着细胞分裂和扩张，越长越大。

新生命诞生时，医生的合作、妈妈的力量、孩子的愿望，缺一不可。任何一个环节哪怕出现一点点偏差，都会让这个生命无法看到世界上第一束阳光。出生后，孩子与妈妈的脐带分离，吮吸妈妈的奶，吃第一口食物，用他身体的每一寸肌肤感受外在的世界，每一步都蕴含着数不清的危险。一张纸盖在鼻子上就可能窒息，头卡在床栏间就可能丧命，大人一不小心翻身就可能压坏孩子……每天会有无数可能伤到这个弱小无力的孩童的危险！

所以，生命能够诞生并存活，真是伟大的奇迹！孩子体内一定有巨大的生命力，没有什么比生命力更伟大了。我们带着赞叹欣赏孩子时，可以在他的每个举动、每个微笑、每个眼神中，看到生命的神奇和伟大。当看到孩子完美的生命力时，也许我们会放下成人的骄傲和自以为是。生命如此弱小，却可以如此充满能量地活着，这是百分之百的完美，是绝对的理想状态。

孩子带着巨大的生命能量来陪伴我们，教我们去欣赏生命、观察生命，去真正体验生命成长变化的过程。我们在他眼中，在他双手和双脚的动作中看到了完美。小生命披荆斩棘地来到世界，具备了所有生存下来的能量，我们要做的就是欣赏他、陪伴他、信任他。

父母靠后站，孩子向前冲

亲爱的宝贝，我会站在你身后，给你你所需要的力量和爱，让你可以用自己的方式去体验和探索。你是独立的生命，是最好的！

作为父母，我们首先要找到自己恰当的位置，给孩子所需要的力量和爱提供一个足够安全、自由的空间，让他用自己的方式去体验和探索。因为孩子是独立的生命，是唯一的独特的生命。

所以，宝宝出生第一年我们要做的就是，在他饿的时候让他及时喝到奶，哭闹时第一时间给予拥抱和安抚。父母要听懂不同哭声的意义，知道哪种哭声代表饿了，哪种哭声是要睡觉了，哪种哭声代表房间热了。哭声是最好的语言，听懂这种语言才能够明白孩子的需要。父母要用孩子可以接受的方式给予孩子需要的爱。全身心的陪伴要求我们给予孩子百分百的关注，我们应该一直陪伴在孩子身边，让孩子感觉到自己是安全的、被保护的、拥有充分的爱。

从妈妈肚子里到外面完全陌生的世界是巨大的转变，孩子身体的每个感官都要跟世界建立连接。要适应这个纷繁复杂的世界，孩子要面临很多课题。要在短短一年之内，从完全躺着到学会翻身、爬、坐、走路，需要多么强大的学习和接受能力啊，人类的内部结构是多么奇特。一年之内就可以完成这些天翻地覆的变化，孩子真的是天然的学习者、强大的成长者。

父母要在关注和陪护中观察生命的伟大和神奇，给予孩子安全的成长空间和真诚的信任陪伴，在孩子需要的时候及时给他奶水、安抚和拥抱。除此之外，父母做不了什么，一切都是孩子内在发生的自主、神奇的改变。

两三岁时，孩子开始用自己的脚探索世界，自主地感受周围的一切，管理自己的大小便，学习用语言跟外界交流。天知道孩子怎样区分大人那么复杂的语言，并把他转化成自己跟外界连通的重要桥梁和工具。成人总以为是自己教会了孩子，这骄傲的背后却忽略了孩子内在强大的学习能力：怎样完成语言文字的鉴别？怎样实现语言和文字的对应？又怎样完成所有文字的组合？当伸出手说"我要苹果"这简单的四个字时，实际经历了多么复杂的流程？

就这样，孩子开始做自己的主人，管理自己的大小便，决定每餐吃多少饭；开始寻找兴趣点，反复探索和琢磨；开始自己拼装玩具，寻找创作的乐趣。在自主创作中，孩子越来越灵活，越来越有创意。他的脑子里有无数幻想，或许不着边际，却蕴含了无限的生命能量。

不知不觉间，孩子开始去幼儿园，跟完全陌生、各不相同的同龄孩子一起相处，走出了爸爸妈妈的怀抱，进入了一个陌生的空间。几十个孩子要争夺一两个老师的爱，孩子观察着、适应着、学习着，开始建

157

立自己的表达和行为模式，自主决定所有的选择。孩子摸索着按照生命蓝图中所设计的一切，慢慢形成自己独特的生存方式。

父母这时要后退一步。孩子生活的空间是自己创建的，是他和小朋友、老师共同维系的。父母要学会放手，只有放手，孩子才能有更多机会探索和尝试，有更多经验积累和提升。所有这些，都是为了有一天可以去学校完成同龄孩子都要完成的成长历程。

这时，右脑仍是孩子的优势半球，孩子还有很多时间活在幻想和想象中，对音乐、节奏、线条、画面和动作仍然有天然的吸收能力。但这些对一个小学生来说，还远远不够。小学中要训练和培养左半球，开发它的最大潜能，要在看似简单单调的数字训练、字母拼写、汉字理解中，慢慢地让孩子的大脑左半球开始形成新网络，建立起与右半球一样丰富的连接。

这个过程中，孩子将面临竞争与比较的压力。他们急于在同龄人中显示自己，证明自己。可现实是，有那么多小朋友比自己表现得更优秀。他们也许天然是学习高手，也许是早期训练有素，对那些刻板单调的文字和数字有天然的反应力，孩子可能多花费很多功夫也做不到。孩子慢慢会感觉气馁、挫败、无能为力，但还是一如既往地喜欢这个可以与同龄人共处的，每天只享受一点可怜的活动和游戏的空间。同时，孩子还要承担竞争的紧张和压力，毫不气馁地寻找属于自己的独特专长。

孩子只想证明自己与众不同，想得到老师和家长的肯定，他们会为此而拼命地寻找和尝试自己的闪光点。哪怕只有一点点可以被关注的地方，他们都要培养它，让它成为未来的自己的原型。这时候，爸爸妈妈只是孩子在家学习的陪同者。也许他们已经目睹孩子在很多次竞争中的挫败，他们焦虑、紧张，却也无计可施，唯一能做的就是把这紧张和焦虑再传给孩子，希望他们自己找出问题的答案。不知不觉间，孩子承受起了双重压力，安全和信任的空间越来越小，也许小到缩回到内在那个想象、幻想的空间，也许小到在电脑游戏中忘情拼杀的那一刻。他们就这样在多重压力中寻找自己，表达自己，并试图改变自己。

不知不觉间，孩子生理上也渐渐发生了巨大的变化。不知是什么能量催发，孩子的个头猛然蹿高，手脚突然变长，身体不再那么协调，出现了明显的大人体征。他们同时会感觉到荷尔蒙在内心涌动，胆子变大了，火气足了，个子高了，心情乱了。他们开始身不由己地喜欢某个异性，想靠近他，想去改变一些什么。同时，他们无形中总想了解自己在团体中，在同学和异性眼中是怎样的角色和形象。

他们常常懊悔自己情绪冲动，无法克制，而下一次却又忍不住情绪大爆发。孩子不再是爸爸妈妈眼中的乖乖女、乖儿子，心中总有一些想做些什么、改变什么的冲动。孩子害怕这种冲动，它好像有巨大的魔力吸引着自己，而每一次冲动体验之后便是无限的懊悔和师长重重的责罚。

孩子在这份渴望和恐惧中挣扎，在这种想实现自己、寻找自己却又不知道自己是谁的矛盾中挣扎。这是一段别人并不了解，只属于你自己的艰难的体验过程。如果你呈现给这外界的冲突是 1% 的话，那么有 99% 的矛盾都在你的内在消化着、泛滥着。有人称这个艰难的阶段为"青春期"。

这个阶段的孩子真了不起。在锻炼隐忍力、控制力，磨炼自己的意志，战胜冲动魔鬼的同时，他们仍然会让自己内在美丽的天使绽放出来。虽然整个社会包括家庭都不满意他们，不满意他们的叛逆、抗拒，但只有他们自己才知道他们内在发生的一切要猛烈和可怕得多。

爸爸妈妈无法代替和帮助孩子摆脱青春期的挣扎。因为担忧，他们常常会不厌其烦地提醒和唠叨，这只会让孩子感觉到自己被干涉和控制。他们传达的是自己的无奈和焦虑。在这个阶段，孩子有重要的任务要完成：接受生理变化，找出适合自己的角色，界定自己在同性、同辈和异性中的身份，明白人生应该怎样过得有意义和价值……

父母十分担心和焦虑，他们往往会要求孩子成为他们并没有准备扮演的完美角色。孩子叛逆着表达不接受，结果又会招来更大的风波或暴风雨。直到孩子慢慢认识自己，直到父母终于发现他们没办法左右孩子，只能接受孩子的选择时，一切才会恢复平静。

不管决定和选择是否理智，在这个被迫接受和理解孩子的过程中，亲子之间往往会产生很多矛盾和伤痛。即使这样，孩子仍会用自己的方式提醒父母："请你站在我身后，请你允许我用我的方式去探索，请不要将我和其他任何人比较。我是独立的，我是与众不同的。请不要把你的人生经验强加于我，我只需要你在我需要的时候，用我可以接受的方式帮助我。"孩子用激烈的反抗逼退了试图控制自己的父母，然后开始走上自己的生命旅途，开始寻找自己喜欢的职业、自己的感情归属，去建立自己的家庭，养育自己的孩子，开始新一轮生命延续的过程。

站在这条生命线上，我们可以看到孩子独特的成长历程。我们看到了孩子的坚强无畏，看到了孩子的独特能量和状态，也看到了跟随在孩子身后的父母是怎样的无可奈何，是多么需要成长。当抽离出来看生命线上一个又一个家庭、一个又一个亲子故事时，我们只有对孩子生命的敬畏和对父母站在孩子身后这种位置的确定。

孩子并不是被父母"教"出来的，父母也很难懂得如何有效地"教"孩子长大。父母要放下"我要教你长大"的傲慢，真正懂得欣赏孩子，观察孩子，陪伴孩子。在孩子需要的时候伸一把手，就是最好的培育，也是父母唯一的责任和使命。父母要放下教的期待，放下控制，陪同孩子找到孩子的兴趣点、使命之路和未来。现实中有太多父母把孩子"教"得伤痕累累，把孩子控制得没有自由，冷漠、伤痛的亲子关系背后，呈现的是父母不懂得自己的责任和使命的纠缠。

很多本来充满活力的孩子，在父母的担心恐惧里，在有形无形的约束捆绑中，慢慢变得萎缩了，伤痕累累了，畸形了。孩子的创造力和自主性在丧失，生命力在消失，越来越消极，越来越淡漠。伤痛的亲子关系中，父母焦虑，孩子愤怒；父母无奈，孩子抗拒。一个又一个家庭里，演绎着相同或者不同的故事；一个又一个成长的生命中，刻着一道又一道疤痕。

最亲的人却离得最远，最亲的人却形同陌路。女孩子怀孕，父母是最后知道的两个人；孩子犯了错误，从不向父母求助。父母为了了解孩子，偷翻孩子的日记本，甚至查 QQ 和手机。我们看到的更多的是惶恐的父母、愤怒的孩子。和谐亲密的亲子关系，在许多人的心中只是神话，只是遥不可及的别人家的故事。

归根结底，所有伤痛都来源于父母没有观察到孩子的完美和独立，源于父母不信任孩子与生俱来的生命力。父母需要静心反思，在和孩子的关系中，自己的位置到底在哪里。

此刻，请静下心来让自己放松。看看你对面的孩子和你之间的位置关系如何；看看在你心目中，他实际的心理年龄是几岁；看看你是站在他前面拉扯着他往前走，还是站在他身边或身后陪着他一起往前走。这个简单的练习就可以帮助我们看出父母和孩子的关系，也是觉察和改善亲子关系的开始。

放下孩子身上的自我投射

孩子是跟我们完全不同的生命，我们不应按照自己的想法和规则去塑造他、培养他，而应按孩子本来的样子去陪伴他，把他培养成他自己！

在生理上父母与孩子是天然的亲子关系，但心理上却不是这么简单。父母对待孩子的方式，也许包含了自己童年的回忆和感受，也许有自己童年时对父母的期待。因此，很多家长在面对孩子时很难区分自己的身份到底是父母，还是当年的孩子。

一位妈妈把女儿送入幼儿园之后，每天都担心老师会不公平地对待孩子，影响孩子的健康成长。尽管如此，她还是很坚决地把孩子送入了幼儿园。可是，孩子害怕上幼儿园，每天都哭闹不止，跟爸妈讲各种条件。妈妈骂过、打过、要挟过孩子，但开学一个多月，孩子还是每天都哭得和泪人一样。每到中午，孩子都会哭闹着要回家。妈妈也无法到外地出差，因为她必须赶回幼儿园接孩子。

当这位妈妈向咨询师求助时，咨询师看到她非常焦虑和担心。咨询师请她区分她的担心是对谁的，是对孩子还是对自己。咨询师的提醒让妈妈开始觉察到问题所在，她大哭起来。她看到让自己担心和焦虑的正是内在当年那个害怕上幼儿园的自己。

她 3 岁时被妈妈送去了全托幼儿园，从此过上了与父母分离的三年生活。那段时间，她恐惧害怕，每天都哭，吵闹着要见妈妈，给老师带来了很多麻烦。老师不但没有安慰她，反而有一些不理智的举动。这使她觉得老师不公平，也给她带来了创伤。三年后，她进了小学。小学前半年她也总是哭闹，不想离开妈妈，老师对她很不满。所以她心里就认定，一个孩子离开爸妈入园、入学，是十分可怕和艰难的事。

她第一次发现，原来自己内在深藏着这么多从未觉察到的创伤，这次女儿入园才把她小时候的创伤勾了出来。所以她明明知道女儿是一个有能力、很独立的孩子，可还是担心、焦虑和害怕。这种担心和紧张的情绪传染给了女儿，让女儿也开始重复她当年的情绪反应。作为妈妈，她对自己这样的情绪反应无能为力，女儿的哭闹又增加了她的焦虑和紧张。她现在自己都说不清，自己到底是个孩子，还是女儿的妈妈。

咨询师要她先处理自己当年的入园创伤，在创伤中看到自己之前未觉察到的能量，然后让自己充分成长，了结那个事件。随后再以妈妈的身份来看女儿现在入园安抚的事情时，她突然发现自己变得平静了很多，她看到了一个微笑着平静地在幼儿园玩耍的女儿。她知道女儿有能力享受幼儿园的快乐，老师也会给孩子帮助。她不再是当初那个惊恐的小女孩，而是一个已经长大的、有力量保护和照顾女儿的妈妈，她变得放松而自在了。

这个过程，是这个妈妈从小时候的创伤中成长的过程，也是她完成自己童年期待，以百分之百的妈妈身份处理与女儿关系的过程。这才是纯粹的亲子关系，妈妈不需要在女儿身上投射自己当年的创伤，就有足够的能力帮助女儿适应新的环境。

妈妈回家后开始和女儿交流幼儿园里发生了哪些好玩的事情，伙伴之间怎样互相帮助。妈妈关注的焦点不再是谁欺负你了，老师骂没骂你，而是幼儿园里好玩和快乐的事情。妈妈开始引导女儿转变对幼儿园的看法和感觉。女儿自然也慢慢平静下来，每天在幼儿园里待得越来越久了，也越来越开心和轻松。妈妈终于从多日的焦虑中解脱出来，她感慨女儿是来帮她成长的，女儿人生遇到的危机逼她解决了自己人生中潜在的危机。她从此开始享受做妈妈的快乐和轻松。

因为未完成的童年期待，很多父母都会有补偿心理。他们不希望孩子重复自己当年的命运，因此想要给孩子与自己完全不同的人生。自己小时候被管得严，就想给孩子轻松的环境；自己小时候被忽略，就要给孩子更多的关注和陪伴；自己小时候学钢琴苦，就决定不让孩子学乐器，让孩子自由发展；自己小时候因为没有父母督促某样技艺没学成，就把这个遗憾在孩子身上弥补过来，软硬兼施地逼孩子练习那样孩子可能不喜欢的技能。

他们似乎在用跟父母完全不同的方式教育孩子。可是十年、二十年之后，他们可能还是会遗憾和后悔。因为他们会发现自己看似与父母不同的教育方式，同样伤害了孩子，同样给了孩子有遗憾的教育。教育孩子不可用自己的人生经验作为规范，更不能以自己失败的经验去制造另外一个极端。孩子是跟我们完全不同的生命，我们不应按照自己的想法和规则塑造他、培养他，而应按孩子本来的样子去陪伴他，把他培养成他自己！

孩子来到这个世界，不是为了来帮父母实现人生目标和期待。所以，不要在孩子身上投射自己的需要。父母童年未完成的期待，会随着孩子成长的过程不断显露出来，就像冰山下的一角，在不断受到外界刺激时，冰山在相应条件下就会显现出来。父母要有敏锐的觉察和区分能力，给自己一些时间和空间，让自己的内在创伤愈合，然后再带上百分之百的健康状态去面对孩子。

一位先生在儿子六年级时与孩子的关系已变得很紧张。他总是简单训斥、打骂孩子。孩子不服气，与爸爸的关系剑拔弩张。他总是处在极度愤怒里，不明白自己已经比当年自己的父亲好了很多，为什么孩子还是这么不听话、不孝顺。

他讲起自己小时候的成长经历：爸爸是个酒鬼，是转业军人。每天喝过酒之后，爸爸总是打妈妈、打孩子。作为家里第一个男孩子，他是在恐惧中长大的。看着被打得可怜的妈妈，他对爸爸非常愤怒，总想找个机会杀了这个男人。他瞧不起爸爸，瞧不起只会打老婆孩子的男人。他渴望自己快快长大，早一点建立自己的家庭。他相信等他有了孩子，他会好好爱自己的孩子，让他快乐长大。

这愿望成了他的支柱，伴随着他长大，直到他娶妻，直到他盼来了自己的儿子。他按自己内心酝酿了许多年的画面培养着自己的儿子。他极有耐心地陪伴儿子走过了听话懂事的小学中年级。可是慢慢地孩子有了自己的主张，变得不再听话。他开始忍不住责骂孩子、打孩子。

每次打孩子时，他都觉得理直气壮，可每次打过孩子又会万般懊悔。他发现自己变得跟爸爸越来越像，好像越怕什么越来什么。在这种极度矛盾和冲突的状态里，他和太太的关系也越来越紧张。他一直幻想的美满幸福的家庭似乎离他越来越远，甚至有了破裂的可能。

在极度的恐惧和挣扎之后，他走进了咨询室。在咨询师的帮助下，他看到自己在面对孩子时心理上还是一个没长大的孩子。当年的压抑使他的心理年龄停留在十来岁时的水平上，现在自己十来岁的儿子不断刺激他，引发他再次感受到了当年的创伤。以他自己十来岁的心理年龄，怎么能处理与另外一个十岁孩子的关系呢？

咨询师陪他完成了当年与爸爸关系的修复。他开始带了平静的心去接受当年那个恐惧的、愤怒的自己，并完成了充分的自我整合。终于，他可以用成人的心理解当年的爸爸，看到了爸爸因为受家族系统牵连，用无效的方式表达他的爱的无奈。

终于，他和爸爸第一次在他内心的世界里和解了。他开始认同自己的爸爸，愿意用爱去感恩爸爸。在那一刻，他眼中含着泪，脸上泛着感动的红润的光。他说他第一次感觉自己充满了力量，第一次感觉自己是有爸爸爱的孩子，第一次觉得爸爸已经给了他足够的爱。然后，他再去看他与儿子的关系，突然可以感觉到爸爸在自己身后，而他在孩子的身后。他用爸爸给他的力量去爱孩子，感觉自己稳定、踏实而坚强。

这个过程让这位先生有了全新的体验。他感受到体内有很温暖的像溪流一样的一股能量在向全身扩散，并通过他的手传给他的孩子。他第一次感到自己如此深爱着孩子，而孩子身上有那么多优点、那么多美好的东西需要他欣赏。从此，他开始学习觉察的本领。在他和孩子出现矛盾冲突时，他总是先静下心来觉察自己，觉察自己身体和情绪感受的变化，看看内心是否又冒出了小时候受过伤的自己。

他开始学习先处理好这些关系，让自己心理上成为一个父亲后再去照顾孩子。这样他与儿子的关系越来越和谐，而他自己也越来越懂得爱，越来越会爱。一个自我成长之后的父亲，开始改变着家庭未来的命运。也许我们每个人内心都有着未完成的童年期待。这些童年期待也许一直潜隐着，也许在某个时候会被孩子成长的某个情景激发出来。

我们需要做的就是接受这个状态，让自己学会去觉察，先建立跟自己的连接并完成相应的练习，让潜藏多年的创伤愈合，然后再回到和孩子的关系中，用爸爸妈妈的爱陪伴孩子。这是孩子来到世界上带给我们的一份很美的礼物。看似他需要我们的照顾和陪伴，其实我们在照顾他、陪伴他的时候，也会得到更多自我成长和自我愈合的机会。那就先进行自我成长吧，然后让我们全身心地去享受与孩子的亲密关系。

陪伴孩子成长的过程，也是父母成长的过程。所以，谁又能否认孩子是父母的天使呢？

别为自己的利益控制孩子的未来

父母在完成自己的教养责任后就要把孩子交给更广阔的社会。孩子属于世界，他们有自己要体验和探索的使命。

　　中国传统文化中，养儿防老是父母对孩子的期待，也是孩子要承担的使命。父母在孩子小时候心甘情愿地为孩子付出，年纪大了身体弱了，就心安理得地享受孩子对自己的照顾。一家几代同堂是传统中国家庭和美的象征，也是很多父母的梦想。可是当我们从人性角度深入研究和探讨时会发现，这种思想文化的背后是父母放弃自己老年时期的成长责任，依赖和托付于儿女，向孩子索要爱的回报的现实。

　　从出生到死亡，不同阶段有不同的责任和课题，需要每个生命独自去面对和完成。三十而立，四十不惑，五十知天命，六十耳顺，七十耄耋及离开世界前的体验，都是每个生命要独立面对和经历的。年轻力壮时的承担和付出，年老体衰时的放手接纳与包容，孤独疾病的体验等，都需要我们去面对。"养儿防老"这句话是年老体弱的父母不愿意面对自己的课题，而把生活的权利和未来的幸福全部交给自己的儿女，由他们操纵和安排自己的生活的体现。

正值中壮年的儿女，上要照顾老人，下要照顾孩子，还要顾及自己的事业，往往疲于奔命。但孝顺的传统让孩子不敢怠慢，不得不把父母摆在最前面。为了父母选择离婚，为了父母放弃工作的大有人在。他们以为替父母安排一个幸福的晚年是自己的责任。与此同时，放弃自己生命选择权利的父母，似乎变成了无能为力的孩子，完全把自己的命运交给儿女安排。

这其中会有很多不顺、不满，往往会冲突和矛盾不断。因为儿女在替父母安排的过程中，实际上在不知不觉中做了父母的父母。儿女对父母像对待小孩子，父母若顺从儿女的安排，则皆大欢喜；父母若不听指挥，儿女则会愤怒、激动甚至指责，而事后又会自责和后悔。

孩子和老年父母之间的矛盾屡见不鲜。老年父母要独立担当起照顾自己晚年生活的重任，要为自己的晚年提前做些安排，提前了解要有怎样的信念，怎样的能力，怎样的行为方式才可以让自己安度晚年。做到这些，也许"养儿防老"的信念就可以放下；也许头脑中衰老病弱的凄惨可以变成自我保健、健康度晚年的景象。真正的改变是自我信念的改变，是"我可以照顾自己的人生。孩子是我生命的延续，只要孩子过得比我好，就是对我最好的回报，我不需要他未来照顾我"。

有个孩子高中时获得了全额奖学金，要到国外去读书。亲戚朋友每天给他洗脑，告诉他："你学成之后一定要回国，好好报答你的父母。你父母就你一个孩子，他们老了要靠你，给他们养老比什么都重要。"本来是意气风发、踌躇满志、憧憬未来的孩子，被亲友们轮番轰炸得不知所措。他不明白认真学习，学成之后到底是要实现他自己的梦想，还是回到家来守着两个年迈的老人。

这份困惑，让孩子迷失了自己。造成他困惑的就是支撑一代代中国人的"养儿防老"的信念。中国的老人们在年迈时，总会过分担心自己衰老后的无助和无从依靠。凄惨的晚年景象不断刺激他们的神经，于是老无所依的恐惧就变成了对儿女一次次的熏陶，一次次耳提面命的提醒。直到感觉抓住了孩子，未来有了依靠，他们才会罢休。

老人们许多年来辛勤培育孩子，似乎就是为了让自己老时能有儿女的陪伴。虽然大家都期望孩子可以上好学校去好地方工作，可当孩子要远离自己时，父母却不开心。没有离开的孩子，因为守在父母身边，常常会啃老，所以亲子之间就变成了紧密得谁也离不开谁的连接。父母与孩子紧紧地连在一起，你就是我，我就是你。今天我为你付出，明天你为我付出，似乎理所当然，可是其中因角色和身份不清带来的冲突却比比皆是。

站在家族系统的角度可以看到，生命长河中上一代比下一代先来，上一代比下一代更有能力照顾自己。不管年轻还是衰老，每个人都要去面对自己一生的征程，而下一代把生命传下去是对给予自己生命的上一代最好的报答。所以传递生命的目的不应该是为自己养老，而是把经由父母得来的生命继续延续下去。

下一代比上一代过得好就是对上一代最好的回报。生命的传递不应是为自己，而应是为整个种族和家族的绵延不绝。下一代比上一代过得好是整个家族系统的心愿和祝福，也是后代的使命。因为下一代比上一代有优先权，所以家族系统会永远祝福下一代拥有更多的生活机会和权利。

有一个很经典的选择题：假如老婆和妈妈同时掉进河里，你会先救谁？孩子总会很难抉择，因为他的心会永远忠诚于妈妈。一个心理上未长大的孩子尤其不可以失去妈妈，失去妈妈的孩子是没有资格活着的，所以他会本能地先救自己的妈妈。这个问题如果问妈妈，妈妈一定会回答："先救媳妇，我老了，他们日子还长，我的孙子还需要妈。只要他们过得比我好，我什么都不需要。"这个经典案例让我们感受到了系统的深层动力。生命传承的目的，不该是为了给自己养老，而是让生命经由我们传递不息。

2011年日本大地震，核反应堆泄漏之后冲到第一线排除故障的多是60多岁的老人，他们说："核辐射的危害要在十年、二十年之后才显现，那个时候我们已经老了。儿孙们还小，我们要把活的希望和机会让给他们。"话语中即透露出系统的内在动力。

作为父母，我们要看到自己在生命河流中的位置，随时把握自己与孩子的关系。每当感觉到生老病苦、分离的恐惧时，我们应在内心看到家族系统生命流动的画面，找到属于自己的恰当位置，身心合一地对自己说："我是有爸妈照顾的孩子，我有能力照顾自己，我很高兴我的孩子可以活下去。孩子活得好是对我最好的回报。除此以外，我别无他求。"

假如我们看到孩子因为舍不得而放不下我们，没有力量开始他自己的未来，我们要对他说："生命经由你延续，这是对我最好的回报。我和爸爸（妈妈）比你大，我们能够照顾自己。假如你有时间可以陪伴我们，那很好。但你要记住，你生命的方向在前方。走向你的未来，活好你自己，照顾好你的家庭，就是对我最好的回报。除此以外，没有其他。"

这样的自我定位，可以让每个父母坚定地站在自己的位置上，给孩子无限的支持，让孩子找准自己的生命位置，心无旁骛地转身过自己的灿烂人生。这需要父母坚定地放手，也需要父母尊重自我，信任自己的生命力。孤独是我们要自己体验和学习的，衰老和病痛也是我们要自己经历的，这些跟孩子无关。即使孩子可以给予我们照顾，我们也必须自己去经历和体验。我们应每时每刻提醒自己："我有能力照顾自己，有能力面对自己的衰老和死亡。"有了这份坚定的信心，从容享受衰弱但依旧独立灿烂的老年生活，我们会是独特的风景。

界限的建立是每个父母都要学习的功课。孩子入幼儿园、小学、初中、大学甚至出国留学、毕业工作及结婚的每个过程都训练和教育着父母。一个害怕分离的父母，一个害怕孩子有未来选择的父母，骨子里对自己不够信任，对孩子的生命不够尊重，对系统也不够尊重。这些不尊重和不信任，往往会带来亲子关系的矛盾，有些家庭成员甚至会付出巨大的代价。

孩子尝试去创建自己生命的空间时，每向外走一步，面临的最大挑战就是父母。父母会有分离焦虑，害怕孩子离开，害怕丧失对孩子的控制。因为害怕孩子离开后自己会孤独，恐惧将要发生的改变，于是父母内心深处会期望与孩子紧紧缠绕在一起。这样的缠绕或激发孩子的叛逆抗拒，或驯养无法分离的宅男宅女，满足他们永远与父母在一起的期望。

孩子并不属于父母，也不是父母的私有财产。孩子是经由父母带到这世界上来的，父母在完成自己的教养责任后，就要把孩子交给更广阔的社会。孩子属于世界，他有自己要体验和探索的使命。

父母不可以用自己的利益去控制孩子的未来。孩子得到了充分的尊重和支持，会懂得父母的付出，懂得回报，一定会好好陪伴自己的父母，为父母做力所能及的事情。因为这是他的快乐，也是他的幸福。

不管以怎样的方式生存，生命生而平等。每个生命都有自己的课题需要去探索，也都有自己的未来要经历。在家族系统的生命长河里，每一个孩子同时也是未来的父母，每一个父母同时也是过去的孩子。所以，当父母已经得到自己爸爸妈妈充分的爱和支持，可以充分照顾自己时，自然就可以放手，允许自己的孩子去做他自己，允许孩子去照顾他自己的孩子。这样，生命才可源源不断，永远传承。

身正为范，做孩子的好榜样

只有当我们带着对自己父母的完全感恩面对孩子的时候，我们才可以做出真正的感恩示范。

近些年，感恩教育被炒得火热。给爸妈写感谢信，在操场上为自己的父母洗脚，看感恩电影等活动层出不穷，整个社会都在忙着教育孩子如何感恩父母。可是，什么叫感恩，感恩与感激、感谢有什么不同？教育者本人可能都说不清。感恩教育不知不觉中变成了专注形式的花架子。搞得多了孩子们连眼泪也不流了，有些孩子甚至会觉得这些活动滑稽可笑。于是有人惊叹："现在的孩子不得了，一点感恩之心都没有。看电影不流泪，老师声泪俱下的演讲面前也不流泪。"不知不觉间，感恩变成了另一种说教，孩子们却关闭了自己的心。

于是，媒体报道孩子们自私、没有感恩之心，甚至说他们天生冷血、不懂人情等，但很少有人问：为什么孩子在成人的教育和影响下会如此冷血，为什么苦口婆心的教育没有效果，成人做了什么让孩子学到了这份冷血？

让我们看一个家庭中的常见情景。父母早起为孩子准备早饭，当孩子坐在餐桌上吃饭时，感恩教育开始了。父母会说："你看爸爸妈妈多辛苦，多不容易。一大早就去买你喜欢吃的，给你做了这么好的饭菜。你可要好好学习，考个好成绩让爸妈高兴。你要是将来有出息，爸妈也就有指望，有依靠了。考了好成绩，爸妈脸上有光，也不枉每天为你做饭洗衣服。"

假如你是孩子，一边吃着爸妈为你精心准备的早饭，一边听着这样的唠叨，你会感恩吗？你会感觉到无条件的爱吗？你有没有听出这背后交换的味道？今天我为你做饭，明天你要为我考个好分数，我脸上会有光，我未来会有依靠。这份放长线钓大鱼的交换，真的会让孩子感觉到"恩情"吗？孩子会感动，还是会感觉到说教的压力，感觉到赤裸裸的交换？

某天孩子考试分数很好，父母很高兴，特意加了两个菜，甚至还多了一份礼物。孩子可以很有底气地向父母要他想要的东西，父母也往往会答应。因为孩子付出了代价，父母得到了回报，这两者是相对平衡的，孩子考好时自然就变得强了。某一次孩子考得不好，可能会引来父母的责怪："考得这么差，还吃，吃什么吃，还有脸吃！"孩子有可能在吃这顿饭的同时，感受到父母的爱和恩德吗？他幼小的心可能会觉得，你在乎我的分数比在乎我更多，我的分数比我更有价值。父母的说教并没有让孩子感受到他们无条件的爱。

父母没有活出自己的生命状态，没有引导孩子欣赏和感恩生命的伟大，孩子怎么能够体会得到父母把生命给他已经是最大的"恩"呢。

很多孩子只感受到每天压力状态下的烦躁和无奈。有的孩子甚至会说："感什么恩？他们生我的时候又没跟我商量，现在让我这么受苦，压力这么大，我还没有找他们算账呢？还让我感恩，我又不想活着。"

孩子这句看似赌气的话，其实正提醒父母要跟孩子分享生命传承的意义和价值，让孩子感受到自己已经具备了所有的资源。通过父母尤其是妈妈，这些资源才传递给他，他才拥有这些权利。他的使命就是让生命所有的光彩和能量都绽放和表现出来。他要接受自己的生命，展现自己的生命力。这才是最好的感恩。

很多父母习惯抱怨养育孩子的辛苦和麻烦，习惯自以为是地控制和改变孩子。仿佛父母给了孩子生命就可以主宰孩子的命运，决定他的一切。父母用自己也许并未成熟的心智设计和控制孩子，而完全忽略了孩子是独立的个体。父母以为"小孩子什么都不懂"，实际上是忽略了对孩子的探索权、成长权的接纳和保护。

一旦父母带了愤怒、控制和唯我独尊的特权面对孩子，全然没有对孩子的尊重，也感觉不到孩子带给自己的快乐和幸福，亲子关系就会变得紧张、疏远。身教重于言教，父母对孩子的感恩教育，不能停留在嘴巴上的说教，父母要用自己的行为去影响和感染孩子。尊重自己，尊重孩子，从感谢开始给孩子适当的示范和影响，用实际言行教会孩子感恩，孩子才会发自内心的感恩。

父母可以创造一个和谐的氛围，让孩子面对面地与自己进行连接："感谢你让我成为你的父母，让我学习照顾你，让我有机会在照顾你的同时完成作为爸爸（妈妈）的使命。在这个过程中我有了很多改变和成长，不管是主动还是被动的学习，他们都丰富了我的生命。这些都是你带给我的礼物，所以，感谢你，孩子。我会学习做更好的父母，给你更多的力量、支持和爱。让我们共同享受这份甜蜜的亲子关系吧，谢谢孩子，我爱你！"

我们要看到孩子给我们带来的成长和变化。孩子让我们学习和感受生命传递的过程，使我们的生命更完整，让我们对生命的体验更丰富；也让我们能够充分发挥在家族系统中的作用，担负起感恩生命、传递生命的重要责任。

只有当我们带着对自己父母的完全感恩面对孩子的时候，我们才可以做出真正的感恩示范。让我们去陪伴一个生命出生、成长、长大、离开，让我们陪伴自己重新经历成长的过程吧；让我们去感受生命长河的连接，感恩生命长河的丰富赐予吧。

接受孩子为我们创造的每一次成长契机，接受孩子带给我们的每一次情绪波动，也抓住孩子为我们创造的每一个觉察瞬间吧。真诚地面对自己、面对孩子，带着对孩子的爱和感谢，带着对生命的感恩，让我们继续走下去吧。

你过得比我好，就是最大的孝顺

我比你大，请你站在我前面，看着你的未来，走过去。你过得比我好，就是对我最大的孝顺。我的事情由我自己负责，请让我自己来完成。

因为对父母的忠诚与爱，很多孩子会在盲目的爱的支配下为父母牺牲，甚至不惜献出自己的生命。因为父母有意无意间流露出的心理上的渴望，因为看到他们身体上的衰老，当感觉父母的力量小于自己时，孩子会不知不觉间站在父母身后照顾父母，或者代替父母去做选择和决定。

但是，孩子的这份爱和忠诚并不能帮助父母解决其生命中的困扰和难题。因为，孩子站错了位置，变成了父母的照顾者，这反倒会导致相互位置的混乱。孩子没有真正地尊敬父母，没有看到父母比自己大，比自己有能量，所以会以为自己有力量和爱去替父母做决定。这会让孩子不是孩子，父母不是父母，彼此都没有机会和力量走向未来。这更无法满足系统对于生命的安排和期待，父母对此应及时觉察和反省，站回父母的位置。对此，我们可以做如下的表达：

"我是你的爸爸（妈妈），你是我的孩子。我比你大，我有能力照顾自己。你的位置在我前面，请转身看向你的未来，走过去。你过得比我好就是我最大的期望。我的事情由我照顾，请让我自己完成。"每当父母感情出现变化或者夫妻长期分居造成家庭位置中的空缺时，孩子常常会用他的方式补上空缺，担当空缺的角色，与自己父母中的一方形成亲密关系。这会使另外一方被忽略，使其丧失自己的位置，妨碍家庭关系的自然流动。

家庭成员相互关系的转换，常常会带来位置和层次的混乱，具体则往往表现为在心理位置上占了不该占的位置，去了不该去的地方。家庭关系中最重要的是夫妻关系，父母相亲相爱是给孩子最重要的礼物。父母要随时觉察自己的位置，确保夫妻关系以及家庭关系的稳定。

每当孩子想代替父母的父母照顾父母时，孩子实际上就站在了比父母高的位置上，让父母成了孩子。很多孩子长大后，会感觉自己的力量和能力比父母强大。当父母没有觉察到自己有未处理的问题或者父母关系不和谐时，孩子会以原始的盲目的爱和忠诚的动力控制和照顾父母。

孩子站在父亲、母亲前面，脸转向父母，伸出手来想去照顾或扶持父母，全然把注意力放在父母这里，这看起来是一幅极完美的画面。假如父母满足于这个画面，三个人就会紧紧地纠缠，互相捆绑，在痛苦和纠缠的深渊里掉下去。

站在系统的角度看，这不符合系统法则。孩子放弃了自己的未来和使命去照顾父母，这个系统将没有未来，生命将中断。由此带来的许多隐藏问题将在父母或后代身上，以病痛等现象表现出来。因为这些是不被系统祝福的，被阻塞的能量，需要释放和疏通。

改变可以从任何一个人的觉察开始。父母如果觉察到三个人的纠缠，就应从纠缠中跳脱出来回到父母的位置上，孩子也应回到自己的位置上。父母要区分自己现实能力的弱势和内在精神能量的强大，这二者完全不同。不管因为衰老或者病痛如何依赖孩子，父母都要看到自己内在精神上旺盛的生命之火。因为这是支撑自己活下去的所有的资源和能量。

看到自己内在的生命之火，接受自己身体和行为能力的日渐衰弱，这二者可以很好地融合在一起。父母要让自己挺直胸膛，理直气壮地对孩子说："我比你大，请你站在我前面，朝着你的未来走过去。你过得比我好，就是对我最大的孝顺。你可以在照顾我的同时去过你自己的人生，祝福你。"

一位男士已有两个孩子，事业也很有成就。可是年近七旬的父母却闹起了离婚。他万分焦虑，甚至住进了父母家里去调节，而且期望太太也能全身心地陪伴他的父母。太太不能如先生所期望的那样，先生就极为不满。他说："他们只有我这一个儿子，我要孝顺他们，你是我的妻子，你必须对他们好。"先生认为太太要对自己父母好，婚姻关系才能继续维持，太太不接受，夫妻矛盾冲突逐渐升级。最后，先生以"我要好好孝顺我父母"为由，与太太离婚了。

离婚之后，两个孩子的状况变得很糟糕，学习成绩日渐下滑。老夫妻停止了争吵来照顾孙子，可是收效甚微，孙子的行为问题变成了全家人的心病。这位男士的工作业绩也出现了明显下滑。男士所有的人际关系都出现了混乱，每天都在极度愤怒和委屈的情绪里挣扎。

两位老人痛不欲生，他们觉察到了儿子的迷失，也觉察到了彼此之间的矛盾。老人把儿子找过来，很认真地说："我们是你的父母，我们把你养育长大，已经完成了我们的使命和责任。我们关系的好坏，晚年生活的安排，都是我们两个人的事，你无权干涉。我们晚年可能需要你经济上的资助，但现在，你的任务是照顾好你自己，照顾好你的家庭和孩子。从今天开始，你搬回自己家去住吧，好好陪伴你的孩子，改善跟你前妻的关系，过好你自己的生活，这是我们最大的心愿。假如你做不到，你就是最不孝的儿子……"

两位老人重新担负起了自己生命中的责任，也命令儿子回家。他们帮儿子推荐了心理咨询师，儿子开始接受帮助和指导。两位老人再也不拉儿子做法官和评判了。放下了对父母的依赖和失去他们的恐惧，儿子在心理上逐渐强大了起来。他跟前妻做了有效的沟通，两个人愿意先保持分离关系，给彼此一段考虑和改变的机会，好好地陪伴孩子。

孩子在学校的状态变得平静，成绩也开始逐步上升。父母的改变带来了孩子的巨大变化，三口之家开始准备面对未来生活。这样，一家三代都在各自的空间里，轻松自在地生活起来。咨询结束时，小夫妻在讨论复婚的事宜，老人也开始了自己的结伴旅行。这个家庭的变化让很多人觉得神奇和不可思议，奥秘就在于每个人的改变都符合系统法则和动力，改变是神奇的也是即刻发生的。

内疚是一条吞噬力量和爱的蛇

从对不起孩子的内疚中走出来，学习更有效地帮助孩子吧。不要再让内疚变成吞噬力量和爱的蛇，伤害自己和孩子。

很多父母都是在无意识地控制和忽略中陪伴着孩子长大。这样忽略或控制下的孩子往往有很多问题，这些问题会让父母产生深深的自责和内疚，懊悔自己做得不好，后悔当初没有进行相关学习等。而咀嚼着孩子的困扰，父母不断地自我否定，又会对孩子产生新一轮的伤害。

孩子不但感受不到父母充分的力量，反倒会觉得父母亏欠自己，父母比他更没有力量。一个没有力量的父母所照顾的孩子，自然更没有力量。父母的内疚不仅无法弥补过去的不足，还会拿走当下支持孩子的力量，造成孩子对自我力量的不信任。内疚还会增加父母的无力感，甚至造成父母对孩子的无条件弥补心态，这样一来，尽管内疚后可能会比以往更周到地照顾孩子，父母的行为却仍然完全忽略了孩子的真实需要。

用对待小孩子的心态和做法对待眼前的孩子，非但于事无补，反而可能会影响到孩子的成长。孩子要么依赖父母，停在不长大的状态；要么带了愤怒，理所当然地接受父母的补偿。"你欠我的，应该还我"

的心态，会让孩子停留在"受伤害，不成长"的小孩状态，使孩子当年经历伤害时展现的能量和力量也被否定。孩子的抱怨会增加父母新的内疚，并进一步增加他们无原则弥补的言行。两个受伤的人，一个像在还债，一个像在讨债。欠债和讨债的心态，并不能有效弥补曾经的过错，也不会使双方快乐。

很多父母都会想："要是当初我怎样就好了，要是当初我不怎样就好了。"这是不接受自己，是对孩子用自己的能量度过的那段日子的否定。父母在否定自己的同时，也否定了孩子。要相信所有该发生的已经发生了，所有该发生的都是当时最好的。每个人在这个过程中，都会学到自己该学的东西。这是每个人生命中必然要经历的阶段，后悔、内疚、遗憾都是对过去的否定。

父母要看到，自己当时所做的一切已经是自己能做的最好的选择。父母也要看到，孩子用自己的能力适应当时的环境，孩子也是最好的。带着接受和肯定的心接受自己，接受孩子，我们就会发现生活本来就没有什么"最好"，没有什么"应该"。只有带了接受的心，我们才会带给孩子更多的爱和肯定，会把注意力放在"接下来孩子需要什么，我可以为他做些什么"上，不是弥补，不是内疚，而是全身心地关注孩子，做现在自己可以做得更好的一切。

每当父母对孩子说"对不起"的时候，孩子的反应总是无力和愤怒。父母这样的表达会拿走孩子已有的、将有的力量，否定自己为人父母的资格。当父母面对孩子坦然地说"不管以前我做了什么，能够把生命传给你，已经是我做得最好的选择。我最有资格做你的父母，给你我能够给的力量和爱"时，孩子总会感觉自己在这样的父母面前更有力量、更踏实，感觉自己可以得到更多的支持和爱。

从对不起孩子的内疚中走出来，好好接受自己，学习更有效地帮助孩子吧。不要再让内疚变成吞噬力量和爱的蛇，伤害自己和孩子。作为父母，我们要身心如一地站在孩子对面，告诉他："我是最有资格做你父母的人，我把生命传给你，已经给了你最好的礼物和爱。我没有给予你的，你要自己去争取。我永远都爱你，支持你！"

父母应该把这份肯定和自信传达给孩子，坦坦荡荡地站在孩子的身后，站成两株充满力量和爱的树，支撑他并为他提供营养。做支撑孩子的大树，支持孩子、陪伴孩子，让孩子去过更有能量的人生，走自己未来的路吧。

堕胎和流产的孩子，我也爱你

不管拥有生命形态的时间多么短暂，他们都跟活着的孩子一样，在家族中有属于自己的位置，因此爸爸妈妈要带着爱祝福他们。

不管出生与否、健康与否，父母孕育的每一个孩子都生而平等。每个平等的生命在家庭和家族中都有自己的位置，这是系统的归属法则。许多父母在没有准备的情况下就孕育了生命，最终只能选择以堕胎的方式终止这个生命。这些堕胎或流产的孩子也是家庭的一员，也是父母的孩子。虽然没有保住生命和继续成长，但他也是爸爸和妈妈共同创造的生命。不管拥有生命形态的时间有多长，他们都跟活着的孩子一样，在家族中有属于自己的位置，因此爸爸妈妈要带着爱和祝福对待他们。

常有人疑惑，没生下来的孩子也算孩子吗？他那么小，又没活太久，懂什么呢？我讨论的是从更深层的心灵连接角度，看到生命在身体层面之外的更深层连接的存在。父母亲共同创造生命后，与孩子的心灵连接是永恒存在的。不管孩子是否活下来，不管孩子活了多久，心灵连接不会消失。日常生活中，大部分人都停留在意识的思维表层，很难从心灵深处去感受这份连接与爱。

从家族成员的某些现象中，可以解读到这份连接和爱的存在。一位妈妈的第一个孩子因为脑瘫只活了 6 岁就死掉了。妈妈在三年后又生了第二个孩子，她对第一个孩子充满歉疚和悔恨，把所有的爱和补偿都给了第二个孩子。

这个孩子在初三中考前情绪极为暴躁，并且以不读书、不参加考试来要挟父母，父母为了孩子不得不求助心理老师。当母女一起来到咨询室的时候，咨询师在母亲的脸上读到了深深的悲伤、痛苦和悔恨，女儿反倒表现得很平静和自然。经过深入探讨，妈妈开始释放大女儿死去之后自己所有压抑的情绪，倾诉自己的思念与悔恨。

这位妈妈经常在梦中想到大女儿，面对二女儿时会很恐惧和担忧，害怕二女儿因自己照顾不周而重演老大的悲剧。这种压抑在日常生活中则表现为极为神经质和啰唆，用二女儿的话说就是"不正常"。二女儿说自己常常一看到妈妈的状态就很愤怒，虽然她自己也不明白为什么会愤怒。最近她更是不想读书，老是想发火。

妈妈释放了悲伤后，变得平静而放松了。女儿第一次听到妈妈真实的情感袒露和表达，也很开心，因为她终于感觉到妈妈的心在陪着她，妈妈活着了。妈妈宣泄后也觉察到，虽然她全身心地照顾二女儿，但十几年来自己的心一直都留在离开的大女儿身上。现在她意识到她可以照顾二女儿，同时祝福大女儿，她感觉到了自己的力量。女儿则在咨询之后返回校园，重新开始了复习迎考。

这个案例让我们注意到，对离开的孩子的惦念和牵挂会以一种无意识的言行或身体状态影响着家庭中的人。虽然很多父母都认为孩子流产或者夭折不是自己的错，是外界环境限制或者病痛使然，但他们内心深处仍然有伤痛，会倾向逃避责任，倾向否定那个孩子曾经存在的事实。

我们曾访问一些有过失去孩子经历的父母，问到他们有几个孩子时，几乎没有人会提到自己曾有过流产或堕胎的孩子。好像在内心深处，他们从未有意识地给那些没有活下来的孩子一个属于他们的位置，从未用心去给予他们爱和关注。

这种忽略在内心深处往往是另外的情景。这些父母通常从未忘怀过自己的孩子，他们或用心牵挂和记念着，或以身体不适、情感关系问题等形式在无意识中纪念着这些孩子。我常常会在不良的夫妻关系中发现母亲曾有流产或堕胎的历史，也曾在母亲某些身体的变化中看到流产孩子的影响。

一位女士腰上长了一个大瘤子，周期性地疼痛，中西医治疗都未治愈。在访问中，我发现她曾经堕胎过，自那之后腰上就长了瘤子，似乎是在每日固定地提醒当事人要面对曾经的"谋杀"。还有一些女士在多次堕胎后会出现妇科炎症、子宫肌瘤、乳腺癌等问题；也有一些母亲在堕胎以后再难孕育新的生命。曾有的堕胎和流产也会影响活着的孩子，他们可能会烦躁不安，身体也可能出现某些病变等。这些都潜在地提醒父母亲把曾经有过的生命放在心里，释放自己的内疚和悲伤。

一个一年级的7岁男孩特别惧怕班里的一个男生。这男生比他大一岁，身材高大。小男孩看到他就害怕，但只要离开又很想他。这样奇怪的关系已经影响了孩子正常的学习，妈妈四处求助也未解决问题。当我用家族系统排列去呈现这个现象时，发现那个大个子男生代表的是他出生一年前妈妈堕胎的孩子。他用自己的方式表达着对那个没见过面的哥哥的想念。

妈妈看到这样的场景惊呆了，当她意识到自己要为曾经堕胎的那个孩子负责时，失声痛哭。原来在内心深处，那个孩子有如此重要的位置，原来自己的心一直停留在离开的孩子那里。所以，面对第二个儿子时，她没办法专注，更没办法全然地陪伴孩子。当妈妈接受堕胎的孩子后，第二个儿子可以平静地看着高个子男孩了，两人的关系也变得自然而放松了。

当父母没有把流产和堕胎的孩子放进自己的生命记忆里时，也许他们心灵深处仍有对曾经流产堕胎孩子的深刻记忆。父母自己或活着的孩子都会制造各种各样的信号，提醒他们释放自己的能量，让心从阻塞恢复到放松、畅快的状态，再慢慢回到现实生命和关系里。

我们可以有意识地用心跟离开的孩子连接，在内心想象或在现实生活中以某些物件作为象征表现自己的爱。

想象看着自己生命中曾经拥有过的每一个孩子，对他们说："你是我的孩子，我是你的爸爸（妈妈）。虽然我没有让你来到这个世界，可在我内心深处，你一直都有很重要的位置。我爱你，像爱你现在活着的弟弟妹妹。我爱你，你永远是我的孩子。我为曾经对你做的事情抱歉，我会好好地照顾弟弟妹妹，让他活出双倍的好，让他代替你感受这个世界和生命的过程，请你祝福他。从今天开始，我陪伴弟弟妹妹的每个过程，都会因为有对你的挂念而更有意义和价值。孩子，我爱你！"

　　可以在想象中把活着的孩子介绍给他，请他祝福弟弟妹妹。我们要跟每一个流产堕胎的孩子用这样的方式建立连接，宣泄和表达自己所有的情绪。直到我们可以平静地感受到每个孩子都按照先后次序站在自己前面，我们和现在的孩子一起为他们祝福。这样，我们就可以看到一个更全面、更符合真相的画面。

时刻清醒，扮演好自己的角色

作为管理者，上层要时刻关注和觉察自己对待下属的态度：自己是充当了帮助下属成功的上司的角色，还是害怕下属出错走弯路、想替他做选择的父母的角色？

职场里也有如父母亲和孩子一样的上下级关系。不同的级别有不同的职责范围，也有相互之间的连接。作为上司，面对下属，我们大他小。可是下层不是上司的孩子，不存在血缘关系，所以上下级关系会因其中某个人改变而解散。

上司不是下属的父母，下属也不是上司的孩子，所以更要把握好跟下属的特殊心理关系。上司作为先来者和更高层级的人，对下属有管理权，同时也要帮助下属完成职责。下属是否成功有赖于上司的管理帮助和指导。这份帮助不是代替，不是控制，是给下属适当的摸索和尝试空间，给他提供"多做事"的机会，让他感受到"多做事"的快乐和成功，同时给予及时有效的肯定。下属做得越好说明上司的管理越有效果。当上司有充分的力量帮助每一个下属有效完成工作时，上司已经尽到了自己的责任。

　　职场里的上下级关系很微妙，既分上下大小，又不像亲子关系一样具有唯一性和不可改变性。作为管理者，上层要时刻关注和觉察自己对待下属的态度：自己是充当了帮助下属成功的上司的角色，还是害怕下属出错走弯路、想替他做选择的父母的角色？

　　一旦觉察自己像对待孩子一样对待下属，就应尽快让自己从这个投射中出来，回到上司的身份。一旦觉察下属有委屈的感觉，也要及时觉察自己是否在对方身上投射了父母的身份，明确地告诉下属："我是你的上司，不是你的爸爸妈妈。你的爸爸妈妈在你身后，他们已经给了你所有他们有的，他们没有给你的你要自己去争取。当你成为我的下属时，我把你当作一个独立成长的成人。你承担相应的工作职责，也获得相应的报酬，我会在你需要时为你提供帮助，但是我没有资格代替你的爸爸妈妈照顾你。所以，我们不是亲子关系，这里也不是你的家。我愿意看到你独立成熟地表现你的能力，也愿意给你相应的帮助。作为你的上司，我会因你的每一次成功为你骄傲，我也愿意提供我可以给的帮助。"

　　当下属有抱怨和委屈时，这样面对面的沟通和交流可以使上司快速回到恰当的位置，下属也能把投射到上司身上的对父母的期待收回，这样才会更有效地帮助下属成长，使他成为一个独立的职场中人，继续他未来的职业生涯。

　　因此，比我小的，在我前面的，我可以把爱分享和传递给他们。所以我大，我先来。我可以照顾好自己，我的使命是帮助小的、后来的你成长成功！我会把从上一代得到的一切付出和传承下去。感谢比我小的人们给我机会让我传递、服务和帮助他们，同时我也相信他们有自己成长的方式和使命。信任和帮助、无条件的爱，是我可以为下一代提供的最好支持！

招数①：来吧，父母的肯定和祝福

可以与孩子面对面完成练习，也可以在想象中独立完成。

让自己放松，同时感受孩子的放松。保持看着孩子的眼睛，发自内心地说出以下一段话："你是我的孩子，我是你的爸爸（妈妈），我和妈妈（爸爸）把生命传给你，带着我们所有的力量、爱与支持。我们会永远站在你的身后给你支持和帮助，我们没有给予你的你要自己去争取。我们在学习做最棒的爸爸妈妈，还会继续不断地学习下去。我们会更有效地与你沟通，祝福你有属于自己的美好未来。爸爸妈妈比你先来，我们有能力照顾自己。你照顾好自己，在准备好的时候把生命延续下去，好好过你的人生，照顾好你的家人，就是对我们最好的报答。我们会给你创造和提供成长的空间，让你学习成为你自己。你能够过得比我们好就是我们最大的心愿。亲爱的孩子，我爱你！亲爱的孩子，谢谢你！"

可以在实际或想象中与孩子拥抱。然后让孩子站在自己前面，眼睛朝向远方。把自己与配偶的手放在孩子肩上，给孩子力量和支持。也可以让孩子先对父母亲表达，看着对面父母亲的眼睛对他们说："亲爱的爸爸（妈妈），你是我唯一的爸爸（妈妈），也是最有资格做我爸爸（妈妈）的人。感谢你和妈妈（爸爸）把生命传给我，带着你们所有的力量、爱和支持。我接受你们给予我的一切，你们没有给予我的，我会自己去争取。我会好好照顾自己，会在准备好的时候把生命延续下去。我会好好照顾我的家人，为这个世界做很多好事，让你们以我为荣。亲爱的爸爸（妈妈），感谢你们对我如此关爱和照顾，亲爱的爸爸（妈妈），谢谢您！我爱您！"

完成这段对话之后，可以向父母深深地鞠躬，直到自己宣泄完所有情绪。平静地面对父母，与他们拥抱，然后转身面向未来。

可以反复多次做这个练习。每一次练习都是与根的连接，与生命源头的连接。每一次练习都可以让我们得到足够的力量和爱，让自己有更充分的支持来度过美好的一生。

招数②：清点和修复成长过程中的创伤

让自己放松下来，与潜意识沟通，请求潜意识在接下来的练习中给予自己足够的允许和支持，清点并释放成长过程中的创伤和期待，以让自己有更充分的成长。

得到潜意识的允许后就可以让自己慢慢回溯成长中的重要阶段和过程。可以在想象中一步一步退行，假设每退行一步就可以回溯到一个更小的年龄，比如从 40 岁开始，后退一步是 39 岁，再后退一步 38 岁，依此类推。让自己在每个年龄上稍作停留，问问自己，在这个年龄自己对父母有怎样的渴望和期待，有哪些得到了满足，有哪些没有得到满

195

足。通过回溯，我们可以找到自己未完成的期待和渴望，也许是一些事件的记忆，也许是某个场景的记忆或是一份孤单害怕的记忆。

回溯完每个阶段的记忆感受之后，让自己慢慢回到现实中，在一张清单上逐项写出这些感受。然后重新踏回时间线，在未完成期待的年龄点上与父母连接。向父母主动问询，宣泄情绪，表达感受等，释放和复原当初被阻塞的能量。当自己的情绪平静下来时，则踏入下一个时间点。

每个时间点上都可以做上述清理，也可以分不同次数逐一完成。全部清理完之后，可以想象自己站在父母前面，看到三个人各自的角色和位置，看到人的有限性和局限性以及已经积累的财富、资源和能力。对父母鞠躬，直到自己完全平静下来。转过身面向自己的未来，走向自己的生活。

此练习也可以反复多次做。因为不同环境和情况会激发不同的记忆，可以处理不同的问题。此外，也可以综合运用本书所提到的其他技巧，帮助自己从创伤中修复。

完成"未完成期待"的修复清单后，也可以在现实生活中向自己父母提些请求。比如，可以请爸爸妈妈为自己买一个玩具或饰品，请求爸爸妈妈给一个拥抱或者共同创造与父母和谐相处的黄金时间等。甚至可以先给父母一些钱，让他用其中一部分来给自己买一个自己从小就想要但没机会得到的小礼物。可以让父母亲手送给自己以满足自己的期望，圆自己梦寐以求的梦想。

招数③：与温暖的生命之火融合

找一个安静的空间，坐在椅子上让自己放松下来。做几个深呼吸，跟潜意识沟通，请求它允许自己在下面的练习中有更多投入和感受，让自己有更充分的力量去完成。把呼吸送到身体的每一部分，每次向外呼气的时候都要把注意力放在双肩的两点上，感觉肩膀放松下来。在每一次呼气的时候，让这份放松的感觉慢慢落到身体的其他部分，从肩膀到双手，直至双脚。

感受自己的每次放松给身体带来的越来越多的安全感，感受自己对身体各部分越来越清晰的觉察，直到全身都放松下来再把注意力放在自己身体内在更深处的地方。有人感觉这个位置是在自己的下丹田（肚脐向下两指的位置），有人感觉是在比这个位置更深的部分，也有人感觉是在自己心口的部分。请用你的方式找到你内在感觉最深的部分。

去想象这个部分代表着你的生命旺盛之火，想象它在用自己的方式燃烧着。看看那火是怎样的大小、颜色、形状，去感受那火苗带着怎样的温度和色彩，慢慢地把生命的热量和能量传到身体的每一部分。

从这个点开始向你的双腿输送能量，直到输送至你的大腿、膝盖、脚踝、双脚，透过你的脚掌和脚趾，让自己与大地紧紧连接。感受这份温暖的颜色慢慢地传递着、流动着，去温暖你的双腿，去跟大地深处内

197

在的地球之火相连接。

同时，感受这个点向你的胸腔、内脏，向你的胸口慢慢地移动。伴随着每一次呼吸，让它越来越高，直到它透过你的双肩流动到你的双臂、双肘，直到你的手腕和每一个手指。

让这份温暖的颜色融化你的身体，同时让它透过你的脖颈慢慢地传到你的面颊，传到你的头顶，从百会穴向外向天空扩散出去。伴随着你越来越深入的呼吸，去感受每一次向外呼气，感受那旺盛的生命之火是怎样从内在最深处的这一点传遍你身体的每一个细胞、每一寸肌肤的，感受它是如何关爱和照顾你体内的每一个器官和组织的。同时，感受它与地壳伸出的地心之火那份更深的连接，与头顶那轮有无限光芒的太阳那份更深的连接。

就这样，从脚下到头顶，让生命之火所有的能量和地心的能量、太阳的能量完全地融合在一起，流动到你身体的每一部分，流动到每一个细胞、每一滴血液中。去感受内在生命之火与外界自然和谐而美妙的能量交换，完成内在生命之火与内在循环的充分整合。

再做几个更深入的呼吸吧，去感受每一次呼吸带来的能量交换与融合。让自己消融在这旺盛的生命之火中，让自己融化在无限的宇宙和自然里。让自己跟宇宙和自然用相同的频率去呼吸、吐纳，跟宇宙用相同的频率振动、创造吧！这就像从亘古到未来，跨越时空的所有生命存在都具有共同的频率，共振表达、创造一样。

再做几个深呼吸，每一次吸气都要吸进更大的宇宙能量来浇灌内在的生命之火，从脚心、从头顶，让汇聚而来的能量完全地融合在一起，在身体内旋转、整合。再做几个深呼气和吸气，让每一次向外呼气，都把已经整合好的能量透过自己身体的每个细胞和毛孔，散发到周围的每一寸空间，传递给我们之外的每一种存在。

就是这旺盛的生命之火，让我们经历了千难万险，从一个受精卵成长到今天。就是这旺盛的生命之火，帮我们塑造了今天完整、完美的自己。就是这旺盛的生命之火，把我们与我们身后的一代一代祖先连接在一起，让我们延绵不绝地把生命向未来延续而去。就是这旺盛的生命之火，让我们跟周围的所有存在，跟这个宇宙建立了如此和谐完美的关系。就是这旺盛的生命之火，让我们寻找到了活下来以及活得更好的内在动力。

这是永不熄灭的生命之火，这是永恒存在的生命之火。不管命运何时驱走这个火种，在死神来之前的每一秒钟我都可以感受得到生命之火温暖的存在、绚丽的色彩。即使命运让我离开，生命之火也会和这茫茫的宇宙、无限的空间完全地共振融合。它将仍然是这苍茫宇宙能量重要的一部分，它将仍然是生命继续延续下去的无限美好的火种。

再做一次深呼吸，感受这旺盛的生命之火的存在吧；再做一次更深的呼吸，跟自己内在永恒的生命之火连接吧。让这份连接渗透到生命的每一个细胞里，渗透到生命永恒的记忆里吧。每一次呼吸你都可以感受到它，每一次呼吸都可以加深你对它的记忆。

再做几个深入的呼吸去跟生命之火融合在一起吧。允许它在身体每一部分发出振动和抖动的频率，允许它带给我们放松的、温暖的、舒服的感觉和记忆。直到你确定有它存在和相伴，直到你确定我们已经有了很多美好的回忆，我们还会去创造更多辉煌的未来。我们可以把它汇入生命的河流里，与无数条生命河流相伴着向未来流动而去。让自己感受这份流动，感受这份温暖……让它在每一个呼吸中提醒我们、支持我们好好活下去吧。

再做几个更深厚绵长的呼吸，然后在你觉得足够时让自己慢慢地睁开眼睛，回到现在的生活里吧。在下一刻开始的每一个过程中，让绵延不绝的、温暖的生命之火带着你享受属于你自己的美好生活吧。

欢迎你回来。

招数④：再见，生命最深处的四种恐惧

让自己静下来（可以由人带领），慢慢地放松，向潜意识请求，请它允许自己在接下来的练习中回溯到生命最初的四个重要阶段。我们会看到每个阶段的自己所需要的安抚、要处理的创伤，从而完成这四个阶段的重要成长。

放松下来之后，在潜意识带领下让自己慢慢回到出生之后 6 小时到 3 岁那个阶段。看看那时候曾经有怎样的人，发生了什么你现在仍记忆犹新的事。看看那时候的自己长得什么样子，穿什么颜色的衣服，和谁在一起。

你会看到听到感觉到什么呢？也许是一桩、两桩事件，也许是发

生了很多次的事件。不着急，把它们慢慢地记下来，一桩一桩去处理。不管曾遇到怎样的事，都要让自己看到那对有不足的、平凡的父母，看到他们的不完美，接受他们的局限性，接受他们所做的一切都是当时能做得最好的。

然后，用你的方式接过当初那个自己。不管他是多么弱小和孤单，或者多么无奈、失望或者愤怒，让自己去跟他连接，帮他去看到在这一切现象的背后他的能干、坚强和他旺盛的生命力。用你的方式去把他接过来，给他安抚，和他做深入的交流。讲你们两个都懂得的悄悄话，直到他感觉安全，直到你已经准备好迎接他。打开自己的心去接纳这个孩子，去接受他所具备的所有资源和能量，也同时接受他对安全的期待和渴望。

用足够的时间去完成你们两个的连接，直到觉得足够了才在充分平静之后和他完全放松和整合。然后再进行下一阶段，看一看在你出生的那段特殊时光发生了什么事情，有谁跟你在一起；看看你是以怎样的方式出生的，是比预产期提前还是滞后，是顺产、剖腹产还是难产；看看妈妈用怎样的方式完成了你出生这个阶段对你的照料；看看周围还有怎样一些人，他们在用怎样的方式迎接你到来。

不管发生了什么事，看到什么人，有什么感觉，都要让自己从更高的角度俯视这个阶段的画面。我们要看到所有发生的事情的必然性，看到每个人的能力都有限，更要看到妈妈牺牲了很多才让你来到这个世界。我们还要看到自己的力量是多么强大和顽强，可以让你从自己习惯的安全的地方来到一个陌生的世界，开始你全新的学习和体验之旅。

好好去看看那个刚刚来到世界上的你自己，不管他多么弱小，多么丑陋，我们都要透过这些表面现象，去看到他与生俱来的内在生命之火，看到他那份强大的求生力量和本能，看到他曾以怎样的准备开始全新的生命旅程。

接受你出生时所发生的一切和谐、不和谐的景象，感受你的到来为这世界增加了怎样的新的声音和期待。用你所学过的所有方法，去接受所有的人、事、物。你更要花一点点时间去跟刚出生的那个自己完全融合在一起，感受他内在所有生命能量与生俱来的强大。当年那个能干的小宝宝就活在你的心灵深处。感受与你相伴如此之久的他在你心里的重要位置，让他跟你完全融合在一起吧。

直到感觉已经足够，才带着他慢慢地向前面探索而去。去看看那个留在妈妈肚子里的小胎儿，在妈妈肚子里度过了怎样不平凡的十个月。看看在他被妈妈照顾的 280 天里经历了什么，哪些事情曾让他耿耿于怀。或许是外界巨大的声音，或许只是妈妈的暗自垂泪，又或许是某一次妈妈不小心的跳跃和跑动的惊吓……

不管是什么过程，不管这过程中发生了什么，你都应带着爱去重新感受它，感受那个胎儿旺盛的生命力，感受他的能干，感受当他还在妈妈肚子里，就已经受了很多锻炼并开始习惯外在的世界，感受这些都为他出生之后适应这个世界打下了多么深厚的基础。

请看到妈妈每一次牢骚或眼泪实际都与你无关，那是她在用自己的方式表达自己。不管怎样，她都给你提供了一个足够安全、足够温暖的空间。那被人称为孩子宫殿的安全空间，让你在其中成长，让你在其中舒展，日渐丰满。于是你从那个小小的受精种子，慢慢长成骨骼健全、毛发健全，甚至每一个小细节都完美无缺的"人"形。

要有多么强的生命能力、多么强的创造能力，才能让你这样一个小小的生命具备未来成人所有的生命基础和生命蓝图呢？你就这样日新月异地变化着、感受着、体验着。你一天天变得丰富，变得完整。而这其中的每一次情绪波动、每一次外界侵扰都是你成长中要经历的部分。

作为一个生命，既然活着，你就有充分的资格去体验和感受这一切。好好地去看那个每天都在变化的自己，去感受他的心跳，感受他生命之火的流动，接受所经历的一切。直到觉得足够，直到你完全寻到那个小生命所具备的一切资源和力量，再做几个深呼吸，慢慢从其中走出来吧。

让自己进入下一次觉察，看看在精子和卵子结合那个最有纪念意义的时刻，你看到了什么，听到什么，感受到什么。看看作为你爸爸妈妈的男人和女人，他们在用怎样的方式等待你、创造你。看看那个时候的你是怎样来寻找这样一双父母的。看看是怎样的生命蓝图才把你带到那个瞬间，那个创造你、让你成为新生命的重要瞬间。

做几个更深入的呼吸，把看到的、听到的、感觉到的都放在自己心灵深处。接受那对男女在你之前已经存在的事实，接受不管是否准备好，他们已经开始对你说 YES，他们愿意以自己为通道迎接你的到来的事实。他们愿意作为一个通道把你带到地球上来，还有什么比这份允许更宝贵呢，还有什么比这更大的恩德呢。

带着你所有的感恩和爱，去对他们说："谢谢你，给予我生命的父亲母亲！"在那份安全可信任的空间里，完全释放掉自己的恐惧和害怕，去享受生命被创造的全过程吧。你会发现，在那一刻，你已经得到了父母的允许；在那一刻，你已经充满了活下去、活得好的所有资格！去感受这充分的允许吧，去跟那个完美的生命融合在一起走向新的征程吧。

再做几个深呼吸，让自己跟生命的种子融合、相伴，找到生命源头更远的那份允许，接受它们的祝福和期待。然后让自己再呼吸几次，更多地感受与生命相伴的这份美妙和力量吧。你会听到内心深处有声音说："我就是这样一个独特、完美的生命。这就是我，我跟我自己在一起，我跟更大的那个存在在一起，我跟这个宇宙在一起，我跟这份允许在一起。"

让自己做几个更深入的呼吸，让这份允许充满自己的内在，让它跟生命中每个阶段的恐惧和信任完全融合在一起吧。我们要去看到恐惧背后的力量和信任，去看到安全地存在的所有意义；去化解掉那份恐惧，让一次又一次的生命力去同生命之火融合在一起；看看那最深的恐惧怎样转化为最深的信任，完全存在于你内在的空间；看看你是怎样一个被允许长大、活着并创造未来和奇迹的宇宙之子。

再做几个深呼吸，去跟所有深层的安全和信任在一起，让它们经由你散发出去、传达出去，影响更多的生命，彰显更多生命的价值。做足够的呼吸，直到自己的内在开始回归平静，带着更大的力量和信任以及全新的体验让自己睁开眼睛。

当你睁开眼睛的时候，你会看到一个被信任的、被允许的世界在你面前展开。你可以用这些被信任、被允许的能量去表达和创造你自己，创造与众不同的未来世界。恭喜你！恭喜你重生！恭喜你回到这个世界上来，这归来是你带着所有的爱、信任和能力的回归。

招数⑤：注意，不同成长阶段孩子需要也不同

对照孩子成长五个阶段的课题及未完成的成长会带来的心理困扰，在表格后列出自我觉察后自己需要改变和提升的问题的清单。

逐项列出，同时在表格的右侧写下自己的提升计划，包括针对左侧一栏存在的问题以及自己想到的本书中所提到的练习。你可以有计划地进行训练，也可另寻其他方法帮助自己提升或者参加与本书相适应的配套课程"生命的智慧"，完成每个部分自己需要提升的训练。如此我们就走在一个自我觉察、自我提升、自我寻找和自我创造的心灵成长旅程路上了。（附：孩子成长的五个阶段及重要的课题清单）

艾瑞克森研究指出：

1. 一个人从生到死，共经历八个心智成长的阶段。

2. 如果在某个阶段里因为某些原因而没有充分地成长，这个人在生活中会感到乏力，出现困惑。

3. 最初的五个阶段在 21 岁之前形成。

4. 今天的心理障碍与成长过程中的心理需要未能得到满足有很大的关系。

21 岁之前五个阶段的成长需要

阶段及年龄	发展的主要课题	孩子的主要需要或行为	满足需要的结果	未满足需要的结果	不满足易形成的个性特点	成人期的心理障碍
1岁以前	信任与不信任	肚饿——被喂食物；受惊——被拥抱；哭泣——被拥抱。	孩子会觉得生长在一个安全的地方。长大后会是一个开朗及信任别人的人。（从小得到充分母爱的人会自信一辈子。）	感觉不安全。敏感，多疑，紧张。	异乎寻常地害怕被遗弃；拼命地寻找一个依赖的对象；需要别人照顾；不能信任任何人。	竭力维持毁灭性的感情关系，而且表现出偏执狂的倾向，如暴饮暴食或过分地需要别人的夸奖等。
2~3岁	自主与羞愧	开始学习如何控制自己的生理机能，注意到自己的能力及限制（如控制大小便）。	受到家长的支持和尊重，他会获得充满自主能力的感觉，觉得他自己对这个世界有影响力。	得不到鼓励或受到恶意的批评或嘲笑，尤其是在他尝试学习如何控制大小便的过程中，他很容易产生羞愧的感受。	经常觉得自卑、无用及不可爱；不相信自己在世界上有存在的理由；把自己塑造成一个必须依靠别人的人；觉得自己的生存权利取决于对别人的重要性；经常做出不恰当的道歉。	不知道自己真正需要什么；不能拒绝别人的要求；害怕有新的经验；害怕面对别人的愤怒。

续　表

阶段及年龄	发展的主要课题	孩子的主要需要或行为	满足需要的结果	未满足需要的结果	不满足易形成的个性特点	成人期的心理障碍
4~5岁	主动与内疚	喜欢幻想、创造及按照自己的主意行事；发展主动性。	受到家长的支持，他会说出他的想法，表达他的情绪，并且发展出健康的好奇心。	不支持他，因他做出的尝试而处罚他，他会觉得内疚、有罪恶感。会打击他的主动性。	害怕犯错；感到无助及内疚；只懂得安慰别人；回避风险；隐瞒错误。	不能认识或表达内心的感受；害怕说出内心的事情；对感情关系负过分的责任；不断地去讨好别人。
6~11岁	勤勉与自卑	与别人竞争及比较	鼓励孩子学习并表示孩子与其他孩子有同样的能力，孩子将会受到激励而变得有活力。	避免参加任何的竞赛或极度喜欢与别人竞争。	觉得不安全及不如别人；对自己或别人吹毛求疵。	凡事要求完美；经常拖延及耽搁；不知如何达到目标。
12~21岁	对身份与角色的困惑	找出怎样适应社会的方法；接受自己生理上的变化；界定自己对异性身份的认识；界定自己在同性和同辈里的身份；确定人生应怎样过。	允许他去探索自己的梦想及感觉，尝试新的想法，他会发展成为一个接受自己的人。	不支持他，又不引导他去探索，而只是过早地强逼他进入某一个角色，他会形成反叛的个性或者变成一个轻浮的人。	不正确地表现出青春期的行为；对自己的人生角色感到矛盾；不能确定人生目标。	需要不断地谈恋爱；需要凭拥有的财物、认识多少人或工作成绩去确定自己的人生地位。

招数⑥：放下内心对理想孩子的期待

放下自己内心对理想的孩子的期待，接受孩子的性别、年龄、特性和一切。若你对现实中的孩子有不满、焦虑和愤怒情绪时，静下心来做这个练习会对自己和孩子的关系有很大改善。

在一个安全的空间里，静下心来做几个深呼吸，放松下来。想象自己的孩子坐在对面，看看在内心里孩子是几岁，比他的实际年龄大还是小，有怎样的身体语言和情绪状态。观察在看到对面的孩子时，自己的情绪、感受和身体感觉又是怎样。

假如你不能清晰地看到孩子，就想象你理想的孩子出现的画面。看看在自己内心里，理想的孩子是什么性别、年龄，有怎样的特性。也许这个理想的孩子是你曾经养育过的孩子，也许是亲朋好友的孩子或者只是你内心想象和描摹出来的。不管怎样，想象他坐在现实的孩子旁边。

观察你看到理想的孩子时内心和身体的感觉。比较一下，你更喜欢看到现实中的孩子还是理想中的孩子。同时去比较现实与理想中的孩子有怎样的不同。假如让你根据内在感觉排序，你会先看到哪一个孩子的影像，你更愿意先看到哪个孩子的影像？假若两个影像并排，你觉得哪一个更清晰？假若让你去跟其中一个沟通，你会先选择哪一个？以上练习可以测试你内心里自己现实中的孩子所处的位置。完成这个测试之后，我们可以继续进行下面的练习。

选择其中任意一个孩子的影像进行沟通。假若你先面对理想中的孩子，就选择看着他的眼睛对他说："你是我心目中理想的好孩子。因为有你的存在，我有了对好孩子的标准和设想。这个标准和设想让我准备做一个更好的妈妈（爸爸）。我喜欢你的性别、你的特性。我按照你的标准去孕育和培养我的孩子。我希望他像你一样出色、优秀，所以你在我心中有很重要的位置。

"可是今天我知道，你只是我心里想象的完美孩子的形象，你不是我现实中的孩子。你跟我的孩子不同，你只活在我的想象里。你激发了我做一个好妈妈（好爸爸）的动力。你的存在提醒我要专注地爱我的孩子，看到孩子现实生活中所存在的属于他自己的特性，让孩子成为他自己。

"现在我对孩子的发展现状很不满，这让我很痛苦。这种痛苦推动着我做了今天的练习。我这才发现现实生活中我爱的原来一直只是你——我用梦想创造出来的一个虚幻的孩子形象。我没有全心全意地爱我自己的孩子，我忽略他了太久，否定他了太久。是时候真正做一个现实中的妈妈（爸爸），去全身心地爱和关注我现实中的孩子了。所以，我想对你说，谢谢你一直以来对我的提醒和帮助，我现在要去爱我的孩子了。我要把你释放到宇宙中，让自己用全然的关注去面对自己的孩子。"

想象自己看到那个理想的孩子的影像的变化。也许他转身离开，也许他悄然消失，或者他向旁边侧跨了一步。然后你将看到现实中自己的孩子，看着他的眼睛对他说："孩子，现在我看到了你，我真正地看到了你。在今天之前，我把自己内心对理想孩子的期待强加在你身上，希望把你塑造成像他一样的人，希望你活成我理想的样子，所以我用我的方式控制你。所有的这些期望，都让我无法真正看到你，真正关注到你。

"一直以来，我看到的只是我心目中理想的孩子，关注的只是你跟理想孩子之间的差距。现在，我调整了我的状态，我放下了对那个理想孩子的执着。我可以真正地关注你了，我接受你就是我唯一的最好的孩子。我接受你就是你现在的这个性别和样子，接受你已经长大，接受你拥有的特性就是完全属于你的。你不需要像其他孩子一样，也不需要成为我心里幻想的孩子，你只要做你自己就够了。

"现在我真的只看到了现实中的你，我开始跟你连接，我开始做你真正的爸爸（妈妈），爱你、接受你。接受你所有的过去，也接受你的现在和未来。我相信，你是可以照顾自己的。我相信，你可以给这个世界带来正面的影响，成为最适合你自己的、最好的自己。孩子，我爱你！孩子，我会永远站在你的身后保护你、支持你。"

说完这番话，想象自己跟孩子建立起连接，可以透过两个人相望的眼睛，可以拉着孩子的手，也可以和孩子深深拥抱。直到自己确实感觉已经跟孩子建立了真正的连接，再让孩子站在自己前面，把双手放在他的肩膀上，全然地支持和照顾他。

当然，也有很多父母不接受孩子的现状或者不接受长大之后的孩子，内心中总存留着孩子小时候的状态，总想把自己的孩子塑造成父母在现实生活中看到的自己喜欢的孩子的形象，还有的父母内心有未完成的期待，因此会把自己未完成的期待投射成一个假想的形象，让孩子替自己圆梦。

所有这些都使得父母在面对孩子时，不能全然地、真实地看到孩子。他与所有这些爸爸妈妈梦想、想象中的自己，与小时候的自己，与他人的孩子都是完全不同的。父母要用只适合他的、属于他的方式来陪伴和教育他。换句话来说，很多父母心目中爱的都不是自己现实中的孩子，他们爱的是自己未完成的期待、想象或者梦想。父母按着自己的想象或梦想塑造自己的孩子，这其中孩子的痛苦和挫折感是显而易见的。

此练习可以帮助父母区分心目中的理想小孩与现实中的孩子。父母只有把理想小孩的形象放下，才能在现实中看到自己的孩子。有父母在做完这个练习后说："原来在我心里，孩子一直停留在7岁时候最乖的模样。他现在17岁了，我却不能接受他现在不乖，总想把他改造成他7岁时的模样。我如此不懂自己的孩子，怎么能教育好孩子呢。"

也有父母感慨："在我心里一直有一张理想的孩子的照片。每当我将自己的孩子跟这张照片比较时，我就会失望和焦虑。这让我面对孩子时缺少耐心和真正的关注。我的孩子说我从来没有爱过他，我当时很伤心，觉得他不理解我。今天我才发现，原来我真的没有爱过他，我爱的是我内心那张照片。只有把这张照片移开，我才能真实地看到自己的孩子，才能看到这个孩子的独特与不同。"这样的练习能够帮助父母接受长大的孩子，帮助父母了解理想与现实的孩子的差距，帮助父母更加有效地教育和陪伴孩子。

招数⑦：殊途同归——选择最合适的教育方法

接受自己的父母并请求他们允许自己有与他们不同的教育方法。

让自己放松下来，想象对面站着自己的父母，可以鞠躬来表示对父母的接受与臣服。

分别对父亲和母亲说出"招数①"中孩子肯定父母的那段话，直到自己的情绪平静下来。把自己的孩子介绍给父母，对他们说："感谢你们给了我生命、力量、爱与支持。你们是唯一有资格做我父母的人。你们也是我学习做父母的榜样，我接受你们传给我的力量、爱和支持，也请求你们祝福我的孩子和我。我会把你们传给我的好东西继续传给我的孩子，同时我请求你们允许我用不同的教育方式培养我的孩子。你们当初选择的一切都是当初最好的，现在我和孩子跟你们处在不同的时代，环境有了很多变化。请允许我学习做跟你们不同的父母，用与你们不同的方法陪伴和影响我的孩子。我希望他成功而快乐，可以更好地照顾他自己，有更好的未来。我希望他去学习做更有效能的父母，从而让我们的家族越来越兴旺。"

说出这份请求，看一下父母是否接受，如果在他们脸上看到了微笑和允许，那么就向父母深深地鞠躬，感受他们的允许。转过身来，靠着自己的孩子，感受父母的手搭在自己肩上，增加自己的新方法和力量，并通过自己的双手把它们传给自己的孩子，感受爱和力量的传递，感受生命经久不息的传承。

此练习对于解决不接受自己的父母，无意识地模仿父母以及父母与自己的教育方法出现矛盾冲突等问题有很大的帮助。练习可以帮助家长明白父母之爱的永恒和唯一以及爱的方法的多样有效。为人父母者不需要无意识地模仿自己父母当年无效的做法或在与父母方法冲突时心怀内疚、纠结。父母可以采取不同的方法为孩子提供有效的帮助，这样每一代父母都可以学到新的更有效的方法，从而给孩子更有效的陪伴，让孩子有更轻松快乐的未来。

招数⑧：向父母和祖先借力，增强自信

有内疚感或感觉软弱无力的父母，可以通过此练习增强信心。找一个安静的空间放松下来，想象对面站着父亲、母亲和一代又一代的祖先。让自己通过接受父母的肯定词与父母连接，感恩他们把生命传给自己，让自己拥有全部的爱、力量和支持，感恩他们允许自己在将要准备好的时候，把生命延续下去。

把自己的孩子介绍给所有的祖先和自己的父母，对他们说："因为有了你们的给予，我才有了今天。我现在已经（将要）有孩子，作为父母，我将开始新的学习，请你们祝福和允准我做最有资格传递生命和爱

213

的父母吧。"向父母和祖先深深地鞠躬，在鞠躬中完成渴望孩子成长的请求。

直到感觉得到了父母的支持和帮助，感觉父母或者祖先中最爱自己的人，扬起他们手中代表力量、爱、支持、允准、智慧的彩色金属粉末，向你身上撒下来，从头到脚。让自己做几个深呼吸，每次吸气都要把那些金属粉末吸到自己内在最深处，很深很深的地方。每一次吸气都感觉自己内在已经拥有充分的自信，已经拿到了从后而来的所有力量和祝福。感觉自己内在每一个细胞、每一寸肌肤都开始融化和吸收所有的允许和祝福。

用自己的方式去体会和感受这个过程，直到觉得足够，直到觉得已经完全充分地吸收，才让自己慢慢地平静下来。转过身背靠着父亲、母亲，感受所有祖先和父母的力量在支撑自己，而且他们允许自己把感受到的力量和爱向孩子传递下去，直到自己感觉足够再停下来。

招数⑨：认祖归宗，走出身份迷失

准备好这样一段自我介绍，"我叫×××，我的爸爸是×××，妈妈是×××，我是他们的孩子，我出生在×省×市×县×街道×号（最好具体到自己家的门牌号）"，然后去向你所认识的人郑重地自我介绍。

站在他们对面，看着对方的眼睛，做几个深呼吸让自己镇定下来。

从心里发出这样的自我介绍，尽你所能向更多人介绍自己。接受者不需要做出任何回应，只要站在那边，眼睛望着介绍者即可。介绍自己时要尽可能做到身心合一，做完介绍之后体会自己身体和情绪的变化。感觉自己是从生命的源头而来，感觉自己已经开始建立与生命源头的深入连接则可以停止介绍。向所有人坦诚地介绍自己并通过自己的父母连接到自己的家族系统。

此练习看似简单，如果完全投入地去做会有非常强大的治疗力量。对于自我迷失的人，此练习会有非常大的帮助。

招数⑩：走向成人仪式，走向真正的成熟

此仪式是一个在心理上与父母及家族系统完成责任交接的仪式，是一个人走向成熟及在心理上完全独立的仪式。让自己站在代表父母的两个人对面，以自己身心合一的速度慢慢走近父母。

假如有情绪，允许自己释放和表达这份情绪。站在父母对面，可以分别或同时对父母说出表示肯定的祝福。待情绪平静之后，可将手中拿着的代表家庭系统包袱的道具慢慢放在父母之间脚下的土地上。

把这个代表由父母承担的家族系统的包袱交还给父母，回到自己的位置。把不属于自己背负，应该由父母承担的系统包袱，从自己的内心深处完全放下，让自己回到自己的生命状态里，然后转身面向未来。可在需要时靠近身后的父母，直到得到足够的力量，然后带着父母的祝

福和期望走向未来。

　　这个仪式暗喻每个人或多或少都在不自觉地承担着应由父母担负的家族系统包袱，这使得自己没有办法全力以赴地活出自己的生命状态，完成自己该承担的责任。

　　此仪式可以在心理上完成自己与父母责任的分担和交割，让自己真正长大。面对自己未来的人生课题，练习后当事人通常会感觉非常轻松，如释重负。当一个人想要放下家族系统负担开始真正生活时，此练习有极好的治疗效果。

倒插门家庭的焦虑孩子

一位中年妇女前来求助，诉说她12岁的孩子情绪烦躁，学习糟糕，干扰教师教学秩序，常有各种行为问题，父母因此多次被请到学校。母亲四处求助无效，所以来为孩子做心理咨询。她自述孩子的状态已影响到夫妻关系，也影响到自己与婆家亲属的关系。公婆对自己很不满，自己与先生共创的企业半年来也面临很多危机。

通过搜集资料，我知道案主丈夫系倒插门女婿入赘到了女方家庭。因男方家庭生活困难且有四个儿子，父母无法提供结婚必需的财务支持。排行老大的先生入赘后，与女方一起经营共创的企业。初期感情尚好，但随着企业发展，在积累了相当的财富之后，男方父母和兄弟因与先生有财务纠纷，多次与女方家庭发生冲突。案主母亲与夫妻同住，帮夫妻照顾12岁的男孩。男方家庭与女方家庭有多重矛盾，这导致该家庭内部关系很紧张。

案主既担心母亲介入夫妻矛盾，又不能接受先生家庭的干扰。

我运用系统排列以人为圈的方式，请案主选择先生、自己及孩子的代表。现场呈现出了三者的关系：先生脸转向外，太太和孩子并排而站关注着先生。

　　问及先生代表此刻的感觉，回答是"内心烦乱，有负罪感"。请出新的代表代表先生的父亲、母亲。先生面对父母亲，眼含泪水，内心感觉委屈、伤心和罪责感。父母亲上场之后即把儿子拉到自己的前面，诉说他们心疼儿子，不希望他与女方家庭在一起。太太和孩子面对被父母拉走的先生面露悲凄，并有愤怒。

　　我又请出一位代表扮演风俗（在江南颇为盛行的"倒插门"入赘风俗）。此代表一入场，场内所有代表都表现出了愤怒的情绪，而风俗的代表则表现出了足够的定力和大气。问及感觉，他说："我本来就在这里，不管你们对我有什么情绪，我都在这里。"其他代表则表现出远离、握拳和欲推他出场的不同动作。风俗代表则面露平静微笑，不为所动。

　　我引导所有代表站在风俗面前，对它说："你代表这种特殊的风俗，你比我们大，我们比你小，我们接受你的存在，我向你鞠躬，表示我的臣服！"

　　案主代表不肯鞠躬，她的儿子则夹在两人中间，一会儿拉爸爸，一会儿拉妈妈，表现出烦躁不安、难以安定的状态。案主的先生较为勉强地鞠了躬，但仍靠近自己的父母，感觉他对父母似乎有内疚感。

　　我引导其对父母说："不管我用什么方式结婚，我都是你们的儿子。我接受你们当初用入赘的方式帮我建立了我的家庭，让我有了我的孩子。不管孩子姓什么，他都是我的儿子，也是你们的孙子。他身上流着我的血，也流淌着你们的血。所以，亲爱的爸爸妈妈，请你们放心，不管我人在哪里，我都知道你们是我的爸爸妈妈。我会把你们放在我心里最重要的位置，我也会做好我的事情，照顾好我自己和我的孩子。同时，我会尊重风俗在行为和规条上的要求，用最忠诚于你们的儿子的身份去尊重风俗，这样我才可以在尊敬你们的同时更好地照顾我的家庭，照顾好我的儿子。请你们放心。"

先生代表说完这些话之后，父母代表明显放松下来，他们开始面露微笑，松开了拉着儿子的手，允许他找到自己的位置。在我的引导下，先生的父母也可以对风俗鞠躬了，他们感谢他帮助儿子建立了自己的家庭。得到了父母的允许，先生回到了自己的位置，站在了太太的左边。他们的孩子也放下拉扯着父母的手，安静地站在父母前面。

至此，面对风俗，所有人都可以低下头去臣服和鞠躬了。风俗仍然平静地微笑——不管你们怎么样，是否鞠躬，我都知道我存在的意义和价值。我不会因为你们接受与否而或喜或悲，也不会因为大家的态度而自傲或自轻。因为我本来就大，本来就在这里。

最后，所有代表都感觉放松和平静，各自留在了自己的位置上。孩子可以看到自己面前代表学校和未来的代表，并迈着轻快的步子走了过去。

个案到此结束。

案后分享

案主在结束之后含泪与大家分享，场中呈现的孩子的状况、情绪模式和表现跟她孩子的情况完全吻合。她感觉很神奇，她第一次感受到入赘如此深刻地影响着她的先生和家庭。她甚至开始考虑与自己的妈妈沟通，在孩子姓氏问题上给爷爷奶奶和先生更多选择的权利。只要为了孩子好，什么都是次要的，什么她都可以接受。

此案完成一月之后，案主打来电话说，儿子在学校行为已经平静、正常了，夫妻关系也变得和谐了。更重要的是，因为自己对先生父母有了尊敬，她与先生家庭的关系已有很多改善。案主对孩子以如此行为推动自己改变感慨颇多。

案例点评

此案看似问题出在孩子身上，其实作为家庭系统中最弱小、最需要被祝福的孩子，他不过是以自己的方式呈现出了家庭内部潜藏的矛盾。矛盾的根源在于所有家庭成员都不肯接受入赘这种风俗，都有抗拒和否定情绪。他们身在风俗中却不接受风俗，实际上混乱了各自的关系。

看似在环境和行为层面上出现的关系困扰实际是系统层面对风俗的抗拒和否定所致。孩子是混乱现象的呈现者，家庭内部成人关系的混乱会导致孩子内心烦躁不安，在学校里则无心向学。

当系统中每一位成员都可以身心合一地接受风俗，表现出"我小你大"的遵从时，系统秩序就归于平衡，一切改变也就会自然发生。这就是用系统动力中的"秩序"完成和解的案例，当然此案同时也包含有"付出收取平衡"和"归属"的连接。

当所有成员肯定和承认了风俗的存在以及风俗带给案主家庭的帮助时，实际上就对风俗的价值给予了认可。如此，系统的动力开始变得流畅自然起来，改变也就理所应当会发生。系统总是保护最弱小的成员优先活下去的权利，所以祝福最小的成员（孩子）生活得快乐是每个家族系统重要的改变动力。愿意为了子孙而去接受自己不可以接受、不愿意接受的部分，则可以看出集体良知的伟大。

快步走向高考的人生站台

离高考还有二十天。

一双忧郁得要滴水的眼睛藏在大大的镜框后面，空气十分凝重。这个高三的女孩坐在咨询室里，脸一片暗黑。我心里有个声音说："她看起来好沉重，好累啊！"

她开始幽幽地诉说自己的无奈和压力，因为考不出自己期望的好成绩，她已经完全没有自信了。最有优势的英语科目在两次模考中都只考到70多分，假如正常水平发挥的话她可以考到一百多分，那就完全可以进入"一本"大学。她认为是自己没有自信心，考试时马虎等造成了这些现象的出现。

我给她讲了一个故事。前年曾有一个女生也来咨询，她平时英语成绩总是非常好，但考托福时每次都考58分，总是差及格线2分。她已连考六次，马上就是第七次了。父母和她自己都感觉压力太大，觉得输不起了。但出国学习是必须走的一条路，不考好托福就有很多麻烦事，所以她才与妈妈一起来做咨询。

　　我在咨询中发现这个女孩虽然表面上一直为出国学习做努力，但她潜意识中总觉得"离开妈妈会很辛苦，妈妈会受不了的"。这个潜在的恐惧支配了她的行为，让她每次在考试中都犯下"不该犯"的错误，因此出国的行程一拖再拖，这样她就不用离开妈妈去受苦，妈妈也不会孤单了。

　　当我帮那女孩面对并解开这些恐惧时，她有了轻松开心的笑容。咨询后半个月，她参加了第七次考试，很顺利地考出了好成绩。几个月后，妈妈又介绍其他人来咨询时，在电话里兴奋地告诉我女儿在美国发展得很好，她很开心。

　　当我讲完这个故事时，这个女生的神情有些变化，我借机建议她不妨做个测试，看看影响她英语水平正常发挥的是什么因素，她表示很愿意配合。我在茶几上摆出了几个物件，并在内心给每个物件赋予了角色意义，但她并不知道。我只要求她喝点水，深呼吸后凭身体感受每个物件带给她的感觉，从中找出真正影响她考试发挥的因素。

　　她很配合，逐一用手去感觉各个物件，然后她告诉我与A有关（这符合了我的直觉）。我又进行了第二轮测试，看与A有关的几个因素中又具体跟哪个有关，她又做出判断说跟D有关。

　　看她一脸狐疑，我揭晓了答案：第一轮的A代表不想离开妈妈，B代表考试能力，C代表考试中过分紧张。她的答案是"不想离开妈妈"。她潜意识里就想考得差，因为觉得自己只要考得上苏州一个专科学校，就不用到外地去上本科了。

　　我又接着解释：第二轮测试中，D代表对父母关系的担心，E代表担心妈妈的身体，F代表其他原因。她内心担心父母关系不好，担心自己离开后父母会分开或者吵架。她潜意识中想继续留在父母身边，用自己的力量拉着父母维持他们和谐的关系。

此时这个女生再也忍不住了，开始抽咽起来。虽然她没有讲家里的故事，但我猜得到她的父母也跟很多父母一样，或者热吵或者冷战，让她感到无限的压力和紧张。她潜意识里想以一个孩子的忠诚，牺牲自己的未来和前途去拯救自己的父母。

她平静了一些，不甘心地问："留在妈妈身边有什么不好？""要紧的不是留在妈妈身边还是离开妈妈，关键是你以为你可以救自己的父母，这超过了你自己的力量。很多小孩子都以为自己可以给父母带来幸福，甚至以牺牲自己的理想和未来为代价。"

我的回答触动了她，她又开始流泪了，说："是的，我从小被父母管得很紧，所以一直期望考大学，希望可以离父母远远的，可以自由自在地生活。但是我看到妈妈和爸爸总是吵架，我就想假如我走了他们就更没劲了，还是我留在苏州考个一般的专科陪着他们好了。"

她的说法证实了我的直觉，我能理解她爱父母的心，所以只是轻轻地问她："那牺牲自己的理想你觉得甘心吗？你看着他们他们就会幸福吗？你已经守了他们十八年，他们幸福吗？"

她无语，我知道的她内心在挣扎，我在等她自己的决定。

过了十多分钟，她终于抬起头来，眼神已是坚定的了："我要为自己的理想而考试！我决定了！"我顺势引导她面对想象中的爸爸妈妈，并想象看到爸爸妈妈在他们自己的父母的庇护下。她开始感觉放松并且有了笑容。我又引导她转身面对高考，看着高考的眼睛说："我现在愿意看到你，因为通过你我可以看到自己的未来。你是我生命中重要的中转站，是一个生命的站台。经过你，我会成熟和成长，我感谢你。你是我主动选择的，所以我会全力以赴，我已经准备好了，感谢你。"

她告诉我她看到自己昂首挺胸地走向高考这个生命中最近的站台，在她的身后站着父母和所有的长辈，他们在用自己的方式祝福自己。她说："我有无限的力量！我看到高考的站台上写着我的高考分数：538 分。太好了！"

她感觉到自己轻松而自信，我知道自己帮她搬走了内心最大的障碍，她就可以整合自己所有的资源和力量去面对高考了！祝福她走得开心快乐！

案后分享

这是我若干考前辅导案例中的一个，虽然看似特殊，但其实有很普遍的代表性。受困于父母的关系，孩子们出于对父母的忠诚而盲目的爱，潜意识中宁愿牺牲自己的未来也想拉扯着父母。他们以为用这样的方式就可以拯救父母，拯救自己的家。

所以他们痛苦地挣扎：一方面刻苦地学习，想考出好成绩；一方面却在潜意识中通过失败表达对系统的忠诚，其中有很多辛苦和无奈。所以，考试成绩高低并不是仅靠"学习态度"和"刻苦精神"就能达到的，孩子只有放下对父母关系的担忧，才能真正地过自己的人生，走向自己的未来！只有看到爸爸妈妈有他们自己的父母的照顾，看到父母对自己的期待是好好生活，才能轻松地定位自己的人生位置，走向未来！

案例点评

孩子们从上学开始好像就在为走向高考做准备。整个家庭包括社会都给了孩子们一种假象：读书是为了高考，高考以后一切都好了！高考本只是走向成熟的若干途径之一，却被赋予了太沉重的砝码和含义：为了回报父母的爱，为了让父母有面子，为了让家族有面子……家庭的重担就被加在高考的行程中，所以孩子们迷失了自己，他们感觉不到学习的乐趣，他们不知道为什么要学习，为什么要高考。

考前的团体辅导中，我看到焦虑和迷茫的高三学生们通常都拥有学习和考试的能力，但他们不明白"为什么要高考"，所以他们没办法全力以赴，他们有万般无奈的沉重和压力。

高考辅导须引导学生们清晰地看到是他们主动选择了高考这条走向未来的路，而且高考不是人生的终极目标，它不过是我们人生路上若干站台中最近的一个。走过高考这个站台，我们会带着成熟和成长走向下一个站台。

很多学生拒绝高考，但没有一个学生拒绝未来！所以我总是用对未来的期望推动学生们接受高考，全力以赴，通常这样会有很好的效果。只有在潜意识层面让学生们明确对高考应有的态度，其他的考前辅导技巧和应试技巧才会真正发挥作用！

我心中内在的小孩，
我接纳你

接受自己，
接受自己的优点和缺点，
接受现在的自己、
过去的自己和未来的自己。

自爱与自尊，我爱闪亮的自己

只有充分地自我肯定和自信，才能让我们感受到自己的可爱之处，爱自己并敬重自己。

每个人都包含身、心、灵三部分。身是指我们的身体，是生存的物质基础。心则包括思想意念，灵指内在的精神（神性），也被称为心灵。与父母的关系和成长经历决定了我们对自己的看法，决定了我们以怎样的方式生活在世界上。

如果说 40 岁前我们的命运无意识中会受父母影响，40 岁后有意识的重塑生命则是每个人自己的责任。如何对待世界，如何对待人、事、物？所有关系的核心都是跟自己的关系，是本我与自我的关系，客观存在的我与内在灵性或者被称为潜意识的我的关系。

出生之前我们跟妈妈在一起，与妈妈是一体的。出生后我们与妈妈分离，开始感知和学习周围的世界，在互动中慢慢发现内在的我与外在世界的区别。1 岁之内的婴孩会扳起自己的脚啃脚趾，还分不清"你的""我的"的区别。

3 岁左右，我们开始用"我的"来表达界限和分寸。"我的玩具，我的妈妈，我的家"这样的说法证明"我"已经慢慢独立。父母教养的过程帮助我们强化和完成了这个"我"与他人的分离。也许在没有建立独立的我之前，父母们就会要求我们把玩具分给其他小朋友。这种看似"无私"的行为，全然不管我们应该要先建立"我是谁""我要独立"的界限，是不利于孩子的成长的。

假如哭了闹了，大人通常会训斥，要求我们闭上嘴巴不许哭闹。实际上这造成了新一轮的混乱。家长为什么不允许我们表达难过？否定情绪的表达就是否定我们的存在。在否定中，我们学会了不要表达自己、不要呈现自己，学会了要跟别人完全统一，这最终会让我们渐渐地淹没在与众人的一致性里。在这个设立自我心理界限的关键时期，我们被忽略了，被父母粗暴地制止了。

没有建立起自我界限的人，就好像在巨大的森林里，一棵没有筑起篱笆却想要抵挡动物入侵的树。这棵树在不知道自我边界，也不知道他人边界的迷惑状态中生长，它会被侵入者干扰，或者会去干扰其他存在。

没有建立起自我界限的具体表现有很多。比如，否定自己、不喜欢自己；否定自己的情绪，也无法理解别人的情绪；不会说"NO"，害怕冲突，害怕挫折，没有自信；不能恰当道歉，习惯把其他人的责任统统揽到自己身上来；容易忽略自己身体的感觉和情绪感受……

很多人没有自我保护和自我接受的意识。也许是源自童年成长过程中的创伤带来的恐惧，他们常常觉得自己没有资格活着，不可能活得好。生活中很多人的很多问题都源自我的丧失，他们不知道自己是谁，不知道自己从哪里来，要到哪里去，不知道如何保护自己、照顾自己。通过前面三章的学习，我们有机会修复与父母的关系，获得系统里祖先的祝福和支持，也有机会感受自己的身体感觉和情绪感受。这些都是真实的，属于我们自己的部分。

现在开始为自己的生命负起责任，学习照顾自己吧。我们可以从随时随地觉察自己的身体感觉，随时随地接受自己的情绪感受开始。当我们有足够的力量照顾自己，可以为自己建立起心理边界时，人生一定会有所不同。

在这个世界上，我们和自己的关系是最核心的。我如何对待自己，就会吸引别人如何对待我；我是否接受自己，也会在与他人的接触中呈现出来。如果说我与周围人、事、物的关系，都是我对待自己的投射，那么现在就应回到这个关系的中心点，即"我和自己的关系"。

所有的关系都是从这个点投射显现而来，都是"我和自己的关系"在不同人、事、物中的呈现和反应。我爱自己，接受自己，然后才会以完整合一的状态，爱在我之上、之下以及跟我平等的人。我爱自己，接受自己，才能具备合一的能量，把爱传递出去。

所有爱的前提都是接受。我们要接受自己，接受自己的优点、缺点，接受现在的自己、过去的自己和未来的自己。接受所有发生的一切，所有在过去一切中成长过来的自己；接受此刻犹豫、焦虑、失望、愤怒的所有负面情绪。接受就是对所有曾经发生的、正在发生的、将要发生的一切说"是"。

接受是爱自己的基础。我们要给自己关注，给自己时间和空间，允许自己探索喜欢和擅长的东西，允许自己的生命呈现不同面、不同角色、不同层次。我们要允许自己得到别人的关注、接纳和爱，也允许自己去付出和投入爱。

爱自己是对自己负起生命的责任，个人的健康、情绪等所有生命的状态都是自己的责任，我们不应假手于人。没有人可以伤害我，也没有人可以决定我的命运，所有这一切的责任人都是我自己。所以，当我想要爱自己，想要寻找活在世界上的生命意义时，就要承担起我的责任，成为更大连接中的独特的自己。

每个人都对自己有一些认识，也会有意无意地分析和解剖自己。向别人介绍自己时，也许我们最喜欢谈的是自己的优点和优势，即常被别人肯定的、最自信的部分。我们可能喜欢自己身体的某一部分，想要呈现这一部分，可是又羞于承认，因为我们不习惯接受别人的肯定和赞美。在别人肯定时，虽然内心是心花怒放般的喜悦，但通常我们会有更多谦虚和自我否定的表达。

这是典型的不被允许接受和表达的小孩子的状态。身心不一，表里分家，不但让别人扫兴，也会消耗很多自己生命的能量。

想要给自己充分的肯定，可以做以下练习。找两三个搭档坐下来，看着他们的眼睛，大大方方地宣布：我有成千上万个优点，今天我只告诉你们三个，我的第一个优点是……第二个优点是……第三个优点是……自然大方地说完这段话，体会自己内在感觉和身体的变化，也完

231

全接受身边人给的回应，不能摇头摆手或有否定褒奖之词。

搭档可以再补充两三个优点，对此你只能说："谢谢你们，我同意，我很高兴。"坦然地完成练习，挑战自己内在的不自在，让内在最深处渴望被肯定的状态表现出来：让眼睛眯成一条缝，笑容挂满脸，脸涨得通红，手完全打开，接受大家的赞美。

经历了这个过程，我们会看到自己内在的矛盾冲突所在：渴望被肯定，但又不好意思接受。我们可以从自己喜欢自己的部分开始，学习身心如一地接纳自己，感受和表达被肯定的喜悦和快乐。

我们要面对和挑战生命中的第一次，挑战内在矛盾着的信念，挑战僵化的笑容。这些挑战的实质都是要挑战过去不自信的自己。如果你在不知不觉地笑，你觉得很开心很快乐，那说明你需要这个过程，需要反复重复这样的过程！去找到成长中未被充分肯定的自己，去挖掘自己所具备的优势，让自己看到、听到、感觉到自己的优势，用这些优点奠定自信的基础吧。

有研究认为，一个孩子从出生到 18 岁会被否定 18 万次以上。而形成一个人的自信只需要 5000 次肯定。否定可能来源于父母、老师、照顾孩子的人以及其他所有重要的人。18 万次的否定足以让一个人从自信掉入地狱，不管他是多么独特优秀的人，恐怕都很难真正自信起来了；18 万次的否定，足以淹没那不足 5000 次的肯定，这些否定会转化成孩子喋喋不休的自我否定："我不够好，我又搞砸了，我总是不行，我没资格，我没能力，我就是这么差，这怎么可能……"

每分每秒都像这样否定自己，偶尔一次肯定自我都要说"我什么都好，就是学习不好""我的手挺巧，但我的脑子总不好用""假如我一直都能这样就好了"。假如 18 岁以前没有得到对自己重要的人 5000 次以上的肯定而自信不足，那么此刻就是自己肯定自己的时候了。

给自己一段安静的时间，在一张表格上列出自己的优点清单，把从身体到心理，从情绪到个性，从过去到现在，所有自己有的、值得自己喜欢的特点全部列出来。越详细越好，越具体越好，甚至可以细微到自己的眉毛很长，自己的脚趾长得很好看。无需太多思考，拿一面镜子，从头到脚寻找并列出所有自己喜欢自己的地方，然后对着镜子里自己的眼睛说："我爱我自己，我爱我如下的特点。"

面对镜子中的自己，完全放开，把那些特点逐一念出来，向这个世界介绍独特的、充满优点的自己，直到全部说完。然后，感受身体和情绪的变化。不管有怎样的情绪，都让自己接受这种情绪，直到它流淌而去。假如你喜欢，就让自己多做一些这个练习，可以每天都做。

还可以把这个练习延展，带上本子和笔去采访周围熟悉或认识的亲友，问问他们最喜欢你什么地方。他们说的时候你不需要辩驳、解释，只要记录就可以，从而丰富"我的优点"清单。你还可以去采访那些和你不太熟悉的朋友，问他们喜欢你哪些地方，然后记下来。你也可以跟一些陌生人做这个练习，看看他们对你的第一感觉是什么，他们第一感觉中最喜欢你什么。

这样你在很短时间内就有了几大张罗列自己优点的清单。找个时间整理一下，也许你会发现：有些优点是你自己发现了，别人也发现了的，重复度高到无法否认；有些则是你自己发现了，而别人没发现的，那是你个人隐私的部分；有一些是自己没有发现而别人发现的，它们可以使你加深对自我的认识；还有一些是别人喜欢而你自己不愿接受的部分，也许你要接纳和开发自己的潜能，把这一部分也纳入你的优点清单。

现在你手里已经有了厚厚的优点清单，如果有时间可以每天为自己做个安排，看着镜中的自己，对自己大声地宣读这些清单。也可以选择一两个亲友，大家一起来做这个练习。

每天向对方大声宣读列有自己优点的清单，让自我肯定每天每刻都在生命中响起吧。当开始投入时间和精力给自己专注和有效的肯定时，我们确实可以看到一个可爱的、优秀的自己。这样的爱会积累起生命中全新的体验。在每天、每月、每年中补上 18 岁前该得到而未得到的 5000 次肯定，把源源不断的爱注入自己内心，让自己顶天立地站在天地之间吧。

许多父母担心孩子得到肯定后会骄傲，不思进取，所以认为"孩子做得好，是应该的；做得不好，是要被骂的"。这样，孩子从小到大积累的记忆就都是父母严厉的眼神和话语。父母的这种教育方式会一点点地销蚀孩子的自信。

没有人天生是自信的，能力只有经过及时充分的肯定才会转化为自信。每一个孩子都有能力照顾自己，但不是每个孩子都有足够的自信。能力得到肯定才能转化为自信，没有得到及时肯定则会变为自卑、自贱。自卑、自贱的孩子没有能力面对挫折、承受打击，自信的孩子才有充分的力量去面对生命中所有的问题。

孩子自信不足往往会经受更多的打击和忽略。偶尔得到一点肯定，他们就会喜出望外，无法把控自己，成为父母眼中"骄傲""翘尾巴"的小孩。这提醒我们孩子得到的肯定体验太少了。日常生活中人们常常混淆肯定与表扬、鼓励和赞美的关系。好像只有做得好才可以得到表扬，做得不好即使得到了鼓励通常也暗含着对孩子没有做好的否定。而且即便能得到赞美，赞美往往也比较虚泛和夸大其辞。

肯定是指实事求是、就事论事，对本来存在的事实的客观描述和认可，具体包括重复对方说话中的重要字句，肯定对方的情绪，肯定对方的行为动机，肯定所有对方可以被肯定的部分。口头肯定的同时还应配合相应的语气和身体语言。这样，孩子得到的肯定才能真正被认可、被重视、被接受，孩子才能真正建立自信。

只有充分的自我肯定和自信，才能让我们感受到自己的可爱之处，爱自己并敬重自己；才能使我们更容易发现别人的可爱之处，爱和尊重其他的生命。自爱、自尊，然后我们才能爱他、敬他。

接纳与赏识，我爱不完美的自己

> 我的优点和缺点就像硬币的两面，我都爱。我爱不完美的自己，这也是我自己的一部分，这些缺点中蕴含着下一步提升的能量……

内敛谦虚的我们更喜欢告诉别人自己的缺点，即使别人根本没注意到这个缺点。有个被称为美男子的先生总喜欢告诉别人，他左侧第三颗牙齿内侧长了一个黑洞。每当有人夸他身材好、相貌好时，他都要掰开自己的嘴让别人看他那颗有洞的牙齿。

这样的情景在生活中比比皆是。很多人说不出自己的优点，对自己的缺点却如数家珍，总喜欢向别人宣告自己的不完美。在一次一次表达中否定自己，其实是想告诉别人他期望遇见更理想、更美好的自己。因为现在达不到理想的标准，所以自己很懊悔、很沮丧、很愤怒。他不喜欢这个自己，他喜欢在想象中按照完美形象塑造的理想化的自己。

不断地把注意力放在自己的不足和缺点上，实际上等于拿着鞭子不停地抽打自己，等于帮别人拿着放大镜寻找自己的缺点。这样的谦虚和诚实意味着时刻向世界宣告"我不如别人，我不够好，我不爱自己"，这是完全没有自信和力量的。

以硬币的两面打个比方。我们在硬币的一面会看到菊花，在另外一面会看到数字。当看到菊花时，我们不能蒙着眼睛说"我只看到硬币是有菊花的"，而要如实地说"硬币的一面是有菊花的，另外一面是有数字的。数字的一面和菊花的一面共同组成了硬币的两个面。我爱菊花的一面，也接受数字的一面"。这才是更真实的全部。

放下自卑心态下的谦虚，客观地接纳自己、对待自己吧，对自己说："我接受自己的缺点，我爱不完美的自己。"可以列下"我的缺点"清单，要尽可能详细，尽可能全面。然后看一下在这清单中哪些是与生俱来、无法改变的，哪些是后天形成，可以矫正和改变的。请对先天形成的部分说"我接受我有一个扁平的鼻梁"，对后天形成的部分说"我接受我有暴躁的性格"。

改变的前提就是接受，假如希望生命有所改变，所有的改变都应从接受开始。只有接受，我们才可以看到自己需要改变的部分；只有接受，我们才可以从容面对自己的缺点，然后转身面向未来。

允许自己对着镜子里自己的眼睛说："我接受我有一双小眼睛、一个扁鼻梁、一个不周正的嘴巴，还有不周正的面庞。这些就是我，先天的我。"如果可以坦然面对镜中的自己，大方地承认和接受自己的不完美，也许我们就会感受到从未有过的轻松和力量。我们曾经费尽心机地想把事实的真相遮蔽起来，现在放下了，自然就多了一份坦然、多了一份放松和自信。

有一位美容医生曾很困惑地问："从医学角度看，很多人并不需要整容，为什么仍要花昂贵的手术费整容？从医学角度看有的整容效果已经足够好，为什么他们仍不满足，甚至多次修复也无法达到满意程度？"在美容院里经常可以看到这样的病人：他们一次又一次地做修复手术，但每次都不满意，于是就会跟医院纠缠。医院为此付出了极大的代价，医患矛盾也因此不断发生。

也许真正的问题在于患者不能接受真实的自己。通常患者的内心都有一个理想的形象，他一直期望把自己整成理想中的景象。整容只可能整成医学基础上最好的形象，一个患者如果不能接受他自己，那么无论怎么整容他也不会满意。很多整容失败，其深层原因都是患者不能接受自己的形象。

我建议他在病人整容之前应该进行充分的沟通，了解他最不喜欢自己哪一部分，他期望整成什么样。然后再告诉他可能整成怎样，医生可以用视觉形象图让患者看到效果并与他理想的效果进行比较。如果患者能够接受其中的差异并愿意调整自己的心理预期，医院再帮他做手术。如果不能接受其中的差异，就需要和患者再做沟通。这个建议对这位医生有很大的帮助。此后，他在手术之前会做两个效果图，让患者调整期待再做决定。实施这个方法后，医患矛盾果然减少了很多。

除了事故伤害导致的整形外，大部分美容整形患者都有不接受现实中的自己，追求理想中的完美形象的倾向。这种不接受可能是对家族系统的某项遗传特征的不接受，也可能是对自己童年的否定，这些都需要关注、沟通和调整。

我们可以坦然地拿着"我的缺点"清单跟身边人分享，也可以去征求身边亲友的意见，问问他们不喜欢自己哪些地方，期望自己在哪些地方有改变。也可以问那些与自己仅有一面之交的朋友，让他们帮自己充实这份清单。然后自己静下心来整理，看看其中有多少是重复部分，有多少是先天的，有多少是现在可以改变的。

面对镜中自己的眼睛，用右手拍拍左胸，对自己说："我不完美，但我的明天会更好。"用左手拍着右胸，对自己说："我深爱我自己，我接纳我自己，即使我还有很多不完美的地方。"

你也可以做"对生命说'是'"的练习，对自己说："我爱我自己，我爱自己的优点，同时也爱自己的缺点和不足。一个人同时拥有这两者，是多么美妙的事。"我接受我自己，我对生命说"是"，这就是真实的我。我允许自己坦白真实地面对自己，就好像带领自己走到生命的谷底，然后看到所有改变都是一条向上的路。我接受在谷底所看到的一切，我会带着这份发现和觉察一步步走向更高处。我爱不完美的自己，这也是我自己的一部分。这其中蕴含着生命的能量，也蕴含着下一步提升的能量，只有接纳散落在各处的自己，我们才更完整、更真实、更像自己。

第三节

为生命长河中不同阶段的自己喝彩

接受一路走来历程中每一个阶段的自己。不管他多么幼稚、脏兮兮或粗俗，都要把他放在内心最深处，对他说："我爱你！"

曾经的自己也许犯了很多错误，走了很多弯路，甚至做了很多糗事，留下了伤害，伤口至今没有愈合。但不管多么软弱、幼稚、无知，过去的自己都曾用尽当时自己的所有力量去生活，都是当初最好的自己。

有人说"小时候的事情全都忘记了""小时候某阶段的事情全忘了"，这是有选择地屏蔽了生命中的记忆。因为还没有准备好面对创伤记忆，所以我们就暂时选择了忘记。某一天外界发生的某些事情可能会把我们突然带回过去的某个记忆中，我们会看到过去那个孤单、受辱的自己，那个幼稚、可怜的自己。我们会看到这一切背后的生命真相：在可怜、孤单的背后，那个孩子具有旺盛的生命力，让他活下来的生命之火具有极强的力量！

以今天拥有财富、能力、社会地位、高大健壮的自己去看当初那个脏兮兮的自己，我们也许会有些不忍心、同情甚至可怜。我们会看到当年的孩子和今天的自己之间有一条连接的纽带。

今天的自己有着当初的孩子所有的力量和能量。我们今天的成长是当初那个孩子赖以生存的所有期望和期待。我们不可以用居高临下、高高在上的优越感和傲慢回望当年的孩子。所以，我们要蹲下身来跟那个孩子的眼睛对视，和他进行充分的沟通和交流，欣赏他所具备的能量和力量，表达我们对他的感恩和赞赏。

因为，今天这个成熟的自己所具备的所有资源都是当初的那个孩子奠定下的基础。没有他当初的坚持和忍耐，就没有今天的自己，我们今天所有的光彩都来源于当初他的辛勤付出。接受他就是接受自己的本来面目，就是接受自己本来的状态。只有接受过去的自己才能让自己的生命更加充实、更加完整。

所以，接受一路走来历程中每一个阶段的自己吧。不管他怎样幼稚，脏兮兮或粗俗，都要把他放在内心最深处，对他说："我爱你！"告诉他，因为他的帮助我们才有了今天的成就和风采。请站在生命线上，带着感谢，对过去所有的记忆说："是的，我爱你！"从过去的经历中得到所有原始的能量和信息，得到所有的允许，今天的我们才能更真实、更完整地整合过去，走向未来。

也许我们眼前会浮现出若干年后的自己，看看他长得怎样，有什么样的神情，会过着怎样的生活，未来是否辉煌。现在的自己多么深切地祝福他，多么期待给他帮助啊！未来会因为他而光彩，未来我会以他为荣。这意味着我们愿意带着过去的自己，全力以赴地支持现在的自己，全力以赴地陪伴自己走向未来。

　　生命的长河就是这样，从过去到现在到未来，流动不止。每个人的生命都蕴含着过去、现在，都会随时随地走向未来。在每一个当下，我们带着感恩的心对未来说"是"，把这份能量放在当下的心愿里，带着极大的期待走向未来，期望可以看到明天的辉煌。每一个当下都是现在的过去，又都是过去的未来，此刻我们就站在当下的永恒里。

　　做几个深呼吸，吸进过去的能量和资源。每一次吐气都把对未来的期待释放到空气中、宇宙里，让自己在时间的河流上体会生命的永恒吧。生命之流畅通和流动中都带着爱和接受的永恒。接受所有过去和现在，接受和爱所有的未来吧。在每一个当下，享受平静、感恩，全然地关注自己、爱自己，带着感恩的心好好活下去吧。

　　带着此刻充满温暖气息的自己，想象自己看到眼前有一条宽广的未来之路。那条路上铺着金色或银色金属的粉末。未来的自己如此自信，正昂首挺胸地走向远方。他身上洋溢着的独特的光带着强大的吸引力深深地吸引着自己走向他、靠近他。你离他越来越近，越来越清晰。你似乎可以感受到那个未来的自己就是天地之间大写的"人"。他带着使命来到地球上，用他特有的方式服务生命的存在，用他特有的方式照顾生命的存在。

　　用心感受那份强大的吸引力，靠近一点，再靠近一点，好像每靠近一步都会被他吸引，甚至能感受到光和热的气息。炫目的色彩就在面前召唤着、吸引着你，再向前几步就可以跟他整合在一起，完全地消融在一起。进入那份爱里去体验、去完成生命的使命和课题吧。如果真的与他融合在一起，你就可以带着独有的生命蓝图向世界表达自己了。进入其中，跟随他一起向远方走去吧。

在这个过程中，我们会听到某些声音，感受到某些启示。我们会明白一路走来就是为了迎接这个时刻的到来。过去生命中所经历的一切都是在为这一刻做准备。在这一刻之前我们所经历的、体验的、学习的一切，已经变成与未来融合的所有资源。现在我们终于可以跟他在一起，终于可以去做早已准备好的事情，完成属于自己的独特使命了。

用自己的方式再做几个深呼吸，听听未来的自己对现在的自己有什么提示吧。带着感恩的心回望过去的路，我们会发现一切都如此真实地出现在我们面前，一切都有了不同的意义！

再做几个更深入的呼吸，跟随现在的自己融化在未来里，不断地去体验和学习，成为独特的自己吧。

第四节

卸下恐惧，与负面情绪说再见

所谓负面情绪，其深层都是恐惧，是生命自我保护的本能防御情绪。问问自己，有什么可以威胁我，有什么是我不能控制的，然后和负面情绪说再见。

当生活中的人、事、物触动我们的情绪或者掀起波澜时，我们应该让自己静下来。问问自己这种情绪是什么，可以用怎样的词描绘它，是恐惧、愤怒、失望、无奈还是无助。感受一下这种情绪在身体的哪一部分，有怎样的颜色、形状和大小，这种情绪又有怎样的象征。我们可以跟这份情绪在一起，允许它慢慢流动、流走，也允许它慢慢地沉淀下来。

所有负面情绪，其深层都是恐惧，是生命自我保护的本能防御情绪。问问自己什么东西可以威胁自己，有什么是不能控制的。然后评估自己现在拥有的资源和自我保护的能力，看看自己一路走来的那份坚定和力量，看看身后最重要的两个人的支持与爱。

今天的我已经得到了充分成长。时过境迁，我不再是当初的那个小孩子了，我是安全的，我可以自由呼吸，可以把呼吸送到身体每一处紧绷的地方，可以带着爱和光去融化那份紧绷。我可以像安抚内在小孩一样对自己说："宝贝，你是安全的，今天我已经可以保护你，我可以做你的爸爸（妈妈）保护你。"我可以跟恐惧在一起，允许那份恐惧流过我，也允许它慢慢地消失。

我可以把呼吸送到恐惧所在的地方，也把自己所有的爱送到那个地方，然后感受那份恐惧和紧绷在释放、在打开，感受那份惊恐被笑容取代，就好像睡在妈妈臂弯里已经平静进入梦乡的孩子。

是的，这个世界是安全的，我是被保护的；这个环境是安全的，我是被照顾的；家是安全的，我是被爱的；所有存在的一切都是安全的，我是平安的。让自己带着这份用深呼吸陪伴的安全，享受当下的平静；让自己把这份平静送到身体所需要的某个点，直到在这个安全的空间里身体可以完全放松下来为止。

我知道自己有能力照顾自己。就像大树下面装的篱笆可以挡住野猫、野狗的侵袭，篱笆墙里的树、小草都是安全的，一切都有自己的秩序。我会感受那份踏实、那份自在，享受充分的安全和保护。这个世界是安全的，我是安全的，一切都是安全的！

少点评判，多点包容

评判可能会造成破碎，使人无法感受全面、圆满完整的合一。若想使自己更加有力量，更加真实，必须放下评判、比较、否定、指责和说教，多点包容和理解。

带着评判的目光看待自己和周围的一切时，就把自己置于二分法两极的一端了。不管"是"还是"否"，"对"还是"错"，"好"还是"坏"，评判都容易让自己处在不完整的一端。选择和评判会让自己少了一些机会，而只做某一面时可能会造成极大的能量损耗。

评判会让人变得狭隘、紧张、小心翼翼和恐惧；评判会让人唯恐做错，唯恐越雷池一步；评判让人看不到生活的全貌，可能会让人变得片面。

所以，评判会造成破碎，让人无法感受全面、圆满、完整的合一。若想使自己更加有力量，更加真实，必须放下评判、比较、否定、指责和说教。要带着平静安详的心对所存在的一切说："是的，就是这样。所有发生的都是最好的，所有存在的都是最有意义的。一切发生的事情都是宇宙最好的礼物，一切存在都是宇宙最好的安排。"

每个人都是宇宙的一部分，是宇宙圆满和完整的一部分。我们可以跟随所有发生的事情去体验并在其中成长、成熟。回望成长之路，我们应对一切发生的说："是，感恩你们。"回到当下，我们则对周围的一切说："是，感恩你们。"期待未来之路上，我们也对一切可能说："我期待着，我将走向你们。"当带着这样的心情去看自己时，我们就会看到最真实完整的自己。

我就是最好的。我感恩生命所有的馈赠和赐予，感恩所有人的陪伴与支持，感恩自己活在最好的年代。我有最好的父母，找到了最好的伴侣，做了最好的孩子的父母，有了最好的工作，从事着所爱的职业，通过它去服务所有的生命，对"我是谁"也有着很清楚的答案……

生命的智慧就这样在我眼前展开，我只需要跟随，只需要融入，带着这份学习和觉察的感知去跟随和融入。我活在生命的河流里，我在生命河流这盏智慧明灯的指引下顺流而下，绵延不绝。

招数①：带着最佳状态上路

让自己放松下来，做几个深呼吸。每次向外呼气的时候都将注意力放在双肩的两点上。让肩膀放松下来，直到这种放松慢慢从肩膀传到双臂，传到胸腔、腹腔，到大腿，到小腿，直到全身都放松下来。

让自己慢慢地穿过时光隧道来到出生的那一天，看看自己经过怎样充分的准备才来到这个全新的世界。割断脐带后的你和妈妈分离，赤裸着全身来到这个冰冷陌生的世界，开始了你的生命旅程。从此，你不再依赖妈妈的完全保护，也不必再感受被束缚的紧张。

看一看你是怎样打开自己的耳朵去倾听、学习和感受不同的声音的。粗重也好，轻微也好，你侧转头去跟随声音的方向；你开始用自己的眼睛去观察世界，看到近处的、远处的光，看到七彩的颜色；你开始挥动自己的手去碰触周围的世界，摸到硬的、软的、粗糙的、光滑的、不同的物体；你开始分辨着不同物体的不同形状和不同感觉。

你开始用嘴巴吸吮妈妈的乳头，用自己与生俱来的能力为自己获取生存下去的营养。饿的时候会哭，困的时候会叫，所有的过程对你来说都是生命中的第一次，重要的第一次。你好像是个天然的学习者，把许多第一次做得天衣无缝，不露痕迹。

就这样，你慢慢长大，慢慢开始学习翻身，一次，两次，许多次，你尝试用身体的每一块肌肉拼装和协作来翻动自己的身体。这是个巨大的工程，无数次的尝试和努力后你的身体开始配合你的愿望，你的手、脚、腿和胳膊，包括你的躯干。一切都在不知不觉中完美地配合，直到你第一次顺利地翻身。

现在，你开始改变观察世界的角度了。你开始用你的胸支撑身体，你抬着头从下向上看着世界。你开始舞动你的手、脚，像鸭子一样在那个厚重的床上向前移动。经过一天天的练习，你学会了爬行，你开始挪动屁股、手和脚，让它们完美地配合，你用自己的力量向前爬行，向后倒行。

这一刻，你不再是那个只能躺着完全任人摆布的存在，你有了自己的自由意志。你可以让身体配合，爬到你想要拥抱的那个人身边。你的状态越来越好，你开始用自己的意志支配身体，跟这世界有更充分的融合。就这样，从爬到坐到开始走路，你调动了你身体的每块肌肉，用自己的脚踏出了生命的第一步。你得到了多少掌声、多少喝彩，数也数不清。不管在这之前你曾经摔过多少跟头，当你开始迈出自己的脚步在地球上行走时，你已经像一个得胜的将军，自信而有力。

你带着这份自信和力量去幼儿园。人生中第一次和家分离，跟所有同龄的小朋友共处，你已经会用自己的方式照顾自己。还记得吗？第一次离开家到幼儿园，你是多么勇敢、多么有力量。不管内心有多少说不出来的恐惧和担心，你还是在一个完全陌生的环境里度过了漫长的一天。当你回到家时，你已经不再是那个只会牵着大人衣襟走路的孩子了，你已经用你的脚开始了在这个世界的探索和发现。

还记得吗？你第一次拿勺子吃饭，调动你手上所有的肌肉把饭盛进勺里再送进嘴里。还记得吗？你第一次拿起笔写下第一个汉字，第一个数字；你第一次走进小学，背着书包探索更广阔知识的世界；你第一次回答老师的问题，第一次在考卷上写下自己的名字……

多么了不起的无数个第一次！你已经把内在具备的能量和自己的准备完全整合在一起了。你就是那个能干的、有明确目标的、天然的学习天才！你一路长大，一路学习，一路探索。不知不觉中，你跨越和经历了生命中无数个重要的第一次，你每一天都在长大成熟。成功积累的自信和优良状态已经化为你内在的本能。这些第一次为你下一步成长、成熟奠定了良好的基础。

今天，你的每一寸肌肤、每一个细胞、每一段血液里，都记录着生命中无数个重要的第一次，无数优良的状态。你甚至无法分清每一次的成功记忆刻在哪里。你只知道每当需要时，只要一个深呼吸，你就可以把所有成长的美丽记忆唤起。你经历了一次又一次考试；与一个又一个人打交道，建立亲密的关系，把爱传递给其他人；你开始主动自觉地设计未来的生活。经历这一切时，你运用的正是对你而言非常重要的美好的优良状态。

做几个深呼吸，打开自己的心，感受属于你的优良状态吧。做几个深呼吸，吸入优良状态带给自己的所有支持、信心和力量吧。让这份感觉扩散到全身，从内在最深处向全身扩散，直到扩散到手指、脚趾。

唤醒自己"我是一个天然的学习者，一个天才的创造者"的记忆吧，把这份天才的学习和创造能力更有效地整合，在下一刻好好服务自己，服务其他生命吧。

再做几个深呼吸，把所有潜藏在内在的优良状态，从内在最深处输送到身体每一部分吧。让它们在全身扩散、流动、沉淀，直到你感觉足够，才让自己慢慢地从这个状态回到现实中来。

当你回来时，感受内在那份力量和信心，感受你所有生命经历中的优胜记忆吧。你会感觉到自己早就准备好了，从来到这个世界之前就已经准备好了。关照现在的自己，你会在未来创造更多辉煌。

给你两分钟完全属于自己的时间，感受与所有过去生命中的优良记忆的融合和唤醒过程吧。这是属于你自己的时间，请你自己好好地体会和感受……

（两分钟后）好，现在该是你回到现实生活中的时候了。慢慢地再做几个呼吸调整你的状态，用你自己的方式，先睁开眼睛再露出笑容或者先露出笑容再睁开眼睛。恭喜你像一个探宝者一样，一路搜索着寻到了早就存在于内在的宝贝。现在你是个大富翁了，带着你所有的财富和资源，开始你喜悦的生活吧！

招数②：向理想的自己借力

问一下自己你什么时候对自己最满意，是过去的某个时刻还是现在，抑或是未来的某一状态。假如你能找到自己对"理想的我"的记忆，不管他是过去、现在，还是未来的自己，让自己想象那个我站在自己对面的场景吧。

看看他穿着什么颜色的衣服，面部有什么表情。看看那个"理想的我"具备什么让你觉得那个自己最令人满意的能力。花一点点时间做个探索，帮他找出至少三样他所独有的让你觉得羡慕的能力，比如耐挫力、意志力等，越具体越好。

如果你怕忘记，就写在一张纸上，然后看着对面"理想的我"的眼睛对他说："你是理想的我。现在的我还不够完美，我在你身上看到你具备的A、B、C三样能力是我现在不具备的。我羡慕你、佩服你，我请求借取你的这三样能力。我保证借到之后会好好运用它们并服务其他人。我保证借给我之后你只会收获更多。你愿意借给我吗？"

看看对面"理想的我"会有怎样的表情和反应。假如他愿意就对他说："谢谢！"假如他不愿意，就问问他担心和恐惧什么，直到他愿意借给你为止。想象他从自己的口袋里掏出了一大把代表那三样能力的金属粉末远远地向你撒了过来。

他把粉末从你的头顶撒向你全身，越来越多，像雪花落下来一样，从你头顶的百会穴到你的肩膀、面颊、双臂，直到你全身都落满了代表特殊能力的金属粉末。只要你一吸气它们就会被源源不断地吸到你的身体里，跟你的身体连接在一起，甚至源源不断地进入你的心里。

用你的方式去感受这些能力飘洒进入你体内的过程吧。深呼吸，不断地大口吸气，每一次吸气都好像金属粉末又被更大量地吸入了你的身体。再做几个更深的呼吸，让新一轮的更强的能量进入你的身体，直到感觉它们慢慢沉淀下来，那样充实，那样源源不断……

让自己充分享受这个过程，享受"理想的我"所具备的能力。感受你的内在与生命之火相连接的过程，感受你早已经具备的这三样"理想的我"所有的能力，让自己去体会这个全新的我吧。

直到你觉得足够了才慢慢地从这个过程中睁开眼睛，对给予你力量的"理想的我"鞠躬说："感谢！"告诉他你的心愿，你打算怎样跟他建立更密切的关系，让他不断地提醒你、支持你，让你不断地突破和超越自己。

直到你已经表达完这份心意，直到对面的他完全配合你，再让自己慢慢地回到这个空间里。慢慢睁开眼睛，感受借力之后你的身体和感觉有怎样的不同。带着刚刚借的这份力量，尝试做一个动作或者说几句话，感受这些能力跟你融合之后与练习之前有什么不同。你还可以向你所崇拜的人物、大自然中的某种动物或植物或某个象征借力。

招数③：和内在的小孩一起，让自己更自信

这个练习可以帮助我们重新接受成长过程中曾经被否定、被忽略的自己，寻找自己曾经有过的力量和爱，让自己更完整、身心合一。

1.找一个安静舒服的地方坐下，深呼吸并放松。

2.把注意力集中在体内潜意识存在之处，向它致谢并请它让你与过去成长过程中的自己沟通。请潜意识让这个成长中的自己呈现出来，即呈现有景象和声音的场景。

3.集中注意力，诚恳地向潜意识不断重复上述要求，直至过去的自己在脑中出现（多数是小孩时代的自己，后文称"小孩"）。如果潜意识没有对要求做出反应，先用深呼吸法使自己安静下来再与潜意识沟通，请潜意识合作。可以尝试用这个技巧去处理一些需要处理的事，从而使自己有更多的成功和快乐。

4.当脑中出现小孩时，观察这个小孩正在做什么，以及他的内心状态和情绪感受。如果脑中只有身形而看不到面孔，可以继续做下去，通常之后会有改善。对小孩说，你就是他多年之后的样子，这么多年里你经历了很多学习和成长，现在回来感谢他、帮助他，给他支持和保护，跟他在一起。

5.若感到小孩有不接受自己（自责）的心态，告诉他你经过这么多年的成长，已经掌握了很多可以更有效地处理各类事情的能力和技巧。当时的你尚未学懂这些技巧，只能凭当时的知识和能力去处理每一件事，你不懂得怎样可以做得更好，也没有人教你如何做得更好。事实上，他已经做得很好了，你现在的情况便是证明。然后用语言肯定小孩拥有的能力（例如好奇、有活力等）。

6.若感到小孩有责怪别人的心态（例如父母、家人或者曾经伤害过他的人），告诉他这些人没有学过怎样去做他们当时的角色，他们只能凭他们当时拥有的知识和能力去做他们当时可以做得最好的行为。告诉小孩那些人做的事情背后都有正面的动机，他们那样做只是为了满足那些动机，而并不是针对小孩。

虽然还不能全部明白，但我现在已经能够明白这些正面动机中的很大一部分了。其实他们可以有不同的做法去满足那些动机而无须伤害小孩，但是他们不懂，也没有人教他们怎样可以做得更好。这些人是小孩成长过程中学习的推动力，我今天能做和当时不会做的事情便证明了这点。然后，用话语肯定小孩在所发生过的事情里学习到的能力。（例如：小时候被父亲打，现在便知道怎样做一个更好的父亲了。）

7. 若对小孩感到反感、抗拒，告诉自己小孩当时很辛苦，没有人教他很多你今天懂得的东西，也没有人给他足够的帮助与启发。在那个时候，小孩是那么的孤单、无助、彷徨、辛苦、惊恐，但他仍然那么坚强地独自面对每一天，艰苦地成长。无论怎样辛苦，小孩都在尽力学习和成长，在努力使自己成长得更好，从而使今天的你能够掌握如此多的知识和能力，享受人生中的一切美好。

假如内心仍不接受小孩，就先想想：他那份辛苦的坚持让你有今天的人生，拥有种种的机会。你不接受他，谁会接受他；没有他，你也就没有过去，那你剩什么？……什么都没有了，因为你所有的能力包括发脾气、憎恨的能力，都是在过去培养出来的。你的过去就是你现在所拥有的能力的平台，从这个平台往上走，你才能有继续成长的机会。反复思量这两点，直到自己能接受小孩为止。

8. 看着小孩，想想小孩那时的寂寞、彷徨、无助甚至害怕；同时想想他的勇敢、努力；想想他内心的好奇、爱心、动力以及想与人接触、想好好地成长的生命力。在心中和他说话，说说你对他的感谢，给他同情，让他知道你怎样想，也让他和你说话。

在对话中找寻可以互相接受的肯定与认同，直至双方都完全宽恕和接受对方。过程中看脑中的小孩有什么变化，注意小孩的表情及身体语言的变化，直至小孩有平静、积极、安心的感觉，甚至有笑容，才算成功。这个过程中可以给自己一些时间，让他在准备好的时候才给你点头的信号。

9. 当感受到"已准备好了"的信号时，看着小孩，伸出你的双手，向他说："是我们连在一起的时候了。这么多年的迷惘、摸索、不安，现在都成为过去了。感谢你为了我做那么多，因为有你我才能够成长，我会用我多年成长中获得的能力保护你、照顾你、爱你。"

想象小孩一步一步地走过来。终于他握住你的双手，你把他拉过来拥抱在怀里，你给他的力量使他放松，没有了恐惧、彷徨，而有了自信、平静、满足感。感受一下他内心充满的力量是怎样使你更好、更轻松地处理人生中要处理的事的。

感受他把头靠在你的肩膀上，然后在他的耳边轻柔地、细声地说出两句只有你俩知悉的话，去肯定这份结合会多么有力量地帮助自己。再听听他也在你耳边说出的两句话，只有你俩知悉你俩的结合会如何使自己活得更好，有更成功快乐的人生。

对小孩说："我们以后再也不会分开，我们要一同在人生中快乐地前进。"然后充分地把心打开，接受小孩，感受一下两人融合在一起的感觉。当感觉足够时，深呼吸，大力吸气，把那份感觉加强和储留在全身，直到你可以慢慢从这个状态中出来。

此练习可重复做，每次可以处理不同年龄阶段的不同创伤，直到自己可以接受过去的自己，充分成长为止。

招数④：整合不同角色，让自己更优秀

这个技巧是李中莹先生在 2001 年年初所创，该技巧致力于处理个人内心的矛盾冲突，尤其是涉及自己"身份"的信念的矛盾等。例如，内心觉得应该去做某件事，但感情上又不想去做或内心总有一个责备批评自己的声音时，以后者为例：

首先需要确定内心两个冲突的立场，定出"第一角色"和"第二角色"。把这两个角色清楚地定义和分开，对这个技巧的效果来说很重要。"第一角色"是现实生活里本人的角色，而"第二角色"是内心批评或否定的声音，例如应该去参加考试，但是内心却老有声音叫自己不要去，因为怕会出丑。

"第一角色"就是想去考试的自己，"第二角色"就是否定自己的声音。简单地说，"第一角色"是在人生里向前走、想做点事使人生更成功更快乐的自己，而"第二角色"就像坐在云端伸出手总是在搅乱捣蛋的自己。

这个技巧可以让内心对立的两股力量融合成为一股。无论怎样决

定，这股力量都能让自己感到身心一致，更有动力向前，更容易有肯定和积极的心态。

用两张纸分别写上自己内心的两个角色（都写自己的名字，但用不同颜色的笔写）。把两张纸相对放在地上，相距 2~3 尺。先从"第一角色"开始，然后进入"第二角色"，最后再进入"第一角色"并结束。

先站在"第一角色"前面，看到对面有一个批评自己的自己。想一遍相关的事情，问问自己我这样做是想得到些什么。找到行为背后追求的价值，也就是身份层面的正面动机（例如"证明我有成功快乐的人生""证明我是一个有能力的人""证明我可以照顾自己"等），便可以站出来进入下一步练习。

再进入"第二角色"，看到对面有一个自己，想一想自己会怎样责备和批评对面的自己，然后问自己：我责备批评他的目的是什么，想得到些什么？与刚才一样，找出责备批评背后的价值需要，也就是找出正面动机。一遍遍地问自己，直至找到"身份"层次的正面动机为止。这时你会发现，原来两个角色背后都在追求同样的身份层次的价值。然后让自己站出来进入下一步练习。

再进入"第一角色"，对着对面的"第二角色"说出以下的话：

"我做这件事是为了找到身份层次的正面动机，你责备批评我，也是为了找到身份层次的正面动机，原来我们都是为了使自己活得更好，有更成功快乐的人生。当我们的力量结合在一起时，我们会更能帮助自己，使自己活得更好，有更成功快乐的人生。现在，是时候让我们结合在一起了。"

闭上眼睛，向前伸出双手，握住对面自己的双手，慢慢地把他拉过来。拥抱他，感受他把头靠在自己的肩膀上，然后在他耳边轻柔地、细声地说出两句只有你俩知悉的话语，去肯定这份结合会多么有力量地帮助自己。再听听他也在你的耳边说出的两句话，只有你俩知悉你俩的结合会如何使自己活得更好，拥有更成功快乐的人生。

然后，感受一下两个自己融合在一起的感觉，当感到融合的舒服时，大力吸气，使这份感觉膨胀、变大、充实。好好地享受这份舒服又充满力量的感觉，然后慢慢地张开眼睛。

招数⑤：记录美好生活瞬间，爱上生活每一刻

拿一张纸、一支笔，让自己放松下来，跟自己的身体建立连接。当身体配合和支持时，我们要开始思考我最爱的生活是什么样子的，我最爱以怎样的方式表达我对生活的热爱。

让自己脑海中浮现出相关的记忆，也许是曾经最兴奋最喜悦的画面，也许是某些声音或者某份感觉带来的回忆。回顾生命中最喜爱的生活有哪些场景，哪些人、事、物，让你感受到生活的美妙、自在与喜悦。把脑海里所有浮现的东西慢慢地落在纸上，尽你所能地写，越多越好，越具体越好，用足够的时间完成这个工作。

感觉完成后去看这张清单。你也许会明白，就是这些美好的过程和体验让你感受着生活的快乐和喜悦，支持你不断寻找和创造更多的可

能和机会。也许你会发现，你觉得最爱的生活瞬间或某项活动其实花不了多少钱。也许你会发现，你并不依赖于哪些人。那些美好可能都是最自然、最简单也最真实的快乐过程。

好好看一看"我最爱的生活清单"，然后问问自己：我有多久没有做这些事情了，是什么妨碍我去过自己最爱的生活？是外在条件限制还是我内在的自我设限？从中找出六七项做些安排，选出两三项，让自己在这个周末或者今天就去体验。你可以想象当你完成这些体验时，会多么开心和快乐。

找一个本子把你的决定记下来，记录你在什么时间完成了哪项活动。也可以把这个决定贴在你的床头，直到你完成。把你的感受和记忆写在后面，每一天、每一个星期、每个月都让自己有这样享受生活、感受生活的美妙活动安排。体会每一个美妙的生活瞬间，无数个美妙的生活瞬间就可以串成一串精美的珠链，留在生命温暖的记忆中。

招数⑥：积极的心理暗示，让自己更从容

在这世界上没有一个人完全像我，有些人在某些方面像我，但没有一个人完全像我。因此，在我身上体现出来的每一点都真实地代表我自己，因为那是我自己选择的。

我拥有我的一切，包括我的身体和它的所作所为，我的大脑和它的所想所思，我的眼睛和它所看到、所想象的；我拥有我的一切，包括

我的感觉，不管它们是愤怒、挫败、失败，还是喜悦、兴奋和爱；包括我的嘴巴和它所说的话，礼貌的、甜蜜或粗鲁的，正确或不正确的；包括我的声音，大声或小声的；包括我所有的行动，不管是对别人的或对自己的。

我拥有我的幻想、梦想、希望和恐惧。

我拥有全部的我，因此我和自己更熟悉、更亲密。正是因为这样，我才能爱自己并友善地对待自己的每一部分，我因此可以做我最感兴趣的工作。

我知道我有某些困惑和不了解的事情，但是只要我友善地爱我自己，我就能有勇气有希望寻求途径来解决这些困惑并发现更多的自己。

这些时候，我再回头看我所看到的、听过的、做过的、感受到的，有些可能就变得不合适了。

我能够舍掉一些不适合我的并且再创造一些新的东西。

我能看、听、感觉、思考、说和做。我有办法使自己觉得活得有意义，并使自己更丰富、更有创意。

我拥有我自己，因此我能驾驭我自己。

我是我自己，而且我是最好的自己。

招数⑦：将心比心，让关系更和谐

每一个生命都是奇迹。每一个人都在学习如何爱惜、照顾和滋

养我们所得到的生命。当我们自己受到滋养时，我们就能适当地去
滋养别人，爱别人。

——萨提亚

这个方法可以在另一方不在场的情况下改变一个人对另一个人的
看法（感知模式）。在改善两人之间的沟通或关系上，"感知位置平衡法"
是最有效的技巧之一。简单来说，就是将心比心。

此技巧把内心的"感知模式"经由一张椅子而实物化了。通过改
变自己内心的一些信念、价值观和规条，并且将改变经由一些话语和行
为实现出来，"感知模式"便能改变。因而，下次见面我们对同样的人
会有不同的言语和行为，即态度上有了改变。

本来双方关系已经比较融洽，希望双方关系有更高的提升时，也
可以用该方法。

具体步骤

1.心中选定一个想提升与他的关系的人。安放两张椅子，一张自己
坐入，另一张放在对面（正前面）自己感到舒服的位置。想象这个人坐
在椅子上的景象。

以自己内心感到最能代表实际情况（而不是内心所希望的距离）为
准，把这个人的座椅拉近一些或远一些。注意这个位置与自己的距离，
以便稍后验证效果。

注意这个人的脸或身体是否正对着你，若对方是以侧面对着你，把

对方慢慢地调校至正面对着你的位置。

注意对方双眼的位置是否与你的眼睛处于同一水平，如果不是，把两人的视线调校至同一水平（可想象自己能任意升降对方或者自己的椅子）。

若看到的只是黑白景象，调校为彩色。

2.做好以上工作后，注意对方的坐姿和面部表情，同时注意自己内心的感受（这是第一位置）。

3.让自己平静下来，与内心的感觉连接之后，走向对方的位置（这是第二位置）。模仿对方坐的姿势，想象自己已经变为对方。望向在第一位置的"你"，注意"你"的身体姿势和面部表情。注意此刻自己内心的感受。

4.走去第三个位置（"抽离位置"），这个位置应该和第一、第二位置都是等距的。从这个位置看到第一位置的"你"和第二位置的对方的姿势、面部表情，同时了解他们的内心感受，感觉一下：

第一位置的"你"可以做些什么去改善与对方的关系，例如说某些话或者做某些行为？第二位置的对方可以做些什么事以改善你们二者之间关系？第一位置的"你"又可以做些什么？

5.返回第一位置，坐下想象自己看着对方，在心中说出刚才想到的话语和刚才想到的行为。完成后看看对方的表情有什么变化。

6.走向对方的位置，模仿他的姿势坐下，想象自己已经变成他，然后望着对面的"你"，听、看并感受一遍"你"所说的话和所做的行为，注意一下内心的感受有怎样的改变。若有话想说或有要回应的行为，就向对面的"你"说和做一遍。

7.走回第一位置，重新变为自己，看着对方，回想一下刚才自己对他说和做了什么。然后，留心听、看和感受一遍对方说、做时的回应。注意一下自己内心感受的改变。若有话想说或有相应行为想做，向对方说和做一遍。

8.重复第6点与第7点，直到效果达到满意的境界为止。若未能达到而已经没有了新动力，再走去第三（抽离）位置，重复第4点至第7点的步骤。

注意

1.跟着上述步骤去做，做到第3点之后便不再严格规定下一个位置应该是哪一个，而应该跟从情况发展的需要和内心的感觉而走。

2.若某人的某些行为使自己无法接受他，不能直接进行这个练习，可尝试先找出这些行为的正面动机，然后再进行。

招数⑧：体悟生活，活在当下

生命在当下的每一个瞬间都是真实的。每一个瞬间的消失都是过去，无从把握。下一个瞬间还未到来，无法掌控。真正可以把握的是当下的这个瞬间。

"活在当下"被很多人挂在嘴边，到底怎样算是活在当下，怎样才能活在当下？活在当下是一个需要训练的过程，也是一个新习惯养成的过程。训练可以从学会呼吸开始，由呼吸来带动身体和情绪的自我觉察。

你只需把双腿分开平放在地上，双手分开平放在两条腿上。把注意力放在双肩的两个点上，感觉每次向外呼气的时候肩膀的两个点都放松下来。慢慢觉察每一次呼吸带来的身体的起伏变化。注意力从肩膀落到手臂、双手，从肩膀落到胸腔、腹腔、臀部、大腿，膝盖和双脚都慢慢放松开来，感受双脚踏着大地的踏实与稳定。

用两三分钟完成这种由呼吸带来的身体放松之后，就可以让自己把专注点从头顶的百会穴慢慢地向身体移动。请把注意力放在每一寸头皮上，感受它的放松。注意力再由头皮慢慢地落到自己的额头，感觉额头放松下来，眉毛放松下来，上眼皮放松下来，面颊放松下来，下眼睑放松下来，嘴巴的肌肉也放松下来，下颚也放松下来，后脖颈放松下来，肩膀放松下来，上臂放松下来……

带着这份放松，伴随着自然的呼吸，专注地从头到脚一寸一寸地对身体各个部分进行扫描。扫描哪个部分紧绷，哪个部分酸麻胀痛，哪个部分已经完全放松。就这样一寸一寸地扫描，一寸一寸地移动注意力。

把呼吸带到那个紧绷或者酸麻胀痛的地方，直到那份感觉开始慢慢转换、变淡或者消失。感受每一种感觉的变化，从头到脚，再从脚到头，把所有的专注都放在自己内在的每一次细微变化上。观察变化的起落来去，就在这过程中你会学习完全陪伴自己，关注自己。这一刻，没有评判，没有否定，只有观察，只有关照。从头到脚，从脚到头，来来回回地扫描自己的身体，感受自己内在情绪的变化。看着它起起落落，来了又走，走了又来。

这就是真实的体验和过程，没有过去的牵绊，没有未来的期盼，没有对过去的比较，也没有对未来的恐惧，只有平平静静的陪伴，只有呼吸的配合，只有这份真实和自然。这样的过程也许只有三五分钟或者一刻钟，但已足够我们深刻体验它的真实自在，体验它与万物同在、合一的完整。

假若每天都让自己有这样的觉察和专注，每一刻都让自己体会这份觉察和专注，我们就可以创造一个又一个平静祥和的瞬间，体验这份"活在当下"的放松、自在。通过觉察自己身体的变化、情绪的感受，我们可以更好地跟自己在一起，世界万物由此也可以连接在一起。

让爱被感受到并传播出去吧。每天为自己做一些安排，让自己有这样的训练时间，直到慢慢变成习惯。在每一个呼吸的当下，每一个生活的瞬间，都增强这份关照和觉察能力，让自己活好每一个当下吧。

招数⑨：自我肯定，相信明天的阳光会更美

我深爱着自己，虽然我不完美，但我的明天会更好！

让自己放松下来，坐在椅子上。跟身体做个连接，伸出自己的右手，拍拍自己的左胸，对自己说："我不完美，但我的明天会更好。"用自己的左手，拍着自己的右胸，对自己说："我深爱我自己，虽然我还不完美。"

双手一左一右轮流交替进行上述练习。可以先用比较大的声音对自己说，然后慢慢地让音量小下来，就好像双手一左一右轮流安抚自己内在的小孩，对着孩子喃喃耳语一样。让双手慢慢与身体连接，好像一双成熟的、智慧的手安抚内在需要保护和肯定的孩子。这个过程中我们可以完全跟随身体的感觉和内心感受，直到你觉得足够就可以慢慢结束，回到现实生活中来。

如果能每天至少做三次，坚持二十一天或一个月，你将发现生活会发生奇迹般的变化，你对待自己的态度与以往会有很大不同。假若变成习惯每天都做，你会有很大的收获，就像随身携带着最有智慧、最有力量的爸爸妈妈的保护一样，随时随地都可以给自己最好的爱和关照，照顾自己、爱自己会因此变成简单、可操作的过程。

招数⑩：分享爱，散播爱，传递爱

把爱传递给他人吧，因为我爱自己，所以我也爱你。我相信每个人当下的每个状态都是最好的！

让自己放松下来，感受自己内在的放松和平静，想象自己内在深处有一个装满爱的坛子。在生命诞生之初，那个坛子就在那里，它带着满满的对生命的爱来到这世界上，伴随着我们成长，伴随我们经历和体验生命的每一个时刻。

在每个不同体验中，我们吸取着重要的营养，那些营养也会变成爱，注入这个很深很深的坛子里。也许当时自己没觉察，但看似与爱无关的一些伤害，经过时间的沉淀和智慧的洗礼，都会转化为更大的爱和力量。所有的生命体验，都会在不知不觉中转化成无穷无尽的爱的涓涓细流，源源不断地注入这个坛子里。

来自身后的父母之爱和透过父母传递而来的家族系统的祝福也会变成涓涓细流，源源不断地滋养和补充这爱的存在。此外，辽阔宇宙也用无尽的、无形的爱提供着生存营养，源源不断地把它的博大和允许流进这个坛子里。

盘点一下这个生命之爱的坛子，内涵是多么丰富，能量是多么富足。"问渠哪得清如许，为有源头活水来。"内在与生俱来的生命之爱、成长经历的体验之爱、父母和家族的亲情之爱、宇宙与自然的博大之爱，都用各自不同的方式像无尽的活水一样源源不断地注入内在的坛子。用我们的方式感受这份爱的真实，爱的丰盛，爱的流动吧。我们是如此幸运、如此丰饶地拥有所有需要的爱。

感受盘点之后的丰盈，感受爱的完整、完美和流动吧。这个有生命之河流动的爱的坛子，现在已经装得足够满，已经渴望灌溉周围的土地，滋润旁边的小草，已经忍不住要去陪伴麦田、森林，已经忍不住要去陪伴树木和稻穗。

打开自己的心让它开始流动吧。通过自己的手给别人多一份扶持吧，扶那个盲人过马路，扶那个孩子站起来。让我们的脚带我们丈量这块博大的土地，去观察、访问每一个渴望生命之爱浇灌的人。让我们的嘴说出肯定的话，说出所有给予别人支持与爱的语言吧。把爱传出去，祝福和祈祷生命中遇见的每个人，活出自己的自在和风采吧。让我们每一刻都发出善的意念，祝福这个地球永远常青，永恒存在。

用我们所有可以做的方式，用我们力所能及的方法，让内在的那份爱流动出去吧，也许只是浇灌一棵小草，也许只是扶正一棵树苗，也许只是帮孩子擦干眼泪。在我们做每个行动的时候，在我们拜访每一个人、说每一句话时，在我们每一个起心动念时，带着这份爱传递这份爱的能量吧。所有微小、渺小的爱都有爱的含义，都有爱的传承。

带着感恩的心，对我们内在充满的爱说"感恩"吧！带着感恩的心，让所有的爱通过我们的方式流动出去吧。让我们只做可以做的部分，用属于我们的特殊方式分享爱，传递爱，散播爱吧。

这份流动和传递早已在进行了。一直以来，我们在服务着相关的生命，服务着自己身体的健康、身心的和谐，服务着孩子、爱人、父母，服务着所有可以服务的家人、朋友。学习感受爱，同时也把所有可以感受到的爱散播出去吧。因为这样一份沉甸甸的爱的能量的赋予，所有的工作都将充满情趣，所有的服务都将带着浓浓情意……

所有的成长从自我觉察开始，所有的成熟从懂得生命智慧开始。觉察自己每一次的起心动念，终止每一个消极的负面意念，将其转为正向；停止指责、抱怨并将其转换成肯定的正向语言，在每一次伸手做事时带上接受的爱和安抚。每一次用脚碰触大地，去感受大地的踏实、厚重与包容，也把所有的包容和支持反馈给所有可以遇见的人。

　　就在这样感受爱、传递爱的过程中，我们学习认识自己，接纳自己，表达自己；也学习接受父母，感受所有祖先的祝福和力量；学习跟配偶建立亲密的关系；学习把爱传给孩子，让他活出自己的精彩。

　　在工作中，我们开始把服务生命放在自己的意识里，每一句问候都因为有爱而甜蜜，每种行为都因为有爱而富有深意。每个人都像一颗蕴含着足够生命能量的种子，吸收着营养充分地成长，然后再抽枝发芽变成果实传递出去；又像一颗璀璨的水晶，丰富着不同面的角色，感受着不同面角色的含义，让每一面都越来越亮，让这颗璀璨的水晶熠熠发光，折射出内在最纯净、最美丽的光芒。

　　让自己再做几个深呼吸，去感受内在充满的爱，源源不断地流进来。再大力做几个向外的呼气，把内在源源不断的爱散播出去，给身边的亲人，给自然中的植物，给无比广阔的宇宙空间……

　　因为我可以爱自己，所以我会爱你。因为我会接受自己，所以我会接受你，我知道当下的每一个状态都是最好的，都是有爱的，都可以让内在的爱流动出去……

找回充满活力的自己

案主某女士现在 35 岁，参加过系统排列工作坊，也对 NLP 有一些学习。看到她的时候，我感觉她的眼神很飘忽、游离。她说很长时间来，自己都因儿子的状态而焦虑着，儿子不想学习，上课几乎也不听讲，经常受到老师的批评。自己因此一直上火，牙齿经常无故疼痛，总是昏昏欲睡。她最近总有种什么东西卡在喉咙里的窒息感，两条腿像灌了铅似的特别沉重。

某女士：我都不知道怎么给您说，实际上从上次做过系统排列（在另外一个导师的课程中）后，我一直在上火。

咨询师：能给我说说那次的情况吗？

某女士：老师只是把情况展现了一下。我告诉他症状表现在孩子身上，可能是我的婚姻有问题，因为我一直放不下前男友。排列中，老公远远看着我，孩子站在了老公位置上。前男友出来，我就站到了前男友身边。我爸爸上来后，孩子就站在我爸爸身边，老师把我拉到了爸爸身边。我不愿意，孩子非常不舒服，他走到场地最边缘想离开。

咨询师：能告诉我你和爸爸的关系怎么样吗？

某女士：姐姐们都特别怕爸爸，如果她们在房间里，爸爸一进来，她们就会赶紧躲出去，我不是这样。爸爸的心脏一直不太好，我上大学时一听到他身体不好就会马上回去看他。我结了婚打电话回家也是先找爸爸听电话，和妈妈说得不多。这几个月他的腿好像不太好。上次回去给他带着几本书，他不想看，我有些烦，不想回家，最近也不想打电话给他了。

咨询师：爸爸这一辈人中有没有什么人夭折或流产掉的？

某女士：不太清楚。我知道爸爸的大弟弟和其他兄弟并不来往。大伯觉得是爸爸在中间阻拦他获得资产。爸爸在家里是核心人物，大家有什么事都会找他商量，大家都不能接受大伯对长辈以及对爸爸的不尊重，所以都不和他来往了。

咨询师：我现在先来做几个测试，现在有这五张纸代表，你先站在第一个代表上，我会问一些话。你站在上面会看到一张图片、一些画面或者一些感受，请你把看到感受到的告诉我。

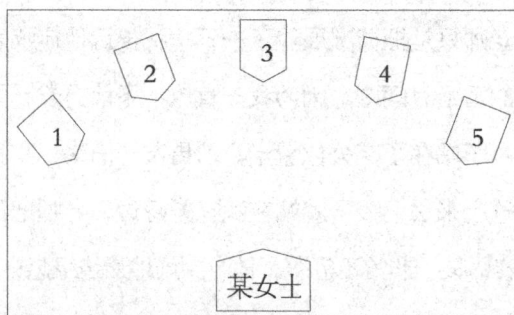

某女士做了放松，站在第一个代表上。

咨询师：你和爸爸是平辈的人吗？

代表一：（摇头）

咨询师：你和某女士是一辈的人吗？

代表一：（摇头）

咨询师：你是奶奶？

代表一：（点头，哭）

咨询师：很委屈是吗？很心疼，很牵挂这个儿子吧（某女士的爸爸）。

代表一：（点头，哭）

咨询师让某女士从代表一（奶奶）的位置上出来，站在对面。

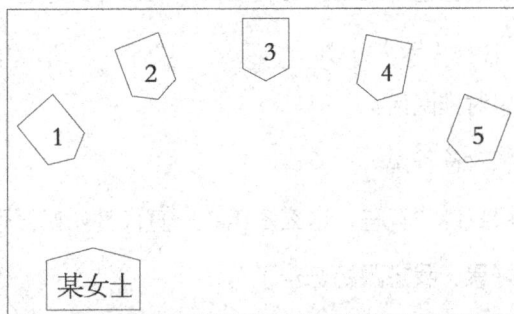

咨询师：能看到奶奶吗？

某女士：能看到。（哭）

咨询师把代表二（某女士爸爸）放在代表一（奶奶）前面。

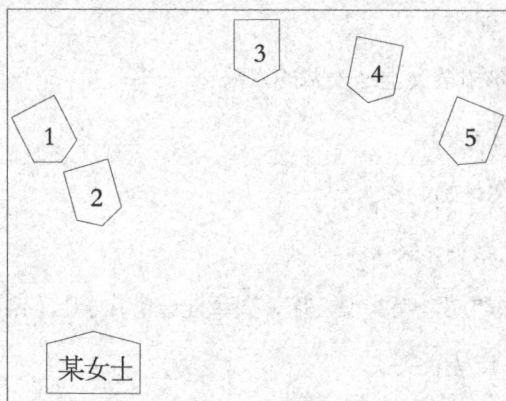

咨询师：想象爸爸现在站在奶奶前面，可以看到爸爸吗？

某女士：可以。（哭）

咨询师：想对谁说话？

某女士：想对爸爸说。

咨询师：跟我说"爸爸，这么多年我一直代替奶奶照顾你，我快撑不下去了，我好累，我想跟奶奶走了"。

某女士：爸爸，这么多年我一直代替奶奶照顾你，我快撑不下去了，我好累，我想跟奶奶走了。（哭）

咨询师：看到什么了？

某女士：奶奶在摇头。（哭）

咨询师：奶奶为什么摇头？

某女士：她不想我这样。（哭）

咨询师：她想你怎样？

某女士：她想我好好地活着。（哭）

咨询师：是，她想你好好活着。看看爸爸，他现在什么样子？

某女士：爸爸把头靠在奶奶肩上。（哭）

咨询师：他是奶奶的儿子，他想在妈妈面前怎么样都可以，那都是他和他妈妈的事。还想对谁说？

某女士：想对奶奶说。

咨询师："奶奶，我认同您，我是您的小孙女，是爸爸最疼爱的小女儿，我只想做您的小孙女，做爸爸的小女儿。不该我背负的，我想用鞠躬的方式来交还给您。"

某女士：奶奶，我认同您，我是您的小孙女，是爸爸最疼爱的小女儿，我只想做您的小孙女，做爸爸的小女儿，不该我背负的我想用鞠躬的方式来交还给您。（哭）

某女士向奶奶鞠躬。

咨询师：当自己把背负的东西都交还出去了，真正回到爸爸小女儿的身份了再起身。

某女士慢慢起身站立，长长地叹了一口气。

咨询师：现在感觉怎么样？

某女士：感觉轻松多了。

咨询师让某女士在奶奶和爸爸面前坐了下来。某女士抬头看着面前的爸爸和奶奶。

咨询师：你是爸爸的小女儿，看到爸爸和奶奶了吗？

某女士：看到了。

咨询师：爸爸现在是什么样子？

275

某女士：爸爸充满力量。

咨询师：爸爸充满力量，很高大，是吗？爸爸本来就很有力量，他照顾整个家，还承受弟弟对他的误解，他有能力照顾他的心脏、他的腿。你有什么话要对他们说吗？

某女士：爸爸，我会好好活着。我可以的，我不会让爸爸失望。

咨询师：是，有力量的爸爸会生下有力量的女儿。你活好了就是对爸爸最大的孝顺。

某女士看着爸爸长长地叹了一口气。

咨询师：现在感觉怎么样？

某女士：心里敞亮多了。

咨询师让某女士站起来，走到其他几个代表前。

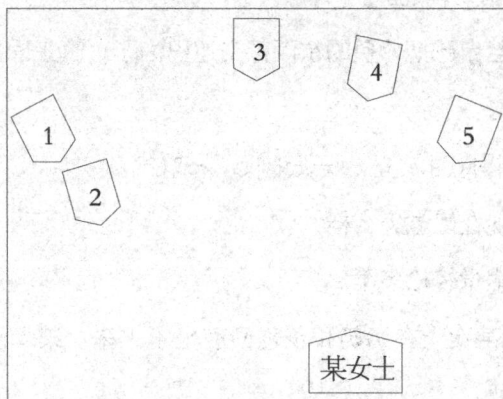

咨询师：再看看老公，他在哪个位置上？

某女士手指向代表四，感觉那是老公的位置。

咨询师将代表五靠在代表四旁边。

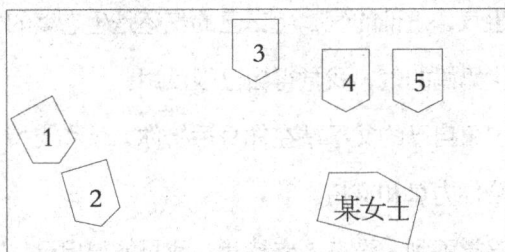

咨询师:旁边是你的儿子（代表五）。站在边上看看儿子，他怎么样?

某女士:儿子一个人在他的房间里。

咨询师:你们两个人都不在，儿子一个人把自己照顾得很好，他很有力量，看到这些，是不是心里会舒服些，没那么多担心了?

某女士:（点头）

咨询师:现在看看如果给自己找个位置，你想站到什么地方?

某女士:我想站在儿子的身后。

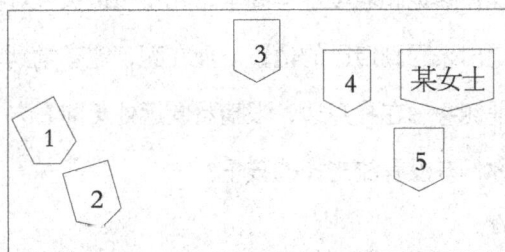

咨询师:能感觉到老公吗?

某女士:没有。

咨询师:现在站到老公（代表四）的位置上来感受一下。

代表四:我很烦，有些生气。（低着头）

咨询师：生气，生谁的气？生自己的气还是生老婆的气？

代表四：生妈妈的气，我觉得自己很没用。

咨询师：想象自己的父母站在你身后给你力量和支持，父母身后的更多的祖先也给你力量和支持。

代表四：感觉不到。没有人支持我，我只能靠自己。（哭）

咨询师：每个人都得靠自己，如果可以借助一些力量，比如一本书或是一个人的建议和帮助，你愿意改变吗？

代表四：（点头）

咨询师：想象下自己把原生家庭的包袱放在身后吧，你已经有了现在的家，还是要以现在的家庭为主。

代表四：（深呼吸，头渐渐地抬起，身体也慢慢挺直了）

咨询师：现在感觉怎么样？

代表四：现在感觉和老婆一样高了，儿子扭过头来对我笑。

咨询师：走出来回到自己的位置。现在呢，能感觉到老公吗？

某女士：他侧身站在我身边，眼睛看向远处（前右方）。

咨询师：你们有没有流产掉的孩子？

某女士：有。

咨询师：这个儿子在现在的孩子之前还是之后？

某女士：之后。

咨询师：我在你的后侧放一个人（代表六），可能是你的前男友，也可能是你流产掉的孩子。感觉一下，他更像是谁？

某女士：好像不是前男友。

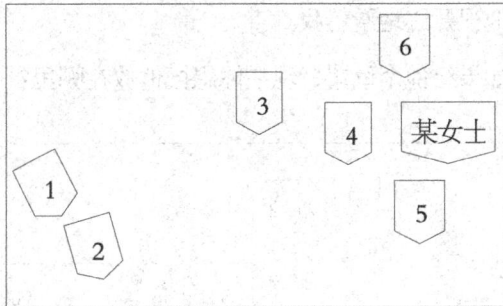

咨询师：那是流产掉的孩子？你过来感受一下。

代表六：（哭）

咨询师：很委屈是吗？

代表六：（点头）没有人管我，我想让妈妈看看我。（哭）

咨询师：回到自己的位置上来，能看到孩子吗？

某女士：可以看到他，他背对着我。

咨询师：现在去做一件妈妈该做的事吧，去抱抱他。

某女士蹲下来把孩子抱在怀里。（哭）

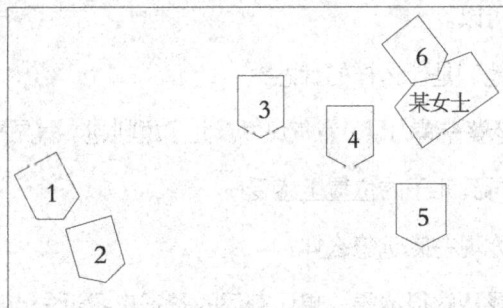

咨询师：孩子现在怎么样？

某女士：他很开心地看着我。

咨询师：如果给他个位置，现在你想把他放在哪里？

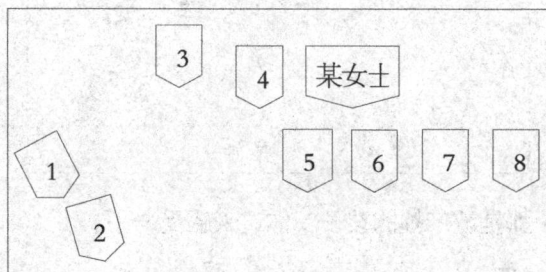

某女士：儿子的左边。回来了，都回来了。

咨询师：几个？

某女士：三个。我对第二个有感觉，其他两个好像没有什么感觉。

咨询师：是，可是你已经给了他们位置。现在再到老公的位置上感受一下。

咨询师：能感受到老婆和孩子吗？

代表四：可以。

咨询师：他们是什么样的状态？

代表四：老婆充满力量，意气风发。儿子雄赳赳、气昂昂地整装待发。

咨询师：再到儿子的位置上感受一下。

咨询师：你现在感觉怎么样？

代表五：我头脑很清醒，想让身后的爸爸离我近一点。

咨询师：想象前方有你的学校或者是学习这件事或者是你的未来，看着他，感觉怎么样？

代表五：看到我的未来，我很开心。

咨询师：走过去感受一下。

代表五向未来走了过去，脸上露出喜悦的笑容。

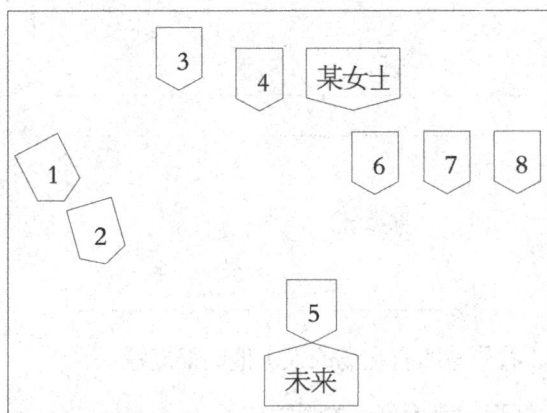

咨询师把代表三（某女士的爷爷）放在代表二（某女士的爸爸）身后。

咨询师：（指着代表三）某女士，这是你的爷爷，走出来看看他们这些人。他们怎么样？

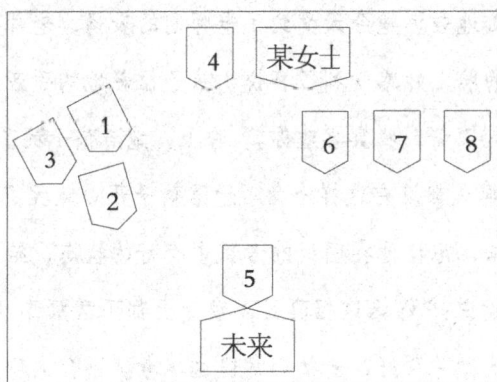

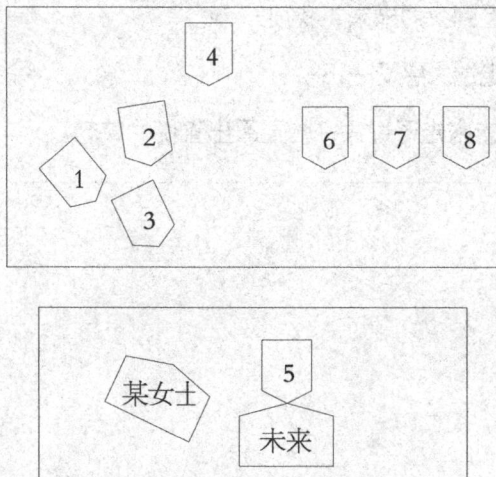

某女士：（看了看所有在场的人）他们都挺好。

咨询师：好啊。我看到你的眼神定了。

某女士：（笑，长叹了一口气）

案后分享

后来我收到某女士反馈来的信息，个案结束当天下午，她去接孩子放学，孩子开心地告诉她今天受到了老师们的表扬，老师夸他上课认真听讲。从孩子的脸上她感受到了喜悦，孩子拉着她的手亲了又亲，眼睛看着她说："妈妈真好，我真喜欢你。"晚上，她陪孩子玩了半个多小时。

某女士说很久都没有这样全身心地陪孩子开心地玩了。睡觉前，她陪孩子做了放松，想让他在明天的考试中有好的状态，给他用了未来景象法。孩子对她说："妈妈这招真灵，我身上都不酸痛了。"因为孩子平时在校的学习状况并不好，老师们都说这次考试不会太理想，结果成绩让她们很吃惊。某女士说，她回来了，她以为自己没有的、丢掉的也都回来了，回来真好！

案例点评

我很高兴某女士跟我分享案例后的变化。她又一次印证了系统中一个人的变化可以带来其他人的变化的事实，也又一次印证了"心"在、"心"活着的重要性。生活中有多少人是"人在，心不在"啊！也许我们更可以了解和理解许多人、许多家庭的痛苦根源了。

没有一个人不想活得好，只是还没有找到可以活得更好的方法和途径，只是还不知道自己在家庭系统中，无意背负了很多超过自己的身份所能担负的责任，所以没有办法活出真正的自己，没有办法扮演好自己的生命角色。孩子感受不到妈妈的爱，先生感受不到太太的爱，所以大家都痛苦，大家都寻找。

这是一个比较典型的一对一的系统排列模式。某女士已有一段和潜意识保持沟通的练习过程，对自己的身体也很敏感，作为个案代表她可以很快地进入状态，这也是我选择和她进行一对一系统排列的原因。

个案中处理了案主在原生家庭系统中对奶奶的认同，对爸爸的照顾，对先生的忽略及对流产孩子的罪疚。多个问题按部就班地处理完之后，案主散落在各处的心才慢慢回来，孩子自然可以感觉得到"回来的妈妈"，也可以放下对妈妈的担心，学习状态及情绪自然都不同了。

我终于可以当众演讲了

案主是某先生，从外地专程来苏州做咨询。

他是个中年男子，中等身材，气色较平和，衣着整洁，从他的穿戴可看出他生活考究。他自述从很小开始就不敢当众讲话，一到公众场合大脑就一片空白，已严重影响到自己的生活和工作。开公司二十多年来他一直很认真地做事情，但因为不够自信丧失了很多机会，生意发展得不太如意。

作为三个孩子的父亲，他很担心自己的缺点会影响到孩子。此外，这个缺点也已影响到了自己的工作。作为省某行业协会副会长，他前几天代表浙江省领导去开会，坐在台上时人家要他讲话。他大脑一片空白说不出话来，硬是推一位老会长讲，很为自己的现状难受。二十年来做企业他都没办法开大会，只能跟个别人开会，害怕看人的眼睛，看到职位高的人就说不出话来。虽然看过很多励志、心理辅导的书，也上过卡耐基的演讲训练课及成功学的课，但他仍讲不出来，太痛苦了。

咨询目标

案主想找出自己不自信的根源并克服自己的问题，希望自己能自如地跟每个人打交道，能够有信心和别人交流，面对职位高的人也能自如地交往，不需要掩饰。

284

咨询过程

我先引导他做深呼吸，与潜意识沟通。他很开放，也急于改变，所以咨询非常容易进行。

很快第一个创伤记忆就浮现了出来：六七岁的时候吧，看到有人写"打倒毛主席"的反动标语，他就去报告，结果却被别人污蔑是他写的。公安人员和居委会主任在一个大屋子里一起审他，母亲不准进屋，他非常恐惧和委屈。

从此以后他不敢看别人的眼睛了。我引导他在想象中提升自己的身高，当高到可以与大人处于同一水平视线时，恐惧感消失了。我让他深呼吸，感受放松的状态，感觉嘴边有一块布膜，用力将其吹散，嘴四周开始轻松起来，嘴巴可以张合自如起来。

继续深呼吸，第二个创伤浮现：小学二年级时，妈妈与学校老师有矛盾，体育老师（男）当面讥讽案主说家长不好孩子也好不了，他感觉很尴尬。我引导他面对高大的体育老师，感觉父亲和所有祖先中的男性都给了自己力量，所有祖先中的女性都给自己爱的支持。他再看体育老师就感觉跟其他老师一样平常了。我引导他对体育老师说"我只是你的学生，我跟其他同学一样。你与妈妈的关系是你们大人的事儿，我没资格介入，但请你像对待其他同学一样对我。"说完他感觉到了平等、平静。

继续深呼吸，第三个创伤浮现：小学一年级时与邻居看电影。散场时一个男人拿出他的阴茎站在案主面前，他吓了一跳。这事谁都不知道，但他一直感觉很害怕。我引导案主用经验元素改变法来接受这件事的正面意义：这件事让我了解到小孩子成长中有很多时候会害怕，而大人却不知道，不能及时给孩子保护。作为爸爸，我要尽心照顾我的三个孩子，让他们觉得有安全感。

深呼吸，感觉第三眼（眉心）处紧绷得很，我引导他去跟这一点在一起，感受它的放松。他逐渐感觉有灰白色的面具开始脱落（非常好的状态，他的潜意识力量非常强大、活跃，让我很震撼），我引导他对面具说感谢，感谢它一直以来对自己的保护，让自己能活到现在。现在自己有力量保护自己了，可以更真实地活着了，所以，面具可以离开了。面具完全脱落之后，他可以真实地感觉到自己面部每块肌肉的真实和自如感了。

深呼吸，第四个创伤浮现：小时候农村坏分子游街时他看到"坏人们"挂着牌子戴着高帽从家门前过，感觉很害怕。我引导他用"快速眼动法"处理恐惧，很快他就轻松了起来。

深呼吸，第五个创伤浮现：小时候，有一次他半夜时被爸爸训斥，自己上楼时突然在黑暗中看到了一双亮亮的眼睛瞪着自己。他大叫一声后发现是猫的眼睛，从此就害怕黑夜、害怕眼睛。我引导他用消除恐惧法和改变经验元素法消除创伤记忆，以保持心情平静。

完成以上多个创伤修复后，他变得积极和有力量了，并且急于感受自信演讲的感觉。我为他做了信念种入法：我有资格自由地表现我自己！

评估

身体非常轻松，也很有力量，红光满面。

未来景象

回去当众演讲，非常受欢迎，自己很开心。

作业

每天与潜意识沟通。

案后分享

完成咨询后两天，案主主动报告自己已做了两次公开演讲，效果非常好！他对自己的突破和改变非常满意，觉得自己的能力终于充分地显现出来了，也越来越自信了！

案例点评

这个案例非常成功是因为来访者有非常急迫改变的动力，也因为他平时通过阅读等方式已做了充分的准备，所以咨询关系建立起来之后，他在短短的一次咨询中就处理好了与自信有关的五个创伤。

这让我们明白，不管过去曾经发生过什么，不管曾经有多少未意识到、已意识到的创伤影响，每个人都可以为自己的生命负起责任来。主动改变的动力可以让我们发生极大的转变！

每个人潜意识里都在保护自己的生存，每个人的潜意识也会支持自己活得更好。当潜意识感觉到安全时，就会全力以赴地支持他处理一连串与表达有关的创伤。释放完这些沉积的创伤后，他才真的能身心合一做自己，真的活出自己！

附　录

生活中的自我成长修行术

修行术①：情绪的自我修炼——从地狱到天堂，一线之隔

说到地狱和天堂，我们或许会想到两个画面。一个是一群人围在一个很大的锅前，锅里煮着美味的食物。每个人手里都有一个勺子，急切地舀食物想放到自己的嘴巴里。可勺子柄太长，无论如何都没有办法弯过来送进自己的嘴里。无数次尝试之后，每个人都焦虑地重复这个方法，喂自己时总会打翻食物，所以又会变得更焦虑烦躁。于是，人们互相责骂，怪旁边人离得太近，挡住了自己的勺子。每个人都期望别人离自己远一点，这样自己就可以吃到食物。但每个人都没有改变，都停留在饥饿的状态，这是地狱。

天堂里是另外一幅画面。当大家尝试自己无法喂自己后，选择了新方法：用自己的勺子盛起食物喂进对面人的嘴里。每个人都吃到食

物，都有了满足的感觉，都体会着喜悦和幸福。这个对比的画面对现实生活中的人有不同的影响：有人把这个当作玩笑和幽默，一笑置之；有人重新审视自己生命的发展模式，原来自己就常活在地狱里，没有喜悦，没有满足，只有饥饿、抱怨、愤怒和仇恨。

听着天堂和地狱的神话故事长大的我，一直以为天堂是在地球之上很远很远的空间和存在。在那里"白玉为床，金做马"，在那里"富有而丰盛，和平没有争斗，只有享不尽的福气，只有过不完的好日子"。而地狱则是地球底下很深很深的一个空间，黑暗、冰冷而充满恐怖、挣扎、斗争、愤怒等。这也是佛教故事中的一幅地狱图带给我的印象。一直以为人要做好事，死后可以升天；做了歹事，死后会被罚下地狱，我一直以为升天或下地狱都是死了以后的事。

当我走向心灵成长之路，开始关注和观察现实生活中自己的生命质量，观察现实生活中各种人的生命形态时，我突然发现原来天堂和地狱就在现实生活中，在每一个生命的瞬间。当感受到喜悦、幸福和快乐时，就是活在人间天堂；当沉溺于痛苦、悲哀、愤怒时，就是活在人间地狱。

对于每一个经历过疾病折磨的人来说，身体上病痛治疗的过程，吃药、输液带来的身体与细菌的斗争，体温高低的变化，理疗中的痛苦，不就是十八层地狱对人所有的折磨刑罚吗？

有一次生病，高烧持续不退，我决定采用物理方法降温。短短一上午，我经历了温度高上来又低下去的几个循环过程。我感觉自己一会儿像被放在火上烤，一会儿像被放在冰里冻，那滋味也许就像在地狱里受刑一样。

后来我找了火疗师，他在我身上铺上浴巾，把浴巾上的酒精点燃，我感觉自己像在地狱里被煎烤一样。他为我推拿时必须用很多力气才能帮我把堵着的经络点通开。我忍痛被折腾，感觉自己无能为力，只能听凭他的安排。

折腾了几天还是无效，我只好到医院打点滴。瘫软在输液的椅子上，孩子的哭叫，大人的相互指责、抱怨交织在一起，嘈杂不已。我无力睁开眼睛，却在这喧嚣的人生中感受到了如地狱一般的痛苦和愤怒。我又一次体验到，当自己在苦痛中就如在地狱里呀！

第二天打点滴时我好了一些，开始有精力观察偌大的输液室里形形色色的人的不同表现。那些生病的孩子，只要不被扎针，习惯了输液的过程，就会自然地笑，放松而开心，有无限的活力，好像他们很快就会进入自在快乐的天堂，享受天堂的幸福。而真正愁苦的是陪伴的成人，他们大多非常焦虑、烦躁和无奈，容易被激怒，甚至会为了争一个座位，为了谁的脚碰到了谁而大声吵闹、大打出手，吵完后则呆呆地坐在那儿，满脸倦容，满脸疲惫。

我内心很感慨："这些像天使一样完美的孩子们，你们来到这个世界，选择这个家庭，选择这对父母，是来拯救他们的吗？还是选择一个艰难的环境，让自己来体验成长呢？"我能胡思乱想是因为我已经从地狱的痛苦中慢慢解脱出来了。但我并没有马上进入天堂，因为我只是有了初步的思考，还没感受到喜悦和快乐。

直到某一个温暖的午后，我骑车出去，暖暖的阳光照在身上，我心里突然十分感动。那首加拿大民歌《红河谷》不自觉地从心里流淌出来："人们说你就要离开这个村庄，不要离别得这样匆忙，要记住红河谷——你的故乡，还有那热爱你的姑娘。"歌声哼唱出来，内心竟然有无限的酸楚和忧伤，我不知道我是唱给谁，对谁说不要离别得那么匆忙，只是感受着这股忧伤，一遍又一遍哼唱。

我突然好像明白了我是在唱给妈妈听，我压抑了五年多的对妈妈离世的悲伤终于开始流淌出来。我一遍遍地哼唱，在这个夏日的午后，骑着车在马路上任凭眼泪汹涌澎湃地流淌。我戴上了墨镜，让自己体验这份深深的悲伤，直到哽咽。买完要买的东西，我有一个很强烈的愿望："回家，跟这份悲伤在一起，表达这悲伤，穿越这悲伤。"

回到家里，我打开卡拉 OK 机，把那首歌调出来，对着话筒满含热泪地唱了一遍又一遍，直到声音哽咽。我放声大哭着释放悲伤，我让这首歌曲不停地重复播放，自己则坐下来静静地体验这个过程。我跟妈妈做连接，诉说了我的想念和自责。

妈妈去世前有好几天没有大便。我跟养生师打了招呼请他们过来帮妈妈配了通便的药。晚上 6 点多我过来看妈妈，她还是没有排下来，脸涨得通红，直喘粗气。我不忍心让她这样难受，就跟爸爸一起想办法帮她排便，我们让她坐在便盆上，帮她压肚子。直到帮她把多日未排的干便排出，我才长舒了一口气。

可是转身去看妈妈时，才发现她躺在那边气若游丝，已经虚弱得没有了力气，好像排完便之后她生命的力量也被带走了。我吓傻了，不知道为什么会这样。爸爸在旁边责怪我："不该这样的，气都没有了。"我很慌乱，不知道该怎么办，但是理智提醒我要赶紧帮妈妈擦洗，换上衣服。我手忙脚乱地打水来帮她擦身体，催着爸爸把她的送老衣服拿出来。这个过程很短暂、很紧急。我好像很清醒很有理智地处理着，还分别给弟弟和先生打了电话，告诉他们情况。

爸爸说了一句"今天是你妈妈的生日，66岁生日"。我突然放松了一些：这么重要的一个日子，是妈妈选择离去的。这似乎为我找了一个很好的借口，那份内疚被压下去，连同我的悲伤一起压了下去。后来就是和家里人一起处理后事了。

离开了熟悉的老家，我再没有经历过这样的事情。苏州只有几个年轻的亲友，也没什么经验，我们只能按照我们可以做的方式送妈妈走。从那时起，我没有了悲伤，也没有了眼泪。我问自己是不是麻木了，但没有答案。我只是非常理智地张罗后事，送走妈妈的全过程我都是平静的。作为大女儿，我有许多事情要去处理，平静也是我必须要保持的一种状态。

之后五六年来，每逢纪念日，我就会想到妈妈并去祭奠她。只有今年的祭日我差一点忘记，是爸爸提醒了我才去准备祭奠她的用品。我对这个过程有一份清醒的觉察。我以为自己没有内疚、没有遗憾，因为在妈妈生命的最后四年里我做了所有可以做的。我知道妈妈选择那个时间离开是她开始放下对我们的牵挂和控制了。我无数次在自己头脑中编写这些理由，可仍然找不到自己没有悲伤、没有悲痛的原因。

直到这一刻，当我真的允许自己表达这份悲伤时，我感受到了自己五年多来深深的内疚和自责。我心里一直都以为是我害了妈妈，是我鲁莽的举动让妈妈那么快地离开。虽然她卧病在床四年，每一天都很煎熬，在内心深处我还是很怨恨自己。五年多来，我一直活在对妈妈的内疚、遗憾和自责里。身体所有的反应和变化、疼痛及不断陷入负面情绪的控制中，都是我在伤害自己，用活在地狱中来责罚自己，用这样的方式表达我对妈妈的内疚。

这对我来说是非常大的触动。我看到了自己在心灵层面上给自己设的牢笼。我一直被这样的情绪和伤痛折磨在地狱里，活在悔恨、内疚和自责里。而与此同时，我是那么强烈地期待过一种喜悦、平静、放松、自在的生活，期待过像天堂一样的生活。

想象自己跟妈妈对话，耳边听到妈妈说的一直是："傻孩子，你没那么大的能力让我离开。四年里我都是为你们而活，我还活着是为了让你们有机会为我做些事情，我不想让你们遗憾和内疚。这四年中我自己也很痛苦、很难受。我看到你们都可以照顾自己就放心了，所以我选择在那个时间离开。你是一个孝顺的女儿，很小的时候你就发誓要做一个又能养老又能送终的孩子。你做了你能做的一切，在我生命最后的时刻你也守在身边，这些都足够了。是我自己决定离开我才走的，你不要再这样继续折磨自己了，妈妈看你这样很心疼。"

我第一次理解了妈妈，原来她心疼的是我没有办法活出自己，没

293

有办法照顾好自己。我用内疚、自责、遗憾把自己拴在生命的地狱里，用病痛惩罚自己，用自我否定的负面情绪折磨自己，这不是妈妈所期望的。我不可以再让妈妈牵挂下去，我要真正地活出自己，活出自己的价值。

这个过程也让我再次顿悟：原来地狱和天堂并不在另外一个空间，就在现实的生活中；它们也不在身体之外，就在我们自己的内心深处。在负面情绪控制下时，我活在地狱里，受尽煎熬；在喜悦快乐占据我时，我就是在天堂。地狱和天堂只有一念之隔，取决于我们内在的意念和状态。我可以在瞬间感受地狱的痛苦，也可以在瞬间体会天堂的快乐。

原来这世界根本不在外面，它就在我的内心。在某种意义上，整个世界都由我们内在的观念决定，所有喜怒哀乐皆由我定。我这个"人"在地狱里的状态就如"鬼"，在天堂里就似"神"。鬼的痛苦与挣扎、黑暗与煎熬，可以瞬间被控制；神的开放与自在、喜悦与快乐也都在我的内在。此时此刻作为人到底似神还是像鬼，都由我们自己决定，都由内在的信念决定。

偌大的世界，竟然这样巧妙地蕴含在自己的内在中，这个发现让我惊呆了。此前我看过很多书，上过很多课，听很多老师开释和讲解，但这一刻是我自己内在的领悟。我是这世界的核心，我要为自己的生命负责。我此时生活在地狱还是天堂由我自己决定，跟外界无关。我可以让自己向左一步，跨入地狱；也可以让自己向右一步，进入天堂。生命的每个瞬间，不管是过去还是未来都由我来决定。原来这世界没有别人，只有我自己。此刻，这些话不再只是停留在嘴上、书本里的语言，而是我自己从内心懂得和明白的道理！

这一瞬间我的大脑里翻江倒海般地发生了信息重组，我突然间完成了很多信息的组合和连接。我开始看到一个更加真实的自己。一直以来我在伤痛中以苦为乐，不断创造机会让自己学习和成长。过去我不明白"所有来到身边的都是自己吸引来的"这句话的含义，现在我看到我的吸引正在周期性地帮我创造成长的机会。我一直欣赏和沉醉在这样的机会中，好像一个不断受伤的可怜孩子，渴望有老师、课程、爱人来拯救自己。这份渴望常会落空，然后就会转化成我对外界的指责、否定和控制，演化成生活中重复出现的矛盾。

人生最大的悲哀是自己给内心设定了牢笼。每个起心动念、语言行为都决定了自己是活在地狱还是天堂，决定了自己是鬼还是神。天堂和地狱都在一己之内，无须外求，无须他求。

我们要觉察当下自己的每个起心动念，停止所有"鬼"的念想，把他们转化为"神"的念想。转化就在一念之间，和解就在一念之间。和世界的关系，对身边每个人、事、物的关心都会在一念之间发生改变。不要到身外去寻找治愈方法，不要停留在别人有限的帮助上，不要借助金钱去赎罪，我们要为自己负起真正的责任，真正进行自我改变和拯救。

带着细微的觉察，把自己从地狱"鬼"的状态中拯救出来，让自己进入天堂，真正成为慈悲、快乐合一的人，也就是真正的神。享受每一个当下，感受天堂的光亮和爱，真正的改变和治疗者将是自己。自我的拯救和解脱是最简单又方便的路。每时每刻感受自己的意念转换就是爱自己，活好每个当下。真正的治愈正是当下的觉察和转换。

我负责、我面对、我承担，不再祈求明天的改变，不再懊悔昨天的失败，在当下享受自由自在，享受感恩与爱，享受神和天堂的美吧。

每个人的牢笼各异。我曾经的牢笼也许是心灵成长，有的人的牢笼是金钱与物质，有的人的牢笼是权力与斗争。每个人都在有意无意中为自己设定了生存的模式，这些模式本身也就成为每个人的牢笼和地狱。两个都活在地狱牢笼中的人就像两个刺猬，彼此靠得太近会扎痛对方，离得太远又会冷落凄凉。两个人不断用控制与反控制力无效地疗伤，可怜的游戏就会在一个又一个人身上不断重演。如果一个人可以先觉醒，就可以带着神的爱与慈悲，彰显神的影响力，去感化和影响另一个人。走出门去我们才能看到更广阔的天空，感受到天堂与地狱的区别。

我在一个多小时里完成这份觉悟和改变后，内心变得无比平静和安宁。许多年来我一直在追求心灵成长之路，不同的课程、不同的老师都让我跨越了很多台阶，释放了很多阻滞的能量，也让我对自己有了更多全新的认识。因为这种成长，我也帮助了身边越来越多的人，成长所带来的全部领悟都成为我分享的重要部分。

我一直以为我是来世间学习的，所以每件事后我都能从中找到正面的意义和价值。我会感受每个经历的过程，获取相应的价值。这份接受和沉醉不知不觉中吸引了我生命中一次又一次提升的机会。身体的反应，情绪的变化，关系的痛苦，某个事件的提醒，都是我成长的信号。

这份善于学习的动力，使我收到了该收的礼物，也吸引着一个又一个事件的到来。隔段时间就有事情出现，我会用不同的方式处理创伤。伤痛过后我都有很多成长，我也越来轻松快乐、自由自在。周期性出现的问题通常会越来越复杂，越来越有挑战性，而我总会在事情过去之后才发现一切都是最好的，都是对我有帮助的。

这样的过程让我更能读懂自己，读懂身边有需要的人。我带着接受的心态去看待这些学习，从不抗拒。直到有一天我看到一句话："我们不是来学习的，我们早就学过了这些，只是我们把它忘记了。我们不需要再从头到尾辛苦地去体验，只需要把它们回忆起来。"它成为书中唯一触动我并让我感到震撼的一句话。

一直以来，我渴望学习和成长，渴望伤痛复原之后的提升。我一直都在暗中吸引艰难伤痛的到来，以为只有通过这种方式才可以成长。这本书让我深有感触，因为现在我明白了，所有该学的我已经学完，老早就学会了。我只需要带着一份平静放松的心情，让自己想起已有的体验和经验，让它们慢慢浮现出来。

是时候让生命发生转变了。我要逃离"艰难和痛苦才可以让我成长"的信念牢笼，开始思索"我如何轻松记起我早就学会的东西"。也许只是一念之差，我就可以让自己逃离地狱进入天堂，我可以有不同的生活方式、不同的时间安排、不同的生命状态。

是时候去体验不同的人生经历了。在空白和放松中完全沉静下来，完全打开自己，去觉察每一次情绪波动起伏，去观察每一次情绪波动起伏时自己的受害者心态，然后立刻对自己说："Stop！"

做几个深呼吸，静下心来问自己，我该怎样对待自己？用神的方式把光和爱带给刚刚那个被负面情绪笼罩的自己，融化他，包围他，让他觉得安全和被信任；看着他情绪的转化，把他带到轻松自在的天堂里吧。就是这样转瞬之间的转变，一切都发生在内在，一切都从对自己随时随地的觉察开始。从受伤的思维和情绪中停下来，让光和爱的能量包围，轻松转换，这样短短的几个步骤就可以快速把自己从地狱中拯救出来，走向天堂。

每时每刻都观察自己的心态，对自己说："Stop！"用光和爱呵护自己时，还有谁可以激怒我们，控制我们，打垮我们？生命就是这样完整地存在于此，不来不去，不离不弃，不荣不辱。谁可以否定我们的存在？我们又怎会因某人的一句话就要跳起或悲伤，因为一件事而心情沉入谷底呢？改变就在一瞬间，改变就在一念间。负起自己生命的责任，全身心地爱和保护自己，为当下的念头、呼吸负起责任，还有什么不能主宰的人生和命运呢？

我豁然开朗，似乎把这么多年成长的路打通了，理顺了。我不需要做那个可怜的、受尽磨难的、祈求爱的小孩子。我的内心已经装满了爱，只需要负起责任，自己解救自己。就这样我完成了成长的整合，把许多年来自我成长中每个台阶上所得和今天所有的感悟充分整合到一起，在内心里生根、发芽、开花。我找到了自我救赎的路！

　　我非常渴望走出家门回到阳光里看绿树，看人群，看丰富多彩的大自然！当我骑上车在两个小时之前的那条路上行走时，突然发现天空格外蓝，我的心情跟空气一样，无比柔软和温暖。每一个人都在匆忙地做自己的事情，我忍不住想把微笑送给他们，就好像我早就认识他们，早就在等他们。

　　两个小时前，我虽然在这个被称为人间天堂的苏州城，却自怜自恋，很是伤感。两个小时后，我重新回到这个世界。此时此刻，这树、这人，甚至连汽车的噪音都是那么美好，我发自内心地爱着这个地方。两个小时前后，我体会到了地狱和天堂完全不同的状态，因为我已经从内在的地狱走到了天堂。

　　这世界本来就是这样客观地存在着，我是否爱它，是否觉得它美都取决于我内在的状态。这世界没有别人，我们要为自己的生命负责，为自己每一个当下的情绪状态负责，为自己的每个意念负责。我们要觉察每个消极的意念，觉察每天增加的积极的意念，学习去观察它和运用它。在正面的开放的意念中，我们要说光明的话，让每一次说话都变成光的传播、神的彰显，让自己活在喜悦中，让自己每一个行动都带着爱意。不管是陪伴还是喝止，都会因为带着爱的动力而更具善意，与神的举动更加一致。

　　半月来，身体不舒服的体验和内心痛苦的煎熬，竟让我有了奇妙的探索和发现。我发现自己可以自如地在地狱和天堂间来回转换和穿梭。感悟和提升让我开始找到自我救赎的路，把向外伸出的手收回来时，我感受到了内在所有的喜悦和快乐。一切已经足够，一切早就准备好，我不需要再向外界探求。我只需要把内在的所有表达出来、运用出来，觉察自己的每一次沉沦并把自己解救出来，如此足矣！

这是我生命成长中的重要的开始。

从理解六层次区分天堂和地狱的状态：

理解六层次	人间地狱（鬼）	人间天堂（神）
系统状态	黑暗、挣扎、有限的、生老病死苦、二元对立	光明、透彻、贯通、无限、包容、健康、完美、合一、阳光
身份定位	受害者、可怜的人、没有资格的人、小孩子	成人，成熟、负责任的人，光明的使者
信念（意念）	我是可怜的；都是其他人/事/物的错；渴望被拯救；不接受现实；渴望改变外在的一切	我为自己的生命负责；一切都是完美的、最好的、充满爱与包容；对一切说"是"；接受；与万物合一；被爱和光亮笼罩
情绪状态	怨恨、愤怒、委屈、恐惧、失望、无奈	激情、喜悦、宁静、爱、安宁
行为	苛刻、指责、抱怨、转移、逃避、局限、想改变外界人事物、依赖	温柔、充满爱、有影响力、有带动力、开放、包容、享受当下、融合
环境条件	自伤、伤人、反复制造受害机会、主动吸引伤害、伤害"上瘾"、在拯救与受伤中恶性循环	微笑、流通的允许、通透、无限可能性、慈悲、只有爱和理解、缓解所有恩怨矛盾、治愈的无穷能量、自然的化解
改变的途径	觉察——停止——与神连接、化解——新的选择	

修行术②：每天必做的修行课，不离不弃

2012 年 3 月 31 日，我有幸与徐志良老师在苏州游学。春天的苏州城温馨宜人，在春光中陪同徐老师游寒山寺、十里山塘街，逛十全街，吃藏书羊肉。或走路，或乘车，或弄堂漫步，一步一景都可入道，一人一物都可修行。我不依不饶地提问，徐老师不吐不快地回答，两相成趣，于是欢喜同伴。一路同行，增长的是智慧，收获的是一个又一个意外和笑声。

心中有无限的感恩，无法言表，更有突然了悟之后的大喜过望。生活如此美好，真的明白了"法喜"的那份快乐和幸福。许多年来的积累和体验好像在这短短一天里整合，像在被更高的能量和爱围绕，一切都有了不同的意义。明白地活着，喜悦地活着，真好！把其中很多感悟和徐老师的导引记录下来，算是成长的记录，更是分享给更多想要喜悦生活的人的一个指南。

感恩！愿更多有缘朋友得此，喜悦快乐生活！

2012 年 4 月 12 日

当我们把心放大到自己的"小我"之外，与更大宇宙和万物连接时，就可随时随地在每个当下与众生连接，自己每刻的言行也就有了完全不同的意义。那么，每一个经过的人、事、物及其引起的每一种反

301

应，都有完全不同的含义。

在每个当下觉察并即刻将其转化为新的意义。带着感恩（又给了我一个种美好种子的机会）、带着对众生的平等和尊重（我与你们相连接，通过你们感受爱、传达爱），我通过你们看到了喜悦自在。

这份觉察需要心静。静如止水，如如不动，对外界所引起的一切都不执着。这就像有水流过，我观照水流看自己的内在涟漪，无论忧喜，我都会去转化。忧者，知道是我曾经种下的恶业的种子现在成熟了显露了，我会带着忏悔心念"对不起，请原谅"，为我所做恶业承担责任，并转化为新的祝福——谢谢你，我爱你，同时把祝福送给众生尤其是相关人等。喜者则带着欢喜，心随其喜，同时发愿将其中所含意义分享给众生，撒下善的种子。

我们去观照又去转化，这一切都发生在刚刚那个刹那，然后又会回到当下这个刹那。每一个刹那都觉察，每一个刹那都放下，生命就在这一个又一个刹那中流动。没有执着，没有期待，没有恐惧，没有委屈、愤怒、失望，一切就是这个样子——生活本来的样子。

每时每刻都在觉察，每时每刻都在转化，这就是修行，这就是活着。在"业"成熟时观照和体验它的成熟和毁灭，同时种下一个新的善的种子——"因"。每一刻毁灭又种新的，在其中体验无常，体验自己因为可以有每刻的觉察而逐渐做自己人生的主宰。在这每一刻放下"我要""我期待"的执着，在每一刻带着感恩的心去珍惜身边的人、事、物，对其所给予的体验和播种的机会而感恩、喜悦……

如此，生活就会变得美丽、喜悦、轻松、自在，哪里还有恐惧、愤怒和贪婪呢？这一刻已是永恒，这一切已经足够！生命就是一个又一个永恒和足够漫长的累积。

每一个生命都是平等的，都是佛，都在用他们的方式来度我们，给我们机会修炼，来帮我照见缘起缘灭，帮我们觉察曾经的"业熟果报"，让我们有机会忏悔了断，也让我们带着觉察去播种新的善因的种子。所以对方所出现的一切都是我们曾做过的某事的投射，我们也应当感谢对方的出现，改变自己当下的状态，让下一刻有所不同。这样想来，哪里还有嗔怪，哪里还有傲慢呢？

对方是我，我是对方，同体慈悲，哪有高低贵贱好坏之分？所发生的一切都是当时所能做的最好的，此刻我又因进步了一点点而不同。这就是对自己的接受与爱：接受我曾做过的一切，爱我曾做过的一切，同时让此刻种上乐因和善因！我不够完美，但我的明天会更好！

许多人活在尘世中，似乎是在为生活奔波而被迫辛苦挣扎，每日与身苦、心苦（恐惧、愤怒、委屈、失望等）相伴，早就忘了自己到底为什么而活着。这些人只是被外力推动，只是受习惯模式的带动，只有无奈与迷失。

一次次轮回和业滚业，人们掉进了不可自拔的愚痴中。他们没有喜悦，没有欢笑，似乎喜悦与欢笑是太奢侈的事，是追求与奋斗的目标！他们总有处理不完的问题，总在追求目标中，或者掉在过去或者朝向未来，却总无暇顾及当下！如此往复，无关乎年龄，无关乎阅历，多少人活着却没有"活"着，多少人遗憾地轮回在习性中？无边际的愚痴害人啊！虽说人生不易，但糊涂地活着又有何意义？

既然本性自空，既然无我，那我又是谁，谁又是我？以往曾在这个循环中掉入虚空，甚至不懂每日到底要怎么活，到底在忙什么！"空性"真正揭示的是所谓宇宙万物与人的自性都是"人"赋予的意义。人赋予了什么意义，它就表现为什么，所以实际上有无数的可能性。

我们面对一件事情，就像面对一个投影幕布，可能有不同的反应：对抗、逃避、改变或是知道，即知道所有投射都是我的责任。作为"人"的好处在于，能够创造可以播种的种子，当然这同时也是人的责任。

怎么播种呢？播种什么呢？很简单，你向镜子里笑，镜中人就会向你笑。要改变就要把自己往"对"的方向"改"。想要什么，就送什么给别人。播种善因必须有智慧，要三赢：为人家好，为自家好，为大家好。你要做到三点：一是安心下来，看种子是否下对了；二是每天增长一点点；三是给它一点时间增长。我们要成就每个人心中快乐的"因"，然后等着种子生长成熟。

而今，当我可以在每个刹那觉察到缘起缘灭，觉察到我可以做当下自己的主宰者时，我会在每个本无意义的时空瞬间种下善的因，撒下快乐喜悦的种子，我可以体会每个当下的实在和喜悦。我会做自己人生的导演、编剧和演员，让自己在每个瞬间都是清醒和明白的。如此，我就活着了，我就活明白了，我就从"愚痴"中解脱了，修炼就在此刻真正实现了！这是多么大的快乐！这是多么无边无际的喜悦！有谁可以拿走，有谁可以控制，有谁可以取代呢？

美啊！脱离愚痴、贪婪、嗔怪、傲慢，我们就活在喜悦中了，就活在感恩中了，就活在惜福中了！这其中的美妙真的难以言说和表达。我终于明白佛经中常用的"不可说"的含义和境界了！

如何在日常生活中修行？每一个当下都是种下善因的最好时机，每个当下都是觉察果报的最好时刻，也是与众生连接、修行的绝妙当下：

1. 当我给别人让路时

我在心里立刻把对方观想成佛，感恩对方给我机会让我礼敬，同时把礼敬功德撒向众生，我就在最厚的福田种下了最深的种子。

2. 当别人给我让路时

我在心里把自己想象成佛，接受他的礼敬功德。这等于把对方的功德放大了无数倍，既成就了他的善举，又种下善因，得到了他的功德。如此就完成了一个"收""种"并行的过程，我的内心当然无限喜悦感恩了。待他走过，我马上会让自己回到自己的真实身份。

3. 当看到任何美景时（华美的衣服、装饰、风景、金银财宝、鲜花等）

心生礼敬之心，愿这美妙的景致，先让最敬仰的福田享用，同时让众生受益。（过去我们会自己本能地先享用：啊，真美啊！这一刻就已经在消福报了。）

4. 当享用美食时

对所有食物都心存感恩，放下对所有食物味觉、色相等的执着，带着欢喜用心享用，一餐饭就成了一次播种的机会，既填饱了肚子，又种了善因，多么令人欢喜！

5. 当遇到蚂蚁、小虫、其他动物时

假如吃到肉食活物，就在心里帮其超度，愿它来世转生为人，再来学习和体验。

6. 遇到别人不给方便，比如打车时司机不肯载客时

心里要这样想：这一定是曾经我也不给人方便、拒绝别人的种子成熟了。这个司机帮我示现了这个"因"的成熟，我在心里感谢对方让我体验到它。同时我心中应生忏悔心，念忏悔咒或说"对不起""请原谅"。同时种下新的种子——我要给天下众生更多方便。

7. 当出租车司机主动来拉自己时

心生欢喜，马上将自己想象成佛，知道其在礼敬佛，将他的方便和照顾回馈给天下众生，让其功德放大更多倍。

8. 当在宾馆大厅里看到一对悠闲的旅客时

分享他们的自在，并将这自在回向给天下众生。

9. 每当有人分享自己的喜悦、成功时

即刻享受他的功德，带着欢喜心分享他的功德，将其功德放大，同时回馈给更多人。

10. 每当到庙里看到佛像时

带着恭敬的心许愿（愿天下众生皆……）跪拜，双手合十，身口意都恭敬，双手掌心向上，想象佛脚正站在手上给自己加持。起身，拜三拜，回向。

11. 看到佛像时

掏出钱来放进功德箱，表示自己与此佛结了缘，此佛愿意接受我的布施，是给了我跟他结缘的机会，我心生欢喜地完成这个过程。

12. 进到庙里，看见弥勒佛

明白他是在提醒我放大自己的心量，打开心与万物连接，让自己带着欢喜的心态去看世界。

13. 进到庙里，看见韦驮菩萨

明白他在提醒我所有的心魔都在自己心里，不在外面，我要做的是面对自己的贪嗔痴，降服自己的内心，然后外界就太平了。

14. 进到庙里，看见大雄宝殿的佛祖

知道他早在 2500 年前就证悟了世界的空性，他对这个世界十分了解，礼敬他就是礼敬这世界最大的福田，在其中种下善因。

拜完之后许个愿，右肩朝殿里，围绕大殿转三圈，口中颂佛或念咒语。在佛的道场空间，在最好的能量场里播种，会有大福德。

15. 进到庙里，看见观音菩萨、普贤菩萨

观音是慈悲的大菩萨。拜过之后，许个愿，绕殿外转三圈，口中念观音心咒，在这个道场里就可获得最大的慈悲能量加持。

16. 进到庙里，看见文殊菩萨

文殊菩萨是主智慧的。拜过之后，许个愿，绕殿外转三圈，口中念文殊菩萨心咒，在这个道场里就可获得最大的智慧能量加持。

17. 有人说话让自己心生怒气或恐惧

你心里要明白，这是自己曾有的嗔怒的种子成熟示现了。所以应

该静下心来观察它，为曾经的无明和愚痴忏悔，直到它慢慢散去。它是无常的，会来也会去；要明白这是自己曾经的业，要担起自己的责任来；同时心中种下一个善的种子，愿天下众生都从此业中得解脱。然后让自己进入到下一个当下的觉察中。

18. 帮孩子确定人生目标时

要引导孩子把度量放大，眼光放远，立下大志：用我自己的特长为生命服务，为更大的人群、为众生服务。把这颗种子深埋在内心里，然后引导孩子去做好每天该做的事吧。这就像给种子施肥浇水，等到时间和空间都适宜时，种子自然就会结果。这是在引导孩子积大福报。

19. 当内心被矛盾困扰时

问问自己想要什么，然后先把想要的东西送出去，用许愿的方式把这些送给相关的人，这也像是撒下种子。"己之所欲，则施于人，己之不欲，勿施于人。"然后做现在可以做、能做的事，事情自然会慢慢转化，结果自然会出来。

20. 当不能决定是否可以离开现在的工作时

许愿，无论自己在或不在现在的工作岗位，都用自己的方式造福于现单位、现工作。自己所取得的所有荣耀都归于现单位，现在所做的每份工作都要有利于单位。这样，无论在或不在现单位，我们的心都是自由的、自在的，是否离开单位都已不重要。

21. 当扔掉水果皮、垃圾时，大小便时

内心想象扔掉、排掉的是自己与众生的业障，内心默颂除障咒。一个动作就能顺便帮自己与众生种了除业障之因。

修行术③：撞击天赋火花，全身心快乐工作和生活

对话一

"你是做什么工作的？你爱你的工作吗？"85% 的人回答："唉，哪有什么爱可言，养家糊口，不得不做啊！"

"为什么选择这工作？干得不开心，为什么不换一个？"90% 的人回答："换了谁给这么多钱？凑合着熬吧！"

工作 = 挣钱，工作 = 压力大，工作 = 无奈……这是我们在成人世界中看到的普遍的沉重和无奈，不管是什么学历、专业，所谓的生存压力都很真实、很现实地控制着很多人。

对话二

"你为什么要读书？"99% 的学生回答："为考大学！"

"考大学为什么？"

"为了找好工作。"

"为什么要找好工作？"

"为了有高收入，年薪十万，坐办公室。"

"为什么要有高收入？"

"为了买房买车，过好日子！"

"那你爱读书吗？"

"不爱！但不得不读！"

这样的对话发生在我与小学、初中、高中不同年龄段的学生之间，每一次的答案都惊人地相似！

上大学＝成功，上大学＝快乐，上大学＝富足。从小到大，成人就给孩子指了一条必走的远方的路，让孩子们不得不带着对未来生存的恐惧感受着学习的辛苦和无奈。

成人用自己无奈就职谋生的辛苦，推动着孩子们带着现实的功利心去学习，全不理会残酷的现实。现在，越来越多大学生无法找到工作，没有多少大学生可以拿到年薪十万做白领了。即使有极个别人拿了高薪也不快乐。成人一如既往地蒙着自己和孩子们的眼睛，惯性推动着孩子们为了谋生而被动地学习。

于是就有了这样的实例：

一个六年级小学生，苦恼于学习不投入，担心考不上好的初中。问他为什么考初中，他就回答了由初中到高中，到大学，到找工作那套绝对标准的答案。我问他找工作为什么，他用低沉的声音回答说："为了养家糊口！"

这个孩子的无奈和沉重刺痛了我的心。我再问他："你好像不情愿，你不喜欢养家糊口，那你喜欢什么？""我喜欢玩！为什么人活着这么苦，为什么大家都知道读书这么苦，还要逼我们读书？"

孩子的呐喊是对我们的质问：为什么在这个无奈的现实中，不断地重复无效的教育？难道考大学、养家糊口真的是人生存在的所有意义和价值吗？

一个高中生本来有艺术潜能，却不愿去学艺术，拼命死抠数理化要学理科。问她为什么，她说学艺术在中国很难找工作，她要学将来好找工作的专业！她说在校园里感觉到的就是这种深层的群体恐惧：一切都以"找个好工作"为核心，要不然太没有安全感了！

当我引导她看到很多人学不喜欢的专业，一辈子做不喜欢的工作很痛苦时，她说："我顾不了那么多，我害怕养活不了自己！"她坚定的背后是内心深处的恐惧，对生存的恐惧！

一位教育工作者在听了关于职业理想和学生动力的讲座后，发自内心地说："理想很美好，现实很残酷，我们要面对现实啊！"

面对什么现实呢？是绝大多数人不得不被动地学习，不得不选择不喜欢的专业、不喜欢的工作，为了生存不得不委屈自己的现实吗？这个现实已经没有多少推动力，为什么还不遗余力地把学生赶到这里呢？连自己都说服不了，为什么还要为这残酷的现实推波助澜呢？

让我们站起来，看到生活中另外一种真实存在着的现实：农民小子王宝强就是喜欢做演员，他做了，坚持了，他成功了；北方小伙李玉刚就是喜欢反串女声，他追求了，他成功了；打工的旭日阳刚爱唱，一直唱，他们创造了更多机会唱给更多的人！还有很多人，比如著名的比尔·盖茨、乔布斯……这也是生活中的一种现实啊！

很多人知道自己喜欢什么，适合什么，他们付出了自己的所有努力去寻找、去创造、去实现，他们快乐地做着自己的工作，心甘情愿地为自己的工作付出所有代价！世界因为有了他们的付出和独特，而变得丰富多彩！他们是在用自己的生命而工作！

为什么不面对这种现实呢？为什么不宣传这样的现实呢？为什么不推动孩子寻找他们所爱，用他们的爱和喜欢推动他们，启动他们的内在动力，让他们主动自觉地学习和成长呢？

透过这种种现象，我们看到的是整个社会被"世界是匮乏的"恐惧控制住了！代代相传的生存压力让人们看不到真相，看不到宇宙的富足，以为自己活着只是为了有饭吃，有衣穿，有房住。得不到这些，那么只有委屈自己勉强度日，这样的状态与猪、牛、马等动物的生存又有什么不同呢？

维持生存，难道就是人来到这世界上的目的吗？

真相不是这样的！现实不是这样的！

每个人来到世界上，都是来寻找自己使命的，每个人都带着自己独特的潜质，通过寻找和创造自己的工作来实现自己的使命！

每一个人都有独特的天赋和表现方式——通常会有某件事情，他能够做得比这个世界上的任何人都好。他做这件事的时候会忘了时间，完全投入，充满激情，充满创造力。当他用这一独特天赋为人类服务时，他会乐不可支，欣喜若狂。

当他可以表现自己的特质、为这个世界服务时，就会撞击出他富有的火花。当他通过表现自己的才华来满足需求时，就可以创造出无限的财富。

这种富裕不是短暂的，而是永久的，是快乐的寻找和创造的过程，是把自己与世界、宇宙存在连接的过程，是付出和奉献的过程，是被宇宙祝福和允许的过程。

每个人问的问题都是"我如何才能帮上忙"，而不是"我能从中得到什么好处"。"我能从中得到什么好处"，这个问题是"自己"内心的对话，是向这世界索取的过程。而"我如何才能帮上忙"则是精神内心的对话，自动超越了"自己"而进入了精神领域，体验到宇宙性。

这是更高层面的"我"。我打算用我独特的天赋去满足我的同伴们的需求——我会使这些需求与我的愿望一致起来，进而去帮助他人，为他人服务。

关于每个人的生命和工作，美国著名心灵导师狄巴克·乔布拉曾这样说：

我一次又一次告诉我的孩子们，他们的存在总有个理由，这个理由得他们自己去找出来。从 4 岁开始，他们对这个道理就耳熟能详，差不多同时我也教他们打坐。我告诉他们："我绝对不要你们担心如何谋生。如果你们长大之后还没办法赚钱，我会供养你们，所以不用为这件事担心。我不要你们在学校费尽心力去表现，也不要你们费尽心力拿第一或考进好大学。我真正要你们在意的是自己如何才能造福人类，你独特的才能是什么。你一定有别人所没有的独特才能，你也有别人没有的独到方式来展露天分。"

结果他们上了最好的学校，得到了最好的成绩，甚至在大学里他们也因财务独立而与众不同。这是因为他们一心一意地贡献自己的所长，这就是"生命的目的"，是发现自己的真我法则。

每个人都可以做自己喜欢做的事，每个人来这里做出的特殊贡献就是做自己喜欢的工作。一个从事自己所爱工作的人，生活会充满越来越多的喜悦、丰裕和安宁，生活会安全、幸福！从事喜欢的工作的人才会懂得快乐和成功的真正含义，获得精神至高无上的喜悦。

是时候寻找和创造自己喜欢的工作了！如果可以以身示范，幸福并且富裕地工作着，可以带领孩子们一起感受工作的喜悦和幸福了。

1. 寻找你要做的工作。静下心来，问问自己：我对什么事充满热情，我喜欢运用哪些技能，我的嗜好是什么，假如没有钱和任何外界条件限制，我会在哪里，做什么。列出一个清单来，让自己更加了解自己。

2. 每天自问：我能为世界做什么，我要怎么去实现？这些答案可以让我以爱心帮助和服务其他人群。

3. 你早已被赋予独一无二的才能、愿望、技艺和爱好，它们在某种程度上是你人生道路的一部分，而且世界也需要它们。有许多重要的工作正在等你，你的工作是重要的，你的贡献是特别的，也是他人所需要的。请你不断地发现这一切，不断询问你身边的亲友，让他们给你一些新的答案。

4. 相信你自己，支持你自己的成长，允许自己去做你喜欢的事，做你想做的事。每天进步一点点，每天都积累属于自己的自信，把它记在自己的成长记录册里。

5. 信赖流动：顺流而进，当下发生的一切都是为了让我寻找和创造我的工作，都是为了让我完成自己的使命。抱着爱和积极的态度，我全身心地投入此刻所拥有的现实中，做好今天的每一件事，为自己内在的生命种子精心地浇水施肥，精心地培育，希望它一天天长大。我会将今天每个当下发生的事情都看作对工作最好的帮助，珍惜它并接受它。

6. 内心带着对未来的愿景，开创富足而幸福的生活。

后　记

　　这本书稿终于完成了，在初夏的苏州，在一片充满生机的绿色里。

　　十二年的学习和实践，一年的整理和写作，这是我生命中一个阶段的记录和分享。每天都在成长，自我觉察、课程分享、导师引导，每天都有不同，每天都在提升。一边成长，一边沉淀，一边修改书稿，我体验着生命的真实与绚丽。

　　许多人都在寻求解脱，许多人都在寻找生命的意义，许多人都在自我修炼，在"道"的路上寻觅和成长。无论是入世法还是出世法，无论是"解脱道"还是"究竟道"，当我们走在这条路上时，已是在追求"生命的真义"和"精神之路"了。

　　生命是一个实实在在的修炼过程。体验、学习、分享，每个人都有自己不同的路径，每个人都有自己不同的方式。唯一真实的就是自己沿着宇宙的规律与究竟的法则，顺从生命的河流，全身心地投入每个当下的因缘聚合，笑看缘起缘灭；承受所有的生命责任，同时种下喜悦快乐的种子，带着慈悲和爱与更多生命连接，去创造下一个当下的实相！

这是一条实在的路，每个人都有独特的体验与经历，不可跨越，不能抗拒和逃避。我们只能真实地面对，只能全身心地体验和领悟，不断学习生命的智慧、宇宙的道与法则，修炼自己的行为，让自己每天进步一点点，每天都有提升。在这条路上，没有捷径，羡慕、嫉妒没用，简单模仿也无效，只有老老实实地一步步向上。体验每日的成功快乐，在修行中成长。

朋友们推动我完成这本书的写作，不断地催促我：时候到了，该去做了！

于是，我做了，我完成了！这些本来属于你们，我双手捧着，把它献给你，我亲爱的朋友！

感谢三位影响了我生命历程的导师在百忙中为我写序，感谢你们带领我成长。

感谢邵娜老师、陆贻伟为我二校书稿，给了我完成此书的信心和支持。

感谢吴守云老师为我仔细斟酌每个字句，精益求精。

感谢董玲君等为本书的完美所做出的真诚付出！

感谢每一位陪伴我成长的学员、来访者、亲友们，因为你们的允许，我才有了今天的分享。

继续前行！

吴文君

2014 年 4 月 6 日于苏州